David

CM1

LES NOUVEAUX

Outils
pour le
Français

Sylvie Bordron
Professeur des écoles
Documentaliste

Catherine Simard
Professeur des écoles

Martine Palau
Professeur des écoles

Claire Barthomeuf
Professeur des écoles

Hélène Pons
Agrégée de l'université

MAGNARD

www.opf-ne.magnard.fr

Sommaire

Orthographe

Vocabulaire

© Éditions Magnard, 2013 • 5, allée de la 2e DB, 75015 Paris

Grammaire

La phrase

CHERCHONS

Jean-A, le narrateur, est l'aîné de cinq garçons.
Dans les rues de Cherbourg, quand on se promène
tous ensemble, les gens nous regardent d'une drôle
de façon. **Cinq frères en rang d'oignons, avec la**
même bouille ronde, les mêmes oreilles décollées. Une famille ? Non. Plutôt une
attraction. On a l'impression d'être une troupe de cirque, une équipe de nains acrobates,
par exemple, qui vont sauter à travers des cerceaux ou faire une pyramide humaine.
Ce soir, représentation exceptionnelle ! Venez applaudir les Jean dans leur ébouriffant
numéro d'équilibriste !

Jean-Philippe Arrou-Vignod, *L'Omelette au sucre*, © Gallimard Jeunesse.

Un **texte à lire** ou des **illustrations** à observer.

▶ Combien y a-t-il de phrases dans ce texte ? Comment les avez-vous reconnues ?
▶ Quelle est la particularité des phrases en rouge ?

Des **activités collectives** pour **observer** et **manipuler** ensemble.

● Une phrase est une **suite de mots** qui a un **sens**.
Une phrase commence par une **majuscule** et se termine par un **point** (.),
un point d'interrogation (?), un point d'exclamation (!) ou par des points de
suspension (...).

● Lorsque la phrase comporte un ou plusieurs **verbes conjugués**, c'est une
phrase verbale : *Venez applaudir les Jean dans leur ébouriffant numéro d'équilibriste !*

Le **mémento** : ce que tu dois retenir.

● Lorsqu'elle ne comporte pas de verbe conjugué, c'est une **phrase non**
verbale : *Ce soir, représentation exceptionnelle !*

Les **objectifs** des exercices.

Écrire des phrases qui ont un sens

❶ ✳ Reconstitue les phrases en écrivant les mots dans le bon ordre.

Des **conseils** pour t'aider.

N'oublie pas les majuscules et la ponctuation.

a. adore ◆ dessinées ◆ des ◆ Jade ◆ lire ◆ bandes
b. piscine ◆ chaque ◆ vais ◆ mercredi ◆ à ◆ je ◆ la ◆ matin

c. date ◆ rouge ◆ souligner ◆ la ◆ en
d. enfants ◆ matin ◆ pas ◆ le ◆ beaucoup ◆ ne ◆ déjeunent ◆ d'

Reconnaître les phrases verbales et les phrases non verbales

❷ ✳ Réponds par *vrai* ou *faux*.
a. Une phrase verbale peut comporter plusieurs verbes conjugués.

pour le Français

b. Une phrase peut se terminer par une virgule.

c. Une phrase comportant un verbe à l'infinitif est une phrase verbale.

3 ✴ **Classe les phrases dans le tableau.**

phrases verbales	phrases non verbales

a. Quelle heure est-il ?

b. Nous n'irons plus au bois.

c. Pas chères, mes oranges, pas chères !

d. Quelle belle journée !

e. Éteignez les lumières, s'il vous plaît.

f. Interdit de courir dans les couloirs !

Transformer les phrases verbales et les phrases non verbales

4 ✴✴ **Transforme les phrases non verbales en phrases verbales.**

Grande tombola à la salle des fêtes.
> Une grande tombola est organisée à la salle des fêtes.

a. Temps pluvieux au nord de la Loire.

b. Naissance d'un lionceau au cirque Caruso.

c. Sortie des passagers porte B.

d. Début du match dans une demi-heure.

e. Fin de la période des soldes samedi.

5 ✴✴ **Transforme les phrases verbales en phrases non verbales.**

Les passagers doivent obligatoirement boucler leur ceinture.
> Bouclage des ceintures obligatoire.

a. Vous n'avez pas le droit de stationner entre 8 heures et midi.

b. Faites attention, le chien est méchant.

c. Il y a une école. Réduisez votre vitesse.

d. Exceptionnellement, les boutiques de jouets seront ouvertes dimanche.

e. Les élèves rentreront en classe le jeudi 5 septembre.

6 ✴✴ **Astérix était très pressé. Il a laissé un message rapide à Obélix. Réécris ce message en utilisant des phrases verbales.**

Grande agitation chez les Romains, ce matin. Arrivée de César prévue pour bientôt. Sangliers effrayés. Enquête nécessaire. Rendez-vous sous le chêne après la sieste. Sans menhir !

7 ✴✴✴ **Lis ces résumés de romans. Écris, avec des phrases non verbales, les titres qui pourraient convenir.**

a. Alors que le Muséum d'histoire naturelle doit fermer, des événements surprenants et inquiétants surviennent : une momie disparaît, des animaux empaillés se réveillent… Que se passe-t-il au Muséum ?

b. La sœur de Lucas a perdu ses boucles d'oreilles en forme de clés de sol ; sa maman a égaré son trousseau de clés ; son papa, lui, cherche ses clés anglaises. Que s'est-il passé ? Lucas, lui, garde le silence… Détiendrait-il la clé du mystère ?

À toi d'écrire !

8 ✴ **Choisis le lieu où tu aimerais passer des vacances. Rédige quelques phrases pour décrire ce lieu et dire ce que tu y ferais.**

9 ✴✴ **Observe ces titres de romans et explique avec des phrases verbales de quoi il peut s'agir.**

a. *Le Club des cinq sur la piste du trésor*

b. *Les Trois Souhaits*

c. *L'Étrange Monsieur Bobo*

Le niveau
de difficulté
de l'exercice
(de 1 à 3 étoiles).

Des activités
d'écriture
pour utiliser
ce que tu as appris
dans cette leçon.

Grammaire

7

Grammaire

La phrase

CHERCHONS

Jean-A, le narrateur, est l'aîné de cinq garçons. Dans les rues de Cherbourg, quand on se promène tous ensemble, les gens nous regardent d'une drôle de façon. **Cinq frères en rang d'oignons, avec la même bouille ronde, les mêmes oreilles décollées. Une famille ? Non. Plutôt une attraction.** On a l'impression d'être une troupe de cirque, une équipe de nains acrobates, par exemple, qui vont sauter à travers des cerceaux ou faire une pyramide humaine. **Ce soir, représentation exceptionnelle !** Venez applaudir les Jean dans leur ébouriffant numéro d'équilibriste !

Jean-Philippe Arrou-Vignod, *L'Omelette au sucre*, © Gallimard Jeunesse.

▶ Combien y a-t-il de phrases dans ce texte ? Comment les avez-vous reconnues ?
▶ Quelle est la particularité des phrases en rouge ?

● Une phrase est une **suite de mots** qui a un **sens**.
Une phrase commence par une **majuscule** et se termine par un **point** (.), un point d'interrogation (?), un point d'exclamation (!) ou par des points de suspension (…).

● Lorsque la phrase comporte un ou plusieurs **verbes conjugués**, c'est une **phrase verbale** : *Venez applaudir les Jean dans leur ébouriffant numéro d'équilibriste !*

● Lorsqu'elle ne comporte pas de verbe conjugué, c'est une **phrase non verbale** : *Ce soir, représentation exceptionnelle !*

Écrire des phrases qui ont un sens

1 ✳ **Reconstitue les phrases en écrivant les mots dans le bon ordre.**

N'oublie pas les majuscules et la ponctuation.

a. adore ◆ dessinées ◆ des ◆ Jade ◆ lire ◆ bandes
b. piscine ◆ chaque ◆ vais ◆ mercredi ◆ à ◆ je ◆ la ◆ matin
c. date ◆ rouge ◆ souligner ◆ la ◆ en
d. enfants ◆ matin ◆ pas ◆ le ◆ beaucoup ◆ ne ◆ déjeunent ◆ d'

Reconnaître les phrases verbales et les phrases non verbales

2 ✳ **Réponds par *vrai* ou *faux*.**
a. Une phrase verbale peut comporter plusieurs verbes conjugués.

b. Une phrase peut se terminer par une virgule.

c. Une phrase comportant un verbe à l'infinitif est une phrase verbale.

③ ✳ **Classe les phrases dans le tableau.**

phrases verbales	phrases non verbales

a. Quelle heure est-il ?

b. Nous n'irons plus au bois.

c. Pas chères, mes oranges, pas chères !

d. Quelle belle journée !

e. Éteignez les lumières, s'il vous plaît.

f. Interdit de courir dans les couloirs !

Transformer les phrases verbales et les phrases non verbales

④ ✳✳ **Transforme les phrases non verbales en phrases verbales.**

Grande tombola à la salle des fêtes.

> *Une grande tombola est organisée à la salle des fêtes.*

a. Temps pluvieux au nord de la Loire.

b. Naissance d'un lionceau au cirque Caruso.

c. Sortie des passagers porte B.

d. Début du match dans une demi-heure.

e. Fin de la période des soldes samedi.

⑤ ✳✳ **Transforme les phrases verbales en phrases non verbales.**

Les passagers doivent obligatoirement boucler leur ceinture.

> *Bouclage des ceintures obligatoire.*

a. Vous n'avez pas le droit de stationner entre 8 heures et midi.

b. Faites attention, le chien est méchant.

c. Il y a une école. Réduisez votre vitesse.

d. Exceptionnellement, les boutiques de jouets seront ouvertes dimanche.

e. Les élèves rentreront en classe le jeudi 5 septembre.

---

⑥ ✳✳ **Astérix était très pressé. Il a laissé un message rapide à Obélix. Réécris ce message en utilisant des phrases verbales.**

Grande agitation chez les Romains, ce matin. Arrivée de César prévue pour bientôt. Sangliers effrayés. Enquête nécessaire. Rendez-vous sous le chêne après la sieste. Sans menhir !

⑦ ✳✳✳ **Lis ces résumés de romans. Écris, avec des phrases non verbales, les titres qui pourraient convenir.**

a. Alors que le Muséum d'histoire naturelle doit fermer, des événements surprenants et inquiétants surviennent : une momie disparaît, des animaux empaillés se réveillent… Que se passe-t-il au Muséum ?

b. La sœur de Lucas a perdu ses boucles d'oreilles en forme de clés de sol ; sa maman a égaré son trousseau de clés ; son papa, lui, cherche ses clés anglaises. Que s'est-il passé ? Lucas, lui, garde le silence… Détiendrait-il la clé du mystère ?

À toi d'écrire !

⑧ ✳ **Choisis le lieu où tu aimerais passer des vacances. Rédige quelques phrases pour décrire ce lieu et dire ce que tu y ferais.**

⑨ ✳✳ **Observe ces titres de romans et explique avec des phrases verbales de quoi il peut s'agir.**

a. *Le Club des cinq sur la piste du trésor*

b. *Les Trois Souhaits*

c. *L'Étrange Monsieur Bobo*

La ponctuation

Texte 1

la sixième planète était une planète dix fois plus vaste elle était habitée
par un vieux Monsieur qui écrivait d'énormes livres tiens voilà
un explorateur s'écria-t-il quand il aperçut le petit prince le petit prince
s'assit sur la table et souffla un peu il avait déjà tant voyagé d'où
viens-tu lui dit le vieux Monsieur quel est ce gros livre dit le petit
prince que faites-vous ici je suis géographe dit le vieux Monsieur

Texte 2

La sixième planète était une planète dix fois plus vaste.
Elle était habitée par un vieux Monsieur qui écrivait d'énormes livres.
« Tiens ! voilà un explorateur ! » s'écria-t-il, quand il aperçut le petit prince.
Le petit prince s'assit sur la table et souffla un peu. Il avait déjà tant voyagé !
« D'où viens-tu ? lui dit le vieux Monsieur.
– Quel est ce gros livre ? dit le petit prince. Que faites-vous ici ?
– Je suis géographe, dit le vieux Monsieur. »

Antoine de Saint-Exupéry, *Le Petit Prince*, © Éditions Gallimard.

▶ **Quel texte est le plus facile à lire ? Pourquoi ?**
▶ **Nommez les éléments que l'on ne voit que dans le texte 2.**

● La **ponctuation** sert à marquer les limites entre les phrases et à indiquer les pauses et l'intonation.

● Le **point**, le **point d'exclamation**, le **point d'interrogation** et les **points de suspension** marquent la fin des phrases.

● La **virgule** sépare différents mots ou groupes de mots.

● Les **deux-points** indiquent une énumération ou permettent de rapporter les paroles de quelqu'un. *Le vieux monsieur s'écria : « Tiens ! voilà un explorateur ! »*

● Les **guillemets** indiquent le début puis la fin d'un dialogue.

● Le **tiret** indique un changement de la personne qui parle dans un dialogue.
« D'où viens-tu ? lui dit le vieux Monsieur.
– Quel est ce gros livre ? dit le petit prince. Que faites-vous ici ? »

Utiliser les signes de ponctuation

1 ✷ **Ajoute le signe de ponctuation qui convient à la fin de chaque phrase.**

a. Quelle joie de lire votre lettre

b. C'est facile de reconnaître les phrases

c. Penses-tu réussir cet exercice

d. Concentrez-vous davantage

2 ✷ **Recopie le texte et remplace les ✭ par une virgule ou par un point.**

> *N'oublie pas les majuscules après les points !*

Autrefois ✭ les fées ✭ les elfes et les lutins se réunissaient dans cette clairière ✭ ils décidaient du sort des hommes ✭ des femmes ✭ des enfants qui avaient découvert leurs lieux de réunion ✭ leur présence ou certains secrets ✭ c'est là ✭ dans ce lieu mystérieux ✭ que je les ai rencontrés ✭

3 ✷ **Écris une phrase pour décrire chaque dessin en utilisant les deux-points et des virgules.**

a.

b.

4 ✷✷ **Recopie le texte en ajoutant la ponctuation et les majuscules.**

qui est prêt demanda le maître il prit les ballons et se dirigea vers le terrain de sport nous étions un peu énervés à l'idée de rencontrer l'équipe des CM2 c'était sûr nous allions gagner ils ne pouvaient pas nous battre

5 ✷✷✷ **Recopie ce dialogue en ajoutant la ponctuation et les majuscules.**

bonjour ma petite Nadia

bonjour Madame

veux-tu me rendre un service

lequel

ce serait d'aller chercher pour moi une boîte de sauce tomate chez ton papa cela m'éviterait d'y aller je suis si fatiguée

Pierre Gripari, La Sorcière de la rue Mouffetard,
© Grasset.

Comprendre l'importance des signes de ponctuation

6 ✷✷ **Écris ces phrases en plaçant la ponctuation de deux manières différentes. Tu obtiendras des phrases qui n'ont pas le même sens.**

a. Il y a du soleil depuis ce matin je suis en forme.

b. Le lion a failli dévorer le dompteur Jules le clown l'a sauvé.

c. Mon père pensa ce garçon est de bonne humeur.

À toi d'écrire !

7 ✷ **Nestor parle avec le capitaine Haddock. À partir de la vignette, écris le dialogue entre les deux hommes.**

Hergé, *L'Affaire Tournesol*, © Hergé / Moulinsart 2013.

Les types de phrases

Un des tableaux de lord Brushing a été volé. Lord Howard Pudding et son assistant Bob Crumble mènent l'enquête.

Tout en se tournant vers le salon, Howard Pudding donna ses instructions :

– **Bob, fouillez toutes les chambres du manoir.** Il faut trouver le tableau.

Gustav Von Kaput, un vieil homme à l'air digne, tendit sa clé au détective :

– Vous pouvez commencer par ma chambre. Je n'ai rien à cacher !

Jamais je n'aurais volé cette toile sans valeur.

Bob rendit la clé au vieil homme et se tourna vers son patron :

– Monsieur Pudding, inutile de perdre notre temps
à fouiller ce bâtiment. **Le tableau n'y est plus.**

Le détective, surpris, demanda :

– Comment pouvez-vous affirmer une telle chose ?

Paul Martin, *Enquêtes au manoir*, Bayard Jeunesse.

▶ Observez la phrase en rouge. Que fait Bob en prononçant cette phrase ? Par quel signe de ponctuation se termine-t-elle ?

▶ Relevez une phrase qui pose une question. Indiquez ce qui vous permet de la reconnaître. Comment appelle-t-on ce type de phrase ? Où est placé le sujet ?

▶ Que fait Howard Pudding en prononçant la phrase en vert ? Quelle particularité a cette phrase ?

On distingue **quatre types de phrases**.

● Les **phrases déclaratives** servent à donner un renseignement ou à décrire un fait. Elles se terminent par un point.

Le tableau n'y est plus.

● Les **phrases interrogatives** servent à demander un renseignement. Elles se terminent par un point d'interrogation.

Comment pouvez-vous affirmer une telle chose ?

● Les **phrases injonctives** (ou impératives) servent à donner un ordre. Elles se terminent par un point ou par un point d'exclamation. Dans ces phrases, il n'y a pas de sujet et le verbe est conjugué au mode **impératif**.

Fouillez toutes les chambres du manoir.

● Les **phrases exclamatives** servent à exprimer un sentiment (joie, irritation, admiration, soulagement…). Elles se terminent toujours par un point d'exclamation.

Je n'ai rien à cacher !

Reconnaître les types de phrases

1 ✳ **Classe les phrases dans le tableau.**

phrases déclaratives	phrases interrogatives

a. Pourquoi s'est-il mis en colère ?

b. J'ai vu des dizaines d'étoiles filantes.

c. À quelle heure t'es-tu couché hier soir ?

d. Que faites-vous ici ?

e. Il n'a jamais aimé les bonbons.

2 ✳ **Toutes les phrases de ce texte sont du même type : lequel ?**

Économisons le papier.

Pour préserver les ressources naturelles de la planète, triez et recyclez vos papiers et cartons. […] À la rentrée, pensez aussi à réutiliser vos fournitures scolaires de l'année précédente pour éviter des achats inutiles. Choisissez également des cahiers et des classeurs en papier recyclé !

Anne Jankéliowitch, Philippe Bourseiller,
50 gestes pour la Terre, © La Martinière Jeunesse.

3 ✳ ✳ **Indique à quel type de phrase appartient chaque phrase.**

a. Savez-vous par qui la grotte de Lascaux a été découverte ?

b. C'est une grotte avec des peintures datant de la préhistoire.

c. Voyez-vous des bisons sur cette paroi ?

d. Ne touchez pas les peintures, malheureux !

Utiliser différents types de phrases

4 ✳ **Réponds aux questions par une phrase déclarative en utilisant les éléments proposés entre parenthèses.**

a. Où a-t-elle posé son cartable ?
(sous le portemanteau)

b. Quel âge a Émilie ? *(dix ans)*

c. À quelle heure les enfants se sont-ils réveillés ? *(7 heures)*

5 ✳ **Réponds aux questions par une ou deux phrase(s) déclarative(s).**

a. Quelles sont les différences entre un éléphant et un mammouth ?

b. Peut-on encore visiter la grotte de Lascaux ?

c. Quels animaux les hommes préhistoriques ont-ils représentés ?

d. As-tu déjà visité une grotte préhistorique ?

6 ✳ ✳ **Pose la question qui correspond à la partie de la réponse en gras.**

a. Aymeric a installé le barbecue **dans le jardin**.

b. **Kenza** s'occupera du dessert.

c. Je pars en vacances **mercredi matin**.

7 ✳ ✳ **Écris un court texte avec des phrases injonctives pour expliquer à un camarade comment reproduire ce drapeau.**

8 ✳ ✳ **Observe l'exemple puis complète chaque série de phrases.**

Phrase déclarative : *Tu fais tes devoirs.*

Phrase interrogative : *Fais-tu tes devoirs ?*

Phrase injonctive : *Fais tes devoirs !*

a. *Phrase déclarative :* Tu réponds au téléphone.

Phrase interrogative : ....

Phrase injonctive : ....

b. *Phrase déclarative :* ....

Phrase interrogative : Allons-nous dîner au restaurant ce soir ?

Phrase injonctive : ....

c. *Phrase déclarative :* ....

Phrase interrogative : ....

Phrase injonctive : Arrosez vos plantes.

À toi d'écrire !

9 ✳ **Un bébé vient de naître dans la famille. Utilise différents types de phrases pour exprimer ce que peut penser chaque membre de la famille.**

La forme affirmative et la forme négative

CHERCHONS

Avec des *si* on mettrait Paris en bouteille.

Seuls les imbéciles ne changent jamais d'avis.

Tout est bien qui finit bien.

C'est en forgeant qu'on devient forgeron.

L'habit ne fait pas le moine.

Une hirondelle ne fait pas le printemps.

Les amis de mes amis sont mes amis.

▶ Voici des proverbes. Lesquels sont à la forme négative ? Lesquels sont à la forme affirmative ?
▶ Comment faites-vous la différence entre ces deux formes ?

● Les différents types de phrases peuvent être :

– à la **forme affirmative** :

– à la **forme négative** :

Les amis de mes amis sont mes amis. → Les amis de mes amis **ne** sont **pas** mes amis.
Une hirondelle fait le printemps. → Une hirondelle **ne** fait **pas** le printemps.

● À la forme négative, des mots de négation comme *ne... pas, ne... plus, ne... jamais, ne... rien, ni... ni* encadrent le verbe ou l'auxiliaire.

Les amis de mes amis sont-ils mes amis ? → Les amis de mes amis **ne** sont-ils **pas** mes amis ?

Distinguer les formes de phrases

1 ＊ Recopie les phrases négatives.

a. Il n'est jamais content.
b. Avez-vous essayé de le convaincre ?
c. Je n'ai vraiment pas de chance !
d. Interdit de marcher sur la pelouse.
e. Il n'y a pas d'erreurs dans ta dictée !

2 ＊ Classe les phrases dans le tableau.

phrases affirmatives	phrases négatives

a. Il n'aime ni le chocolat ni la glace.
b. Justine refuse de partager son goûter.
c. Je consulte souvent le dictionnaire.
d. Les enfants sont rentrés à pied.

e. Hamid n'a plus mal au ventre.

f. Il est inutile de prendre un parapluie.

g. Margaux et Sarah ne s'habituent toujours pas à leur nouvelle maison.

3 ✶✶ **Complète chaque début de phrase de la liste 1 par un groupe de mots de la liste 2. Puis souligne les phrases négatives.**

Liste 1 : La cavalière ◆ Mais l'animal fougueux ◆ Elle ◆ Le cheval

Liste 2 : s'est cabré devant l'obstacle. ◆ n'a pas eu peur. ◆ n'a rien voulu savoir. ◆ a recommencé.

Reconnaître les mots de la négation

4 ✶ **Recopie les phrases et souligne les mots qui expriment la négation.**

> *Ces vers sont tirés des Fables de La Fontaine. Les reconnais-tu ?*

a. La fourmi n'est pas prêteuse.

b. Le corbeau honteux et confus jura, mais un peu tard, qu'on ne l'y prendrait plus.

c. Je ne suis pas de ceux qui disent : ce n'est rien.

d. Le monde n'a jamais manqué de charlatans.

Utiliser la forme affirmative et la forme négative

5 ✶ **Mets les phrases à la forme affirmative.**

a. Nous n'avons pas le temps.

b. Ne tournez pas à gauche !

c. Ne sommes-nous pas les meilleurs ?

d. Qui n'a pas son livre de grammaire ?

e. Je ne mangerai ni les épinards, ni les endives.

6 ✶ **Écris une phrase affirmative et une phrase négative pour expliquer le sens de chaque panneau de signalisation.**

> *La rue est interdite à tous les véhicules.*
> *Aucun véhicule ne doit rouler dans cette rue.*

a.   **b.**

7 ✶✶ **Réécris les phrases correctement.**

À l'oral, la première partie de la négation (**ne** ou **n'**) est souvent oubliée. Mais à l'écrit, elle est absolument obligatoire.

Je veux pas écouter cette musique.

> *Je **ne** veux pas écouter cette musique.*

a. J'suis jamais allé au Canada.

b. Faut pas jouer au ballon dans la maison.

c. Y a rien à manger pour ce soir, on doit aller faire les courses.

d. Pourquoi est-ce que vous portez plus vos lunettes ?

8 ✶✶✶ **Mets les phrases affirmatives à la forme négative et les phrases négatives à la forme affirmative.**

> *Attention, tu devras changer les mots en gras.*

a. Rémi n'est **jamais** en retard.

b. Je ne vois **rien**.

c. **Quelqu'un** m'attend à la gare.

d. Elles ont **tout** oublié.

e. Lucas cherche **toujours** à se faire remarquer.

À toi d'écrire !

9 ✶ **Rédige quelques articles du règlement de la classe en utilisant la forme affirmative précédée de *Il est interdit…* . Puis écris les mêmes consignes à la forme négative.**

> *Tu peux commencer les phrases négatives par : Il ne faut pas…, Vous ne devez pas… ou Vous n'avez pas la permission… .*

Grammaire

RÉVISIONS

● Une phrase est une suite de mots qui a un **sens**. Elle commence par une **majuscule** et se termine par un **point** (. ? !) ou par des points de suspension (…).

● Une **phrase verbale** a un ou plusieurs **verbe(s) conjugué(s)**. Une **phrase non verbale** ne comporte pas de verbe conjugué.

● Il existe des phrases **déclaratives**, des phrases **interrogatives**, des phrases **injonctives** et des phrases **exclamatives**.

● Les phrases peuvent être à la **forme affirmative** ou à la **forme négative**.

● La **ponctuation** permet de délimiter les phrases entre elles, d'effectuer des pauses et d'indiquer l'intonation.

Reconnaître et transformer les phrases verbales et non verbales

❶ * Recopie les phrases non verbales.

a. La course va bientôt se terminer.

b. Arrivée des coureurs dans dix minutes.

c. Réduction de 30 % sur tous les jouets.

d. Une réduction est accordée sur tous les jouets.

❷ ** Transforme les phrases verbales en phrases non verbales.

a. Le TGV arrivera à Paris à 19 h.

b. Cette plage n'est pas surveillée.

c. Vous ne devez pas marcher sur les pelouses.

Reconnaître les types de phrases

❸ * Lis le texte, puis réponds aux questions.

L'histoire se passe au Moyen Âge.

Aliénor est réveillée dès l'aube par un remue-ménage dans la cour. Elle se lève pour rejoindre sa gouvernante penchée à la fenêtre.

– Que se passe-t-il ? demande-t-elle.

– Je crois que votre père part à la chasse au loup, répond la dame.

– Quoi ? Non, il ne faut pas !

La fillette quitte la chambre pour aller s'habiller. Elle surgit dans la cour alors que le seigneur de Montcorbier monte en selle. Son écuyer lui tend un épieu.

– Père, qu'allez-vous faire ?

– Je vous vois debout de bien bon matin, ma fille.

– Emmenez-moi !

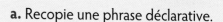

Arthur Ténor,
Le Monstre aux yeux d'or,
© Gallimard jeunesse.

a. Recopie une phrase déclarative.

b. Quel est le type de la phrase en rouge ?

c. Quel est le type de la phrase en vert ?

Utiliser différents types de phrases

❹ * Réponds aux questions par une phrase déclarative complète.

a. Quel âge as-tu ?

b. Aimes-tu jouer au football ?

c. As-tu un animal chez toi ? Sinon, aimerais-tu en avoir un ? Pourquoi ?

5 ❋ **Forme des phrases interrogatives avec les mots proposés.**

quand ◆ Kevin ◆ rentrer (passé composé) ◆ ?
> Quand Kevin est-il rentré ?

> Dans les phrases interrogatives, le verbe est réuni au pronom personnel par un tiret :
> *Vas-tu souvent au cinéma ?*

a. où ◆ aller *(présent)* ◆ tu ◆ ?
b. quand ◆ partir *(passé composé)* ◆ en vacances ◆ vous ◆ ?
c. à quelle heure ◆ vos grands-parents ◆ arriver *(futur)* ◆ ?

6 ❋❋ **Formule des questions qui correspondent à ces phrases déclaratives.**

a. Ce segment de droite mesure 5 cm.
b. L'équerre sert à tracer des angles droits.
c. Il y a deux diagonales dans un rectangle.
d. Le triangle possède trois côtés.

7 ❋❋ **Transforme les phrases déclaratives en phrases injonctives et les phrases injonctives en phrases déclaratives.**

a. Il est interdit de jouer dans les douves du château.
b. Prenons des photographies des oubliettes.
c. Attendez le guide avant d'entrer dans le château.
d. Pour visiter le château, vous devez acheter des billets à la caisse.

Reconnaître les mots de la négation

8 ❋ **Recopie les phrases puis entoure les mots qui expriment la négation.**

a. Une personne végétarienne ne mange jamais de viande.
b. Fatou n'est pas allée à l'école aujourd'hui car elle était malade.
c. Mon ordinateur ne fonctionne plus depuis plusieurs jours.
d. On ne voit rien à cause de cet épais brouillard.

Utiliser la forme négative

9 ❋ **Écris les phrases à la forme négative. Utilise les mots proposés.**

ne… plus ◆ ne… pas ◆ n'… rien ◆ ne… jamais
a. Elles sont toujours de bonne humeur.
b. Il pleut, prends ton parapluie pour sortir.
c. J'ai acheté quelque chose dans ce magasin.
d. Nous sommes encore enrhumés.

Utiliser les signes de ponctuation

10 ❋ **Recopie les phrases en ajoutant les majuscules et les signes de ponctuation qui conviennent (, . ?).**

a. demain matin Idir ira à la piscine
b. peux-tu me donner le sel s'il te plaît
c. au marché madame Rinaldi a acheté des fruits des légumes du fromage et du pain

11 ❋❋ **Recopie le texte en ajoutant la ponctuation et les majuscules.**

> Tu dois ajouter deux points et quatre virgules.

aux XIIᵉ et XIIIᵉ siècles les villes construisent des églises d'un style nouveau appelé « style gothique » cet art célèbre par ses cathédrales est né en France et a gagné l'Europe
Histoire, Géographie, Histoire des arts, © Hachette Éducation.

À toi d'écrire !

12 ❋ **Relis le texte de l'exercice 3. Imagine la suite du dialogue entre Aliénor et son père. Utilise différents types et formes de phrases.**

13 ❋❋ **Réécris ce texte sous la forme d'un dialogue en utilisant différents types et formes de phrases.**

Monsieur Dupuis entre dans une boutique de jouets. Il s'adresse à la vendeuse et lui explique qu'il veut un jouet original pour l'anniversaire de sa fille qui a 6 ans. La vendeuse lui montre plusieurs jouets. Monsieur Dupuis en choisit un.

Le verbe

CHERCHONS

Carlos

Âge : 12 ans

Ville : Rio de Janeiro, Brésil

Dans quelques mois, je vivrai dans «la ville blanche». C'est ainsi que l'on surnomme Lisbonne, au Portugal. Ce sera un grand voyage car je vis à Rio de Janeiro, au Brésil. C'est même ici que je suis né. Mes parents sont portugais et sont venus au Brésil lorsqu'ils étaient jeunes mais aujourd'hui, ils disent qu'on sera plus tranquille à Lisbonne. La ville est moins violente que Rio. Heureusement, je n'aurai pas à apprendre une nouvelle langue. Au Brésil, on parle portugais. Je suis très content de retrouver mon cousin Tiago qui a le même âge que moi. Il me présentera ses copains. Il y en a qui viennent du monde entier.

Bruno Goldman, Livia Parnes,
Ça bouge dans le monde, migrations d'hier et d'aujourd'hui, © Hatier.

▶ **Relevez les verbes des quatre premières phrases du texte. Essayez d'expliquer comment vous faites pour les reconnaître.**

▶ **Observez les deux verbes en orange et expliquez en quoi ils sont différents.**

▶ **Trouvez d'autres verbes conjugués au même temps que le verbe en vert.**

▶ **Quel est le point commun entre les deux verbes en violet ?**

● Le **verbe** est un élément essentiel dans une phrase.

● Le verbe **se conjugue**, c'est-à-dire qu'il change selon la **personne** *(je, tu, il…)*, le **mode** (indicatif, impératif, infinitif…) et le **temps** (présent, futur…).

*On **sera** plus tranquille à Lisbonne.* → *verbe être au futur, 3ᵉ personne du singulier*
*Mes parents **sont** portugais.* → *verbe être au présent, 3ᵉ personne du pluriel*

Reconnaître les verbes

1 ✳ **Dans chaque liste, il y a un mot qui n'est pas un verbe. Recopie les listes sans l'intrus.**

a. parler ◆ voir ◆ poirier ◆ dire ◆ saluer
b. finir ◆ parloir ◆ parier ◆ cuire ◆ aller
c. courir ◆ entendre ◆ revoir ◆ suivre ◆ lavoir
d. paraître ◆ dormir ◆ changer ◆ cuir ◆ cirer

2 ✳ **Recopie le verbe à l'infinitif qui se trouve dans chaque liste.**

a. cidre ◆ foudre ◆ ordre ◆ coudre ◆ cadre
b. plongeoir ◆ tiroir ◆ percevoir ◆ couloir
c. aventurier ◆ associer ◆ damier ◆ bouclier
d. diamètre ◆ lettre ◆ champêtre ◆ remettre
e. refaire ◆ grammaire ◆ affaire ◆ corsaire

3 ✳ Indique la classe grammaticale des mots en gras (verbe ou nom).

a. Le **pêcher** est un arbre fruitier.
Guillaume va **pêcher** avec son grand-père.

b. À quelle heure pourrons-nous **dîner** ?
Est-ce que le **dîner** est prêt ?

c. Elle **travaille** ici depuis un mois.
As-tu terminé ton **travail** ?

Distinguer les verbes à l'infinitif des verbes conjugués

4 ✳ Lis ce texte, puis fais la liste des verbes conjugués et celle des verbes à l'infinitif.

En cas d'effort physique, les muscles ont besoin de beaucoup d'énergie pour fonctionner. Le rythme respiratoire s'accélère et le cœur se met à battre plus rapidement. Les muscles peuvent ainsi recevoir plus vite l'oxygène et les aliments qui leur sont nécessaires. Après, on est tout essoufflé et on a besoin de temps pour récupérer.

L'encyclopédie Dokéo, © Éditions Nathan.

5 ✳ Relève tous les verbes. Quand ils sont conjugués, donne leur infinitif.

Depuis le 1er janvier 2007, l'Union européenne compte 27 pays. Les hommes et les marchandises peuvent circuler librement à l'intérieur de l'Union sans s'arrêter aux différentes frontières, mais seulement 17 pays possèdent une monnaie commune : l'euro. Chaque année, les pays versent à l'Union de l'argent qui sert à financer de nombreuses réalisations.

Associer les personnes avec les verbes conjugués

6 ✳ Complète les verbes avec les personnes proposées.

je ◆ tu ◆ nous ◆ ils ◆ vous ◆ elle

… voulez ◆ … rougissaient ◆ … manges ◆
… parlerai ◆ … lisait ◆ … avons écouté

Connaître le temps des verbes

7 ✳ Indique si les verbes conjugués sont au présent, à l'imparfait ou au futur.

joue ◆ partaient ◆ faisions ◆ écrirez ◆ écrivez ◆
jouait ◆ partira ◆ écriviez ◆ faisons ◆ ferai ◆ pars

Identifier les modes

8 ✳✳ Classe les verbes en gras dans le tableau.

indicatif	impératif	infinitif

Tu **vas faire** des expériences avec des jeunes pousses de haricots. Pour les faire **germer**, **suis** l'exemple du dessin ci-dessous. Après trois semaines, ne **conserve** que la plus belle germination dans chaque gobelet ; **jette** les autres, sinon elles **risquent** de **pourrir**.

Sciences, cycle 3, Magnard.

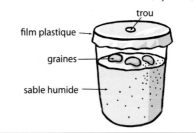

trou
film plastique
graines
sable humide

À toi d'écrire !

9 ✳ Valentin a 9 ans. Raconte sa fête d'anniversaire en t'aidant du dessin.

Une fois ton texte terminé, souligne les verbes.

Grammaire

Le sujet du verbe

Ce jour-là, un grand camion de déménagement s'arrête devant le 13 de la rue Mozart. De sa fenêtre, Mélodie assiste à un drôle de défilé : armoires, tables, lits, bibliothèques, réfrigérateur, cuisinière, machine à laver, caisses de vaisselle, caisses de livres, et, oh surprise ! un immense piano à queue noir et luisant qui n'en finit plus…

– **Comment va-t-il entrer dans l'escalier ? se demande Mélodie.**

À ce moment, une femme coiffée d'un chignon et vêtue de façon originale apparaît. Elle ne quitte pas le piano des yeux et n'arrête pas de faire des recommandations aux déménageurs.

– À droite… non… à gauche… plus haut… Mon dieu, il ne passera pas !

Jacqueline Pierre, *La partition a disparu*, © Cerf-volant Éditions.

▶ **Repérez tous les verbes conjugués du texte et leurs sujets. Comment faites-vous pour identifier les sujets ?**

▶ **Observez la phrase en couleur. Que remarquez-vous sur la place des deux sujets ?**

▶ **Remplacez le sujet de la première phrase par** *deux grands camions de déménagement*. **Qu'est-ce qui change ?**

- 🔴 Le sujet **commande** le verbe : le verbe **s'accorde en personne et en nombre** avec son sujet.

- 🔴 Le sujet peut être :
  - un **groupe nominal** : *Un camion de déménagement s'arrête dans la rue.*
  - un **pronom** : *Il ne passera pas !*
  - un **nom propre** : *Mélodie assiste à un drôle de défilé.*

- 🔴 Le sujet peut être placé après le verbe : c'est un **sujet inversé**.
  Comment va-t-il entrer dans l'escalier ? se demande Mélodie.

Reconnaître le sujet d'un verbe

Pour trouver le sujet, tu peux poser la question «Qui est-ce qui ?» ou «Qu'est-ce qui ?» avant le verbe.

1 ✶ **Recopie les phrases et souligne les sujets.**

a. Une montgolfière multicolore vole au-dessus d'un champ de coquelicots.

b. Les cousins de Sofiane habitent en Bretagne.

c. Vous roulez beaucoup trop vite !

d. Es-tu content de ta nouvelle bicyclette ?

e. Laurie part à l'école avec son frère.

2 ✳ **Associe un sujet de la liste 1 à un groupe verbal de la liste 2.**

Liste 1 : Amine ◆ Mes parents ◆ Tu ◆ Les roses du jardin de ma voisine

Liste 2 : sentent particulièrement bon. ◆ aime jouer aux échecs. ◆ ont acheté un nouvel ordinateur. ◆ lis beaucoup de romans policiers.

3 ✳✳ **Recopie le texte en sautant des lignes. Souligne les sujets des verbes en gras, puis trace une flèche du sujet vers le verbe.**

Il y a longtemps, dans un vieux château, **vivait** une ravissante princesse. Un jour, elle **vit** arriver un chevalier dont l'armure **portait** les traces d'un récent combat. Son cheval, lui aussi, **semblait** fourbu. Prise de pitié, la princesse **fit** abaisser le pont-levis et **accueillit** le cheval et son cavalier.

Identifier la classe grammaticale du sujet

4 ✳✳ **Relève les sujets des verbes en gras. Précise quelle est leur classe grammaticale (nom propre, groupe nominal, pronom).**

Louis XIV **rassemble** les nobles à Versailles pour mieux les surveiller. Ce sont les courtisans dont **se moque** La Fontaine. Ils **flattent** le roi et attendent souvent de lui des récompenses. Louis XIV montre à Versailles sa puissance et sa majesté. La vie de la

cour **est** fastueuse. Le roi **s'entoure** d'écrivains, de peintres, de musiciens.

Histoire, cycle 3,
Magnard.

Utiliser les pronoms sujets

5 ✳ **Remplace le sujet en gras par un pronom personnel.**

Mon frère et ma sœur vont au collège.
> Ils vont au collège.

a. Tous les samedis matin, **mon père et moi** allons à la piscine.

b. Étienne et toi êtes de vrais champions !

c. Djamila et ses frères ont invité toute la classe à goûter.

d. Jeanne et moi prenons le même autobus.

e. Loubna et Rosalie préparent un exposé sur les dauphins.

Trouver des sujets

6 ✳✳ **Construis des phrases avec un sujet en respectant la classe grammaticale du sujet, indiquée entre parenthèses.**

> *Accorde le verbe avec son sujet. Tu peux conjuguer les verbes à des temps différents et ajouter des mots.*

a. *(nom propre)* manger avec ses doigts
b. *(pronom personnel)* ranger sa chambre
c. *(groupe nominal)* traverser le marché
d. *(noms propres)* arriver en avance
e. *(groupe nominal)* être mon sport préféré

À toi d'écrire !

7 ✳ **Imagine la suite de l'histoire de la page 18 en t'aidant du dessin.**

> *Utilise des sujets variés : des groupes nominaux, des pronoms, des noms propres.*

8 ✳✳ **Écris quelques phrases pour présenter un instrument de musique que tu aimes bien. Tu peux chercher des renseignements sur Internet ou dans un ouvrage documentaire.**

Le complément d'objet direct (COD)

CHERCHONS

Le fourmilier géant promène **son long nez** dans les forêts d'Amérique du Sud. Il est édenté mais il possède **une longue langue**. Elle lui ramène **tous les insectes dont il se nourrit** : les fourmis, mais aussi les termites. Le fourmilier a **une queue très touffue**. Quand il dort, il **l'**enroule autour de sa tête. Ainsi, il peut **se protéger** sans avoir à creuser un terrier.

▶ Observez les mots en rouge. Quelle est leur place par rapport au verbe conjugué ?
▶ Que remplace le pronom *l'* en bleu ?
▶ Quelle question peut-on poser pour obtenir en réponse les mots en couleur ?

● Un **complément d'objet direct** (COD) complète le verbe : il ne peut être ni supprimé, ni déplacé. Il est **directement relié au verbe**.

*Le fourmilier possède **une longue langue**.*
　　　　　　　　　　COD

● Le COD peut être :
– un **nom propre** ou un **groupe nominal** : *Le fourmilier a **une queue très touffue**.*
– un **pronom** : *Il **l'**enroule autour de sa tête.*
– un **infinitif** ou un **groupe infinitif** : *Il peut **se protéger**.*

⚠ Pour t'aider à trouver un COD dans une phrase, cherche d'abord le verbe conjugué et son sujet. Pose ensuite la question « qui ? » ou « quoi ? » après le verbe.

*Le fourmilier possède (quoi ?) **une longue langue**.*
　　　　　　　　　　　　　COD

Reconnaître les COD

❶ ＊ **Recopie les phrases, encadre les verbes et souligne les COD.**

a. Le petit prince arrose sa fleur avec soin.
b. Il a aussi ramoné son volcan.

c. Le géologue examine les pierres. Il les pèse, il les gratte…
d. Le petit prince rencontre le renard.
e. Le renard aime chasser les poules.

2 ＊ **Recopie le COD de chaque phrase.**

> *Attention, le COD n'est pas toujours placé juste après le verbe.*

a. Autrefois, mes cousins aimaient beaucoup les desserts au chocolat.

b. Voulez-vous boire un jus de fruits ?

c. Je verrai Farid demain, à la patinoire.

d. J'achète des timbres à la poste. Je les colle ensuite sur mes cartes postales.

Identifier la classe grammaticale des COD

3 ＊ **Indique la classe grammaticale des COD en gras (nom propre, groupe nominal, pronom).**

a. Lorsqu'ils viennent à Paris, les touristes visitent **certains musées célèbres de la capitale.**

b. J'adore **les romans de science-fiction.**

c. Benoît a rencontré **Jawad** par hasard, il **l'**a invité pour le déjeuner.

d. Prenez **ces carottes du jardin** et coupez-**les** en rondelles s'il vous plaît.

4 ＊＊ **Relève les COD et analyse-les.**

*J'ai aperçu **une souris** dans la cuisine.*

> ***une souris** : groupe nominal, COD du verbe « ai aperçu »*

Lilas devait partir en classe de mer. Hélas ! Elle a eu une forte grippe le jour précédant le départ. Heureusement, ses camarades ne l'oublient pas ! Ils lui envoient, chaque jour, un message par Internet. Elle le lit avec plaisir et répond aussitôt.

Rédiger des phrases avec des COD

5 ＊ **Complète les phrases en leur ajoutant un COD.**

a. Vous écoutez … .

b. Aujourd'hui, ils attendent … .

c. Elles prennent … .

d. Sur la place, tu verras … .

6 ＊＊ **Utilise ces mots ou ces groupes de mots dans des phrases où ils seront COD.**

Éva ◆ crier ◆ la voiture rouge ◆ réparer le toit de la maison ◆ un puzzle de mille pièces

Utiliser les pronoms COD

7 ＊ **Dans chaque phrase, choisis le pronom qui remplace le groupe nominal en gras.**

a. L'enfant dessine **une belle maison** et il *(les ◆ le ◆ la ◆ l')* … colorie avec ses feutres.

b. **Ta sœur** te raconte sa sortie et tu *(les ◆ le ◆ la ◆ l')* … écoutes attentivement.

c. Au retour des vacances, nous défaisons **nos valises** et nous *(les ◆ le ◆ la ◆ l')* … rangeons au grenier.

d. J'achète **le journal** chaque matin et je *(les ◆ le ◆ la ◆ l')* … lis avec attention.

8 ＊＊ **Récris chaque phrase en remplaçant le COD en gras par un pronom personnel.**

a. Léa regarde attentivement **le documentaire sur les bonobos.**

b. Le vendeur conseille **mes parents** pour l'achat d'une nouvelle voiture.

c. Je recopierai **ma leçon de géographie** demain.

d. Eliott enlève **sa casquette** avant d'entrer en classe.

À toi d'écrire !

9 ＊ **Imagine ce qui est arrivé à ce jeune joueur de tennis. Utilise uniquement les verbes de la liste qui peuvent se construire avec un COD.**

remporter ◆ se souvenir ◆ gagner ◆ déjeuner ◆ arriver ◆ battre ◆ aller ◆ offrir

Grammaire

Le complément d'objet indirect (COI) et le complément d'objet second (COS)

CHERCHONS

Pendant les vacances, Matéo est parti à la montagne. Il écrit à ses parents.

Cher papa, chère maman, Je vais bien et je continue <u>à bien m'amuser</u>. Et vous, ça va ? J'ai raconté une histoire drôle <u>à Mélanie</u>. Elle a beaucoup ri. J'ai dit <u>aux moniteurs</u> que j'étais très content ici. Mais je pense <u>à vous</u> tous les jours. Hier, j'ai envoyé une carte postale <u>à ma maîtresse de CE2</u>. J'espère qu'elle sera contente. Envoyez-<u>moi</u> des livres car j'ai fini les miens. Gros bisous.
Matéo

▸ Observez le mot et les groupes de mots soulignés. Pouvez-vous les supprimer ? Pouvez-vous les déplacer ?

▸ Dans la phrase en couleur, relevez le COD, puis comparez-le avec le groupe de mots souligné. Que remarquez-vous ?

▸ Quelle question peut-on poser pour obtenir en réponse chaque groupe de mots souligné ?

● Certains verbes sont suivis d'un **complément d'objet indirect** (COI) introduit par une **préposition** (le plus souvent **à** ou **de**) ou par **au, aux, des, du**.
*Il écrit **à ses parents**.   J'ai dit **aux moniteurs** que j'étais très content ici.*

● Un COI qui se trouve dans une phrase contenant déjà un complément d'objet (direct ou indirect) est appelé **complément d'objet second** (COS).
J'ai raconté <u>une histoire drôle</u> <u>à Mélanie</u>.
         COD   COS

● En général, le COI (ou COS) ne peut être **ni déplacé, ni supprimé**.

● Le complément d'objet indirect peut être :
– un **nom propre** : *J'ai raconté une histoire drôle **à Mélanie**.*
– un **groupe nominal** : *J'ai envoyé une carte postale **à ma maîtresse de CE2**.*
– un **pronom** : *Je pense **à vous**. Envoyez-**moi** des livres.*
– un **infinitif** ou un **groupe infinitif** : *Je continue **à bien m'amuser**.*

Reconnaître les COI et les COS

❶ ✳ **Recopie les phrases qui ont un COI, puis souligne-le.**

> Pour t'aider à trouver un COI, cherche d'abord le verbe conjugué et le sujet. Pose ensuite les questions «à qui?», «à quoi?», «de qui?» ou «de quoi?» après le verbe.

a. Elle ressemble à sa sœur.
b. Je n'ai pas pensé à acheter du pain.
c. Ils ont bien compris la leçon.
d. Je me suis empressé de ranger la classe.

❷ ✳ **Indique si les mots ou groupes de mots en gras sont des COI ou des COS.**
a. Ce matin, Lola a annoncé une bonne nouvelle **à son frère**.
b. As-tu téléphoné **à mamie**?
c. J'ai parlé au professeur **de mes difficultés en mathématiques**.
d. Mes cousines se moquent **de ma coiffure**.

❸ ✳✳ **Recopie les phrases. Souligne les COD et ajoute un COS.**
a. Le facteur apporte un colis … .
b. Heidi invitera Samara … .
c. Cette femme vend des marrons grillés … .
d. Idir présente son exposé sur la Renaissance … .

❹ ✳✳ **Indique si les compléments d'objet soulignés sont des COD, des COI ou des COS.**
a. Les élèves ont participé <u>à un concours</u>.
b. J'ai envoyé <u>une carte de Noël</u> <u>à ma tante</u>.
c. Avez-vous réussi <u>à terminer l'exercice</u>?
d. Samia rendra <u>son travail</u> <u>à la maîtresse</u> lundi.

Identifier la classe grammaticale des COI et des COS

❺ ✳ **Indique la classe grammaticale des mots en gras (nom propre, groupe nominal, pronom ou groupe infinitif).**
a. Je téléphonerai à **ma tante** demain.
b. Adresse ta lettre à **Floriane**.

c. Vous pensez souvent à **elle**.
d. Il avait promis à **ses enfants** de les emmener au cinéma.
e. Pense à **apprendre ta leçon de géographie**.

Utiliser des COI et des COS

❻ ✳ **Complète les phrases avec un COI de ton choix.**
a. À l'école, nous obéissons toujours à … .
b. Vous intéressez-vous au … ?
c. Vous vous dépêchez de … .

❼ ✳✳ **Recopie les phrases en choisissant le pronom entre parenthèses qui convient.**
a. Vos amis sont partis en Chine et vous pensez souvent à *(lui ◆ eux)*.
b. C'est l'anniversaire de votre maman et vous *(lui ◆ leur)* offrez un joli bouquet de fleurs.
c. Mon ami est malade; il faut que je *(leur ◆ lui)* apporte les devoirs.
d. Enzo et Léa sont contents: je *(lui ◆ leur)* ai envoyé une carte de Londres!

❽ ✳✳✳ **Construis des phrases comportant un COS avec les verbes suivants.**
acheter ◆ envoyer ◆ empêcher ◆ permettre

À toi d'écrire!

❾ ✳ **Rédige la carte postale que Matéo a pu écrire à sa maîtresse.**

> Une fois ton texte terminé, souligne les compléments d'objet.

❿ ✳✳ **Rédige la lettre que les parents de Matéo lui ont envoyée quand ils ont reçu la sienne.**

> Utilise des COD, des COI et des COS. Une fois ton texte terminé, souligne-les et indique leur classe grammaticale.

Grammaire

Les compléments circonstanciels

CHERCHONS

À la mort du cardinal de Mazarin, en 1661, le roi Louis XIV se passa de Premier ministre. Il imposa, **avec fermeté**, son autorité **sur tout le royaume**. **Durant son long règne**, le Roi Soleil chercha à faire de la France une nation puissante. Il entreprit des guerres de conquête. Ces guerres coûteuses épuisaient le pays. **Dans les campagnes, dans les villes**, le peuple tenta **quelquefois** de se révolter. Mais l'armée réprima **violemment** ces révoltes populaires.

▸ Pouvez-vous supprimer et déplacer les groupes de mots en couleur ?
Quels genres de renseignements apportent-ils ?
▸ Quelles questions peut-on poser après le verbe pour obtenir ces mots en réponse ?

● Les **compléments circonstanciels** complètent le verbe. Ils peuvent être le plus souvent **supprimés** et **déplacés**.

● Ils apportent des informations concernant :
– le **lieu** (« où ? ») : *Il imposa son autorité **sur tout le royaume**.*
complément circonstanciel de lieu (CCL)

– le **temps** (« quand ? ») : ***En 1661**, Louis XIV gouverna sans Premier ministre.*
complément circonstanciel de temps (CCT)

– la **manière** (« comment ? ») : *Il imposa, **avec fermeté**, son autorité.*
complément circonstanciel de manière (CCM)

● Un complément circonstanciel peut être :
– un **nom** ou un **groupe nominal introduit par une préposition** :
 à la mort du cardinal, avec fermeté, sur tout le royaume
– un **adverbe** : *quelquefois, violemment*

Reconnaître les compléments circonstanciels

❶ ✳ Recopie les phrases en déplaçant les compléments circonstanciels soulignés.

a. Je me lave les dents <u>chaque matin</u>, <u>après le petit déjeuner</u>.

b. Les élèves s'assoient <u>dans la classe</u>, <u>en silence</u>.

c. Valentin recopie sa poésie <u>soigneusement</u>, <u>dans son cahier</u>.

d. <u>Hier</u>, j'ai dîné <u>chez ma tante</u>.

e. <u>Samedi soir</u>, mes grands-parents fêteront leurs noces d'or <u>au restaurant</u>.

2 ✳ **Réponds par *vrai* ou *faux*.**

a. Un complément circonstanciel de temps répond à la question « comment ? ».

b. Un complément circonstanciel peut être un adverbe.

c. Les compléments circonstanciels complètent le verbe.

d. Les compléments circonstanciels ne peuvent pas être déplacés.

3 ✳ **Recopie les adverbes en les regroupant selon leur fonction : CCT, CCL ou CCM.**

calmement ◆ jadis ◆ ici ◆ hier ◆ lentement ◆ demain ◆ dehors ◆ aussitôt ◆ autrefois ◆ souvent ◆ devant ◆ vite ◆ joyeusement ◆ prochainement

4 ✳ **Relève les compléments circonstanciels et indique s'il s'agit d'un complément circonstanciel de temps (CCT), de lieu (CCL) ou de manière (CCM).**

a. Je mange avec plaisir un pain aux raisins en sortant de l'école.

b. Jadis, il y avait un moulin près de la rivière.

c. Léa ne peut pas garer sa voiture dans son garage : un camion stationne devant la porte.

d. En rentrant de la piscine, Léo s'est allongé sur le canapé et s'est endormi profondément.

5 ✳ ✳ **Écris la question dont la réponse est le complément circonstanciel en gras.**

a. Samedi prochain, nous irons au théâtre.

b. Mon petit frère a **patiemment** assemblé toutes les pièces de son nouveau puzzle.

c. Devant nous s'étalait un immense jardin inondé de lumière.

d. Lors de leurs déplacements, les Esquimaux construisent des igloos.

6 ✳ ✳ **Relève les compléments circonstanciels. Précise leur fonction et leur classe grammaticale.**

Aujourd'hui, le soleil brille avec éclat. Nous décidons aussitôt d'aller camper au bord de la rivière. Nous pêcherons dans la journée. Ce soir, nous mangerons autour d'un feu de camp.

7 ✳ **Complète les phrases avec des compléments circonstanciels de temps, de lieu ou de manière.**

> *Tu peux utiliser plusieurs compléments circonstanciels dans une même phrase.*

a. Tu lis un livre.

b. Nous avons visité Londres.

c. Les touristes admirent le panorama.

d. Le plombier réparera le tuyau de l'évier.

e. La vie était agréable.

8 ✳ ✳ **Écris des phrases avec les compléments circonstanciels suivants.**

devant la maison ◆ tous les jours ◆ doucement ◆ bientôt ◆ sous un palmier ◆ l'été prochain ◆ ailleurs ◆ avec soin

9 ✳ ✳ **Écris trois phrases en respectant les consignes données.**

a. une phrase avec un CCL et un CCM

b. une phrase avec un CCT et un CCL

c. une phrase avec un CCT, un CCL et un CCM

À toi d'écrire !

10 ✳ **En t'aidant de la carte ci-dessous, rédige un bulletin météo.**

> *Tu peux utiliser les compléments circonstanciels suivants : au nord, sur la Côte d'Azur, à l'est, toute la journée, largement, le matin, avec force, progressivement.*

Grammaire

25

Les adverbes

CHERCHONS

Mamy aimait **bien** les poules mais son véritable amour, c'était les oies. […] Sa préférée se nommait Alfonsina. Elle était tellement grande et grosse que je pouvais **aisément** m'asseoir à cheval sur son dos pour faire une petite promenade dans le jardin. Moi aussi j'aimais **beaucoup** Alfonsina. Dès que j'arrivais, elle venait à ma rencontre et me suivait **partout**. Et je pouvais lui raconter n'importe quoi, elle me comprenait **toujours** – on ne pouvait pas en dire **autant** de Floppy*! Alfonsina était **aussi** celle qui pondait les plus gros œufs. Et quand elle avait des petits, elle me laissait les toucher, pas comme les autres qui menaçaient de vous crever les yeux si vous faisiez mine d'approcher!

* Floppy est un chien.

Angela Nanetti Casari, *Mon grand-père était un cerisier*,
trad. F. Fiore, Flammarion Jeunesse.

❱ Cherchez dans un dictionnaire la nature grammaticale des mots en couleur.
❱ Les mots en couleur sont-ils des mots variables ou invariables ?
❱ À partir de quel adjectif qualificatif est formé *aisément* ?
❱ Le mot *partout* apporte-t-il une indication de temps, de manière ou de lieu ? Et le mot *toujours* ?

● Les **adverbes** sont **invariables**: ils ne s'accordent jamais en genre et en nombre.
*J'aimais **beaucoup** Alfonsina.* ➜ *Mamy et moi aimions **beaucoup** Alfonsina.*

● Les adverbes peuvent **modifier** ou **compléter le sens d'un verbe**.
Alfonsina me suivait. ➜ *Alfonsina me suivait **partout**.*

! Les adverbes peuvent aussi modifier le sens d'une phrase, d'un adjectif qualificatif ou d'un autre adverbe.

● Il existe des adverbes de **temps** (*tôt, parfois, après, tard…*), de **manière** (*bien, vite, mieux, debout…*), de **lieu** (*loin, ici, partout, dehors…*).

● De nombreux adverbes de manière se terminent par **-ment** et sont construits à partir d'un adjectif qualificatif.
aisé ➜ *aisément*   *silencieux* ➜ *silencieuse* ➜ *silencieusement*

Reconnaître les adverbes

1 ✷ **Recopie uniquement les adverbes.**
lent ◆ lentement ◆ hier ◆ tard ◆ des ◆ fraîcheur ◆ fraîchement ◆ aujourd'hui ◆ voir ◆ perdre ◆ ici ◆ finir ◆ joyeux ◆ joyeusement ◆ joie

2 ✷ **Recopie les phrases qui sont justes.**
a. Les adverbes s'accordent en genre et en nombre avec le verbe.
b. On peut former des adverbes de manière à partir d'adjectifs qualificatifs.
c. L'adverbe sert à modifier ou à compléter le sens d'un verbe.
d. Tous les adverbes sont des adverbes de lieu.

3 ✷✷ **Recopie les phrases puis souligne les adverbes.**
a. Manon habite là depuis deux ans.
b. Sortez de la classe calmement.
c. J'aime beaucoup les romans de science-fiction.
d. Nous viendrons volontiers vous voir pendant les vacances.

Identifier et former les différents types d'adverbes

4 ✷ **Recopie chaque liste sans l'intrus.**
a. Adverbes de lieu : dedans ◆ ailleurs ◆ confortablement ◆ partout
b. Adverbes de manière : mieux ◆ debout ◆ vite ◆ demain
c. Adverbes de temps : jadis ◆ dessous ◆ après ◆ souvent

5 ✷ **Construis des adverbes de manière terminés par -ment à partir de ces adjectifs.**
a. aimable
b. étrange
c. timide
d. sage

6 ✷✷ **Écris le féminin des adjectifs puis l'adverbe de manière correspondant.**
courageux > courageuse > courageusement
réel ◆ ancien ◆ long ◆ vif ◆ discret ◆ fier

7 ✷✷ **Lis le texte puis réponds aux questions.**
Gussie Godiva travaille au bureau de poste de Hilton Valley.

Deux jours plus tard, Wolfie arrivait tranquillement au bureau de poste de Hilton Walley. Quand il poussa la porte, la petite cloche de Gussie Godiva tinta joyeusement. Gussie leva les yeux de derrière le comptoir, ajusta son monocle et regarda fixement Wolfie.

Henrietta Branford, *Avril est en danger*, trad. V. Mouriaux, © Gallimard Jeunesse.

a. Recopie trois adverbes de manière.
b. Écris les adjectifs qualificatifs à partir desquels ces adverbes ont été construits.

8 ✷✷ **Souligne en rouge les adverbes de lieu, en bleu les adverbes de temps et en vert les adverbes de manière.**
a. Elle avança rapidement sans se soucier des aboiements des chiens.
b. Soudain, il se mit à pleuvoir.
c. Ariane a rangé son bureau avant-hier et a posé son nouvel ordinateur dessus.
d. J'habite ici depuis deux ans.

9 ✷✷ **Indique si les adverbes en gras précisent le sens d'un verbe, d'un autre adverbe, d'un adjectif ou d'une phrase.**
a. **Demain**, j'irai au supermarché.
b. Elle était **assez** contente de sa journée.
c. J'ai **beaucoup** de travail.
d. Il mange **très** lentement.

À toi d'écrire !

10 ✷ **Écris une suite au texte de l'exercice 7. Emploie différents types d'adverbes.**

> Tu peux raconter pourquoi Gussie regarde fixement Wolfie et ce que vient faire Wolfie au bureau de poste.

Grammaire

L'attribut du sujet

En 1589, Henri IV devient **roi de France**. Henri IV est **protestant**, il est aux côtés des huguenots durant les guerres de Religion. Il a échappé au massacre de la Saint-Barthélemy. Une partie des catholiques n'accepte pas qu'un protestant devienne roi de France. En 1593, Henri IV se convertit au catholicisme. […] En 1598, par l'édit de Nantes, il établit la tolérance religieuse. Le royaume de France reste **catholique**, mais les protestants gagnent le droit d'exercer leur religion dans certaines villes.

Histoire Cycle 3, Magnard.

❯ Quelle est la classe grammaticale des mots et du groupe de mots en couleur ?
❯ Sur quels mots apportent-ils des informations ? Par quels verbes sont-ils séparés des mots auxquels ils se rapportent ? Quelle est la fonction des mots *Henri IV* et *le royaume de France* ?
❯ Dans la deuxième phrase, remplacez *Henri IV* par *Jeanne d'Albret*. Quelle observation pouvez-vous faire ?

● **L'attribut du sujet** donne des informations sur le **sujet**.
*Henri IV est **protestant**.*
        attribut du sujet « Henri IV »

● **L'attribut du sujet** est séparé du sujet par un **verbe d'état** : *être, paraître, sembler, rester, devenir, demeurer, avoir l'air…*

● Un attribut du sujet est le plus souvent :
– un **adjectif** : *Le royaume de France reste **catholique**.*
– un **nom** ou un **groupe nominal** : *Henri IV devient **roi de France**.*

● **L'attribut du sujet s'accorde en genre et en nombre** avec le sujet.
*Le royaume de France reste **catholique**.*   *Les provinces françaises restent **catholiques**.*

Reconnaître les verbes d'état

❶ ✳ Recopie les phrases contenant un verbe d'état puis souligne-le.
a. Vous paraissez inquiets aujourd'hui.
b. Il parle plusieurs langues étrangères.
c. Elles n'écrivent pas beaucoup.
d. Tu sembles contente de ton école.
e. Vous êtes matinaux depuis quelques jours.
f. Noa a l'air heureux sur cette photographie.

Reconnaître les attributs du sujet

❷ ✳ **Recopie les phrases. Encadre les verbes d'état et souligne les attributs du sujet.**

a. Mes nouveaux voisins semblent gentils.

b. Avec ses nouvelles lunettes rondes, Laura paraît sérieuse.

c. Le vent devient violent mais les marins restent calmes.

d. Tu as l'air menaçant quand tu fronces les sourcils !

❸ ✳✳ **Recopie le texte. Souligne les sujets en rouge, les verbes d'état en vert et les attributs du sujet en bleu.**

Tous les matins, Claire apportait une feuille de chou à Alphonse. Mais ce matin-là, le lapin était immobile au fond de son clapier. Claire l'appela, agita la feuille de chou mais Alphonse resta couché et ne tourna même pas la tête. Claire partit en courant jusqu'à la cuisine où ses parents prenaient leur café.

– Papa, maman ! Alphonse est tout bizarre !

Moka, *Histoires de fées*, © Gallimard Jeunesse.

❹ ✳✳ **Recopie les phrases en modifiant les attributs du sujet.**

*Ako est devenue **une grande fille**.*

*> Ako est devenue **chirurgienne**.*

a. Lucas est l'ami de Farid.

b. Max semble triste.

c. Odessa était sportive.

d. Élisa deviendra une excellente élève.

Identifier la classe grammaticale de l'attribut du sujet

❺ ✳ **Indique la classe grammaticale des attributs du sujet en gras.**

a. Mon père est **le président du club de football**.

b. Avec cette chaleur, l'eau semblait **froide**.

c. Dès son arrivée chez nous, mon chien est devenu **mon meilleur ami**.

d. Quand je serai **grande**, je serai **journaliste**.

Accorder l'attribut du sujet avec son sujet

❻ ✳ **Réécris les phrases avec le sujet proposé entre parenthèses.**

Fais les accords nécessaires.

a. Mon cousin est avocat. *(ma cousine)*

b. Ces gâteaux au chocolat semblent délicieux. *(ces tartes au chocolat)*

c. Tes bottes paraissent neuves. *(tes souliers)*

d. Cette laine est douce. *(ce tissu)*

Employer les attributs du sujet

❼ ✳ **Complète chaque phrase avec un attribut du sujet.**

a. La Loire est … .

b. Cette femme a l'air … .

c. Le gagnant de la course semble … .

d. Paris est … .

❽ ✳ **Remplace le nom en gras par un groupe verbal (un verbe d'état et un attribut du sujet).**

*la **fidélité** du chien > Le chien est fidèle.*

a. l'**immensité** de l'océan

b. la **blancheur** des robes

c. la **pureté** de l'air

d. la **maigreur** des chats

À toi d'écrire !

❾ ✳ **Décris les deux personnages de ce dessin. Utilise le verbe *être* et d'autres verbes d'état.**

RÉVISIONS

● Le **verbe** est le mot le plus important de la phrase. Autour de lui peuvent se trouver :

– le **sujet** : *L'enfant* mange.

– le **COD** : *Il mange **une pomme**.*

– le **COI** : *Elle parle **à son frère**.*

– le **COS** : *La boulangère rend la monnaie **à son client**.*

– les **compléments circonstanciels** : *<u>Mercredi</u>, je vais **à la piscine** **avec plaisir**.*

                                                CCT   CCL   CCM

– l'**attribut du sujet** : *Tu es **un excellent élève**.*

● Le sens du verbe peut être modifié par :

– un **adverbe de temps** : *Il s'est levé **tôt**.*

– un **adverbe de lieu** : *Nous habitons **ici** depuis cinq ans.*

– un **adverbe de manière** : *Je vais **bien**.*

Distinguer les verbes à l'infinitif des verbes conjugués

❶ ❋ Classe les verbes en deux groupes : les verbes conjugués et les verbes à l'infinitif.

Un pont va être construit… Difficile à imaginer ! Pouvoir enfin traverser le fleuve en quelques minutes, cela va être un bouleversement extraordinaire, toutes nos habitudes vont changer. Lorsque j'étais petit, c'était un vrai plaisir de devoir aller rendre visite à grand-père et grand-mère qui habitaient une petite ville de l'autre côté du fleuve. Il fallait faire un détour énorme pour rejoindre un pont situé à des kilomètres. Cela devenait une vraie expédition.

Michel Da Costa Goncalves,
Circuler en ville,
© Autrement Jeunesse.

Identifier les fonctions autour du verbe

❷ ❋ Emploie chaque groupe de mots dans une phrase où il sera sujet du verbe.

Essaie de ne pas employer avoir et être.

a. un vélo

b. le château fort

c. Pierre et Nadine

❸ ❋ Recopie les adverbes en gras et indique s'il s'agit d'un adverbe de lieu, de manière ou de temps.

a. Venez **là**, vous verrez **mieux**.

b. Ernesto est tombé et s'est fait **mal**.

c. En voiture, qu'on soit assis **devant** ou **derrière**, il faut **absolument** attacher sa ceinture de sécurité.

d. Samia téléphone **souvent** à sa tante.

4 ✳ **Associe les mots en gras à l'une des deux fonctions écrites entre parenthèses.**

a. **L'entraînement de football** a eu lieu au stade Legrand. *(groupe sujet ◆ COD)*

b. Quand Clara et Li sont arrivées, tout était fini **depuis une demi-heure**. *(CCL ◆ CCT)*

c. Leur entraîneur n'était pas **content** car il lui a manqué **deux bonnes joueuses**. *(COD ◆ attribut du sujet)*

d. Les deux filles ont présenté leurs excuses **à toute l'équipe**. *(COS ◆ CCM)*

5 ✳✳ **Classe les mots en gras dans le tableau.**

sujet du verbe	attribut du sujet	COD	COI	CC

a. **Madame Guétary** a repeint **les volets de sa maison**.

b. Les vipères sont **des serpents venimeux**.

c. **Dans mon jardin**, j'ai construit **une cabane en bois**.

d. Où irez-**vous** en vacances **cet été** ?

e. Ludmilla a téléphoné **à Zélie**.

6 ✳✳ **Indique la fonction des groupes de mots en gras.**

> Aide-toi de la liste suivante : attribut du sujet, COD, COI, sujet, CCL.

a. S'il vous plaît, éteignez **vos téléphones portables**.

b. **Son téléphone portable** a sonné dans l'autobus.

c. Floriane et Lucie ont renoncé **au téléphone portable**.

À toi d'écrire !

10 ✳ **Écris une histoire à partir du dessin en utilisant des COD et des compléments circonstanciels. Une fois ton texte terminé, souligne en rouge les sujets, en bleu les compléments circonstanciels et en vert les COD.**

d. Tu as installé une sonnerie originale sur **ton téléphone portable**.

e. Cet appareil est **un téléphone portable**.

7 ✳✳ **Invente des phrases en tenant compte des indications données entre parenthèses.**

a. *(CCT)*, les piscines découvertes attirent *(COD)*.

b. *(CCT)*, Nine sera *(attribut du sujet)*.

c. *(CCL)*, *(sujet)* a remis une lettre *(COS)*.

8 ✳✳✳ **Recopie les trois compléments circonstanciels de temps et le complément circonstanciel de manière.**

La frégate *La Sérieuse*

Qu'elle était belle ma Frégate
Lorsqu'elle voguait dans le vent
Elle avait au soleil levant
Toutes les couleurs de l'agate ;
Ses voiles luisaient le matin
Comme des ballons de satin

Alfred de Vigny,
Poèmes antiques et modernes.

9 ✳✳✳ **Recopie les trois compléments circonstanciels de lieu et le complément circonstanciel de manière.**

Le chaland

Sur l'arrière de son bateau,
Le batelier promène
Sa maison naine
Par les canaux.
Elle est joyeuse, et nette, et lisse,
Et glisse
Tranquillement sur le chemin des eaux.

Émile Verhaeren, *Toute la Flandre.*

Grammaire

31

Grammaire

Le groupe nominal

▶ Relevez le mot et le groupe de mots qui vous renseignent sur le voyage de Guillaume.

▶ Quel nom est complété par les informations suivantes : « jeune » et « qui ne sort de chez elle qu'à la nuit tombée » ?

▶ Relevez le groupe nominal qui a pour nom principal *dame*.

GUDULE
LA BIBLIOTHÉCAIRE

Pourquoi la vieille dame qui habite en face de chez Guillaume écrit-elle très tard la nuit ? Quelle est cette jeune fille qui ne sort de chez elle qu'à la nuit tombée ? Pour résoudre ces mystères, Guillaume se lance dans un fantastique voyage au pays des livres et de l'écriture.

Une plongée au cœur de la littérature qui a séduit plus d'un million de lecteurs !

Gudule, *La Bibliothécaire*, illustrations de Christophe Durual, © Le Livre de Poche Jeunesse.

● Un **groupe nominal** est constitué d'au moins un nom, le **nom noyau**, et de son **déterminant** : *la nuit, ces mystères.*

[!] Dans une phrase, il peut y avoir plusieurs groupes nominaux.

● Le nom principal peut être précisé et enrichi par d'autres mots :
– un **adjectif qualificatif** : *la vieille dame*
– un **nom** ou un **groupe nominal** : *un voyage au pays des livres et de l'écriture*
– une **proposition relative** : *la fille qui ne sort de chez elle qu'à la nuit tombée*

● Dans un groupe nominal, un nom peut être complété par plusieurs précisions :
la vieille (adjectif) *dame qui habite en face de chez Guillaume* (proposition relative).

Reconnaître le nom noyau dans un groupe nominal

1 ✳ Recopie les groupes nominaux en gras. Entoure le déterminant et souligne le nom noyau.
a. Aujourd'hui, c'est **l'anniversaire de Brahim**.
b. Sa maman lui a acheté **un jeu électronique**.
c. **La salle à manger** est décorée avec **des guirlandes multicolores**.
d. **Le jeune garçon** a invité **des amis qui devraient bientôt arriver**.

2 ✳ Réduis les groupes nominaux en gras pour qu'il ne reste plus que le nom principal et son déterminant.
a. Un soir d'hiver, j'entendis frapper **des coups violents** contre **la porte en bois de la maison**.
b. J'ouvris et je me retrouvai face à **une créature qui me sembla bizarre**.
c. **Cet être étrange** avait **des antennes fluorescentes**.
d. **Son corps difforme** était recouvert avec **des écailles de poissons**.

32

3 ✳ **Réponds par *vrai* ou *faux*.**

a. Dans un groupe nominal, il y a au moins un nom et son déterminant.

b. Le nom principal d'un groupe nominal s'appelle le nom commun.

c. Dans une phrase, il ne peut y avoir qu'un seul groupe nominal.

d. On peut apporter des précisions sur un nom avec un adjectif, un groupe nominal, une proposition relative.

4 ✳ **Entoure le nom principal et souligne les mots ou les groupes de mots qui le complètent.**

un cartable neuf ◆ un livre de géographie ◆ une règle qui est en plastique ◆ le grand bureau de la maîtresse ◆ un stylo bleu qui fuit ◆ des crayons de papier taillés

5 ✳✳ **Relève tous les groupes nominaux. Entoure les mots qui complètent le nom noyau lorsqu'il y en a.**

> Le groupe nominal commence toujours par un déterminant qui se rapporte au nom principal.

a. Dans le grenier de mes grands-parents, j'ai retrouvé un vieux cheval en bois.

b. Le gros chien de nos voisins est très agressif.

c. Une belle voiture bleue est garée devant l'école.

d. Chaque année, des touristes qui viennent de pays étrangers visitent les principaux monuments de notre pays.

6 ✳✳ **Classe les éléments qui enrichissent le nom noyau dans le tableau.**

adjectif qualificatif	nom ou groupe nominal	proposition relative

un chapeau de paille ◆ une longue écharpe multicolore ◆ un blouson qui a une capuche ◆ un bonnet avec un pompon ◆ des baskets trouées qui n'ont plus de lacets

7 ✳✳✳ **Indique si les mots en gras sont des adjectifs (A), des noms (N) ou des propositions relatives (P).**

Les Gaulois étaient des combattants **redoutables** grâce à leurs **longues** épées **de fer**, leurs javelots et leurs casques **en bronze**. Les **courageux** guerriers **qui avaient combattu** portaient autour du cou un collier **qui s'appelait le torque**.

8 ✳ **Enrichis chaque groupe nominal.**

un gâteau ◆ les fleurs ◆ la table ◆ des animaux

9 ✳ **Ajoute, à chacun des noms en gras, des mots ou des groupes de mots pour le compléter.**

a. Un **homme** approche.

b. La **porte** est fermée.

c. Le **chien** aboie.

d. Tu regardes par la **fenêtre**.

e. Nous jouons dans le **jardin**.

10 ✳✳ **Complète les phrases par un groupe nominal enrichi.**

a. … arrive toujours à l'heure.

b. J'ai acheté … .

c. Pourrais-tu me prêter … ?

d. On est allé courir … .

À toi d'écrire !

11 ✳ Aujourd'hui, ton professeur est absent et un(e) remplaçant(e) va arriver. Imagine comment est cette personne et décris-la en pensant à enrichir les groupes du nom.

12 ✳✳ Décris ton animal préféré : son physique, son lieu de vie, son habitat, sa nourriture… Utilise des groupes nominaux enrichis.

Grammaire

Les articles

CHERCHONS

Les jeux Olympiques ont connu deux vies. **La** première dans l'Antiquité : créés par **les** Grecs en 776 av. J.-C., ils se déroulaient tous **les** quatre ans dans **la** ville d'Olympie. En 393 apr. J.-C., **l'**empereur chrétien Théodose Ier les jugea contraires à **la** religion et les fit interdire. Heureusement, ils eurent droit à **une** seconde naissance. À **la** fin du XIXe siècle, **le** baron Pierre de Coubertin pensait que **le** sport était important pour **le** développement de **la** jeunesse. **Des** fouilles archéologiques sur **le** site d'Olympie lui donnèrent l'idée de ressusciter **les** Jeux. **La** première édition eut lieu en 1896 à Athènes, avec 241 athlètes de 14 pays.

Philippe Nessmann, *Toutes les réponses aux questions que vous ne vous êtes jamais posées*, © Palette Éditions.

❫ Comment appelle-t-on les mots en couleur ?
❫ Quelles informations donnent-ils sur le nom qui suit ?
❫ Expliquez pourquoi on écrit *l'* devant le nom *empereur* et non *le*.

● Les **déterminants** sont des mots qui se placent **devant un nom** commun et parfois devant un nom propre. Ils indiquent le **genre** (masculin ou féminin) et le **nombre** (singulier ou pluriel) du nom.

une naissance   *le* développement   *les* Grecs

● Les **articles** appartiennent à la classe grammaticale des déterminants.
On distingue :
– les **articles indéfinis** : *un, une, des* ;
– les **articles définis** : *le, la, l', les*.

Reconnaître les articles

❶ ✳ Recopie les articles de chaque liste.
a. le ◆ devant ◆ qui ◆ un ◆ cette ◆ lorsque
b. ma ◆ ces ◆ l'a ◆ l' ◆ des ◆ notre
c. uni ◆ une ◆ dés ◆ des ◆ là ◆ chaque
d. les ◆ laid ◆ nous ◆ ici ◆ la

❷ ✳ Réponds par *vrai* ou *faux*.
a. Les articles sont placés devant des verbes.
b. *la* est un article défini.
c. *des* est placé devant un nom au pluriel.
d. *un* accompagne un nom féminin.

3 ✳ **Relève tous les articles et le nom qu'ils accompagnent.**

Je dormais à moitié lorsque je sentis quelque chose me mordiller le pied. J'ouvris un œil et poussai un hurlement : une vache avait passé la tête par l'ouverture de la tente et broutait tranquillement mon sac de couchage. Un instant, elle me regarda, mâchouillant d'un air stupide. Puis elle tourna les talons et s'éloigna au petit trot.

Jean-Philippe Arrou-Vignod,
Sur la piste de la salamandre, © Gallimard Jeunesse.

4 ✳✳ **Recopie le texte. Entoure les articles définis et souligne les articles indéfinis.**

Un claquement métallique. Le facteur venait de glisser le courrier dans la boîte aux lettres accrochée au portillon. Peu après, il y eut un bruit de porte, des pas sur les marches du perron et sur le gravier de l'allée. [...] Enfin, la voix de maman cria dans la maison :
« Karine ! Une lettre pour toi ! »

Hélène Kérillis, *Le Miroir de l'invisible*,
Éditions Magnard Jeunesse.

Utiliser les articles

5 ✳ **Complète chaque nom avec *le*, *la* ou *l'*.**

a. … panthère
b. … agneau
c. … panda
d. … hippocampe
e. … hibou
f. … libellule

6 ✳ **Recopie le texte en remplaçant les ★ par l'article qui convient.**

la ◆ *des* (2 fois) ◆ *l'* ◆ *la*

Brun, ★ mine éveillée, grand pour son âge, Philippe aimait gambader, se rouler dans ★ herbe, pêcher ★ écrevisses dans ★ rivière et se reposer à l'ombre ★ arbres.

7 ✳ **Complète les phrases avec les articles indiqués entre parenthèses.**

a. *(article défini, féminin singulier)* France se situe dans *(article défini, féminin singulier)* zone climatique tempérée.

b. Cependant, compte tenu de *(article défini, féminin singulier)* étendue de son territoire, notre pays englobe *(article indéfini, masculin pluriel)* climats différents du nord au sud et d'est en ouest.

c. *(article défini, masculin pluriel)* climats ont chacun leurs caractéristiques.

d. *(article défini, masculin singulier)* climat océanique s'oppose au climat continental.

8 ✳✳ **Complète les noms avec un article défini ou indéfini selon le sens de la phrase.**

… jour, alors que je me promenais sur … berge d'… rivière, j'aperçus … péniche qui semblait abandonnée. Je m'approchai sans bruit et je jetai … coup d'œil à … intérieur. Personne ! Je sautai alors sur … pont de … embarcation et m'avançai vers … porte entrouverte.

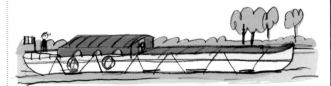

À toi d'écrire !

9 ✳ **Cherche des renseignements sur les premiers jeux Olympiques d'hiver et présente-les en quelques lignes. Une fois ton texte rédigé, souligne tous les articles que tu as utilisés.**

10 ✳✳ **Relis le texte de l'exercice 4. Imagine qui a écrit à Karine et rédige le contenu de la lettre.**

Emploie tous les articles étudiés dans la leçon.

Grammaire

Les déterminants possessifs et démonstratifs

CHERCHONS

Venez voir mes beaux fruits ! Regardez comme ils sont appétissants ces abricots !

Je voudrais cette laitue et un kilo de vos pêches.

Entendu. Goûtez-moi aussi cet abricot, il est sucré et juteux !

▶ Relevez tous les déterminants et classez-les.

▶ Expliquez pourquoi vous les avez classés ainsi.

▶ Quelle différence y a-t-il entre les deux déterminants en couleur ? Pouvez-vous expliquer pourquoi ces deux mots ne sont pas écrits de la même façon ?

● Les **déterminants démonstratifs** s'utilisent pour **montrer** ou pour **désigner quelqu'un ou quelque chose** : *ce, cet, cette, ces.*

*Goûtez-moi **cet** abricot.*   *Je voudrais **cette** laitue.*

● Les **déterminants possessifs** indiquent que ce dont on parle **appartient à quelqu'un ou à quelque chose** : *mon, ma, mes, notre, nos ; ton, ta, tes, votre, vos ; son, sa, ses, leur, leurs.*

*le livre de Jules → **son** livre*   *la chambre de Nacer → **sa** chambre*

● Comme tous les déterminants, les déterminants démonstratifs et possessifs s'accordent en genre et en nombre avec le nom qu'ils accompagnent.

Reconnaître les déterminants possessifs et démonstratifs

1 ✳ Recopie les phrases. Souligne les déterminants possessifs en rouge et les déterminants démonstratifs en vert.

a. Ce soir, Luc m'emmène voir un film.

b. Aïcha a raté son train. Elle a téléphoné à ses amis pour expliquer qu'elle n'arriverait que cet après-midi.

c. Nous avons croisé une dame devant notre immeuble ; cette personne ressemblait beaucoup à une actrice célèbre.

d. Regarde ces belles fleurs ! Elles seraient magnifiques dans mon vase bleu.

e. Cet été, les parents de Louise ont repeint leurs volets.

2 ✳ **Relève les déterminants possessifs et le nom qu'ils accompagnent. Indique leur genre et leur nombre.**

Poil de Carotte commence à se déshabiller, à l'écart. Il veut moins cacher sa maigreur et ses pieds que trembler seul, sans honte. Il ôte ses vêtements un à un et les plie avec soin sur l'herbe. Il noue ses cordons de souliers et n'en finit plus de les dénouer. Il met son caleçon, enlève sa chemise courte et, comme il transpire, pareil au sucre de pomme qui poisse dans sa ceinture de papier, il attend encore un peu.

Jules Renard, *Poil de Carotte.*

Employer les déterminants possessifs et démonstratifs

3 ✳ **Écris le déterminant démonstratif qui convient devant ces noms.**

Tu peux t'aider d'un dictionnaire.

a. … coucou
b. … oiseaux
c. … alouette
d. … aigle
e. … mésanges
f. … cigogne
g. … émeu
h. … hibou
i. … canards
j. … hirondelle

4 ✳ **Écris *son* ou *sa* devant chaque nom.**

mon, ton, son s'emploient devant un nom masculin mais aussi devant un nom féminin commençant par une voyelle ou par un *h* muet.
mon amie, ton adresse, son hirondelle

histoire ◆ baignoire ◆ leçon ◆ autruche ◆ harpe ◆ imagination ◆ orange ◆ trousse ◆ habitation ◆ tasse ◆ habitude

5 ✳ **Complète les phrases en utilisant les déterminants possessifs proposés.**

ton ◆ leurs ◆ nos ◆ vos ◆ votre

a. Autrefois, ils passaient … vacances en Savoie.
b. Pourriez-vous me donner … numéro de téléphone ?

c. Violaine et moi préparons … contrôles ensemble : c'est plus facile !
d. As-tu pris … petit déjeuner avant de partir à l'école ?
e. Vous ne nous avez pas encore présenté … amis italiens.

6 ✳✳ **Remplace chaque article par un déterminant démonstratif.**

la table ◆ les dictionnaires ◆ l'histoire ◆ un lion ◆ un hippocampe ◆ l'été ◆ une pendule

7 ✳✳✳ **Complète le texte avec des déterminants possessifs et démonstratifs.**

La sorcière Nékifui rêve d'avoir un bébé qui lui ressemble.
Lorsqu'elle naquit, … mère n'en crut pas … yeux et s'exclama, catastrophée :
– Quelle horreur, elle est belle !
Ce qui était à la fois normal et bizarre. Normal, parce que toutes les mamans trouvent que … bébé est beau, et bizarre parce que … maman-là avait un air dégoûté en découvrant un nouveau-né aussi mignon.
Le papa s'approcha à … tour du berceau et s'étonna :

– Tu as raison, … chérie, … petite fille est vraiment jolie.

Anne-Marie Desplat-Duc, *Une sorcière affreusement belle*, © J'ai Lu - Librio.

À toi d'écrire !

8 ✳ **Tu portes une casquette, des lunettes de soleil et un tee-shirt prêtés par ton (ta) meilleur(e) ami(e). Écris la conversation que tu as avec tes parents en arrivant à la maison.**

Utilise des déterminants possessifs et démonstratifs.

Les déterminants interrogatifs et indéfinis

CHERCHONS

Problème

Un professeur achète **plusieurs** livres de mathématiques dans une librairie. **Chaque** livre coûte le même prix : 7 euros . Il paie 56 euros en tout.

(a) **Quel** nombre de livres a-t-il acheté ?

(b) Il veut acheter trois livres de plus. **Quelle** somme devra-t-il dépenser ?

▶ À quelle classe grammaticale appartiennent les mots en rouge ? Quels mots accompagnent-ils ?

▶ Quel type de phrase est introduit par les mots en vert ? Pourquoi ces deux mots ne sont-ils pas écrits de la même façon ?

● Les **déterminants interrogatifs** introduisent une **phrase interrogative** : *quel, quelle, quels, quelles.*
Ils s'accordent en genre et en nombre avec le nom qu'ils accompagnent.

Quel <u>nombre</u> de livres a-t-il acheté ? **Quelle** <u>somme</u> dépense-t-il ?

● Les **déterminants indéfinis** expriment une **quantité plus ou moins précise** : *chaque, plusieurs, aucun, nul, tout, certain, quelque, divers, tel…*
Ils s'accordent en genre et en nombre avec le nom qu'ils accompagnent.

[!] Un nom peut être accompagné de plusieurs déterminants.

Tous les *élèves écrivent l'énoncé.*

Reconnaître les déterminants interrogatifs et indéfinis

❶ ✴ **Recopie les phrases. Souligne les déterminants interrogatifs en bleu et les déterminants indéfinis en vert.**

a. Je n'ai eu aucun mal à corriger toutes les erreurs de cette dictée.

b. Quelle poésie vas-tu apprendre ? Tu n'as plus que quelques jours pour te décider !

c. Certains élèves étaient absents aujourd'hui mais tous mes amis étaient là !

d. Quel déguisement vais-je choisir pour le carnaval ? Chaque année, je me pose la même question !

e. Le maître nous a présenté plusieurs livres mais aucune histoire ne m'intéresse.

2 ✳ **Relève les déterminants interrogatifs et le nom qu'ils accompagnent. Indique leur genre et leur nombre.**

a. Quel temps avez-vous eu en Bretagne la semaine dernière ?

b. Quels nouveaux parfums le glacier de la place propose-t-il ?

c. Quelles filles de la classe as-tu invitées à ton anniversaire ?

d. Mais quelle idée a bien pu lui passer par la tête ?

e. Dans quelles conditions travaillent-ils ?

3 ✳ **Relève l'intrus dans chaque série.**

a. quel ◆ quelle ◆ lequel ◆ quels ◆ quelles

b. certain ◆ plusieurs ◆ leur ◆ chaque ◆ aucun

c. cette ◆ même ◆ tous ◆ quelques ◆ nulle

d. divers ◆ toute ◆ différents ◆ tel ◆ notre

4 ✳✳ **Recopie les phrases. Souligne les déterminants indéfinis et encadre les noms qu'ils accompagnent.**

a. Valentin ferme chaque fenêtre l'une après l'autre.

b. Il a plu sans arrêt toute la journée de mercredi.

c. Il me reste encore quelques vieux livres à ranger et je dois aussi vider plusieurs tiroirs.

d. Certains jours, je trouve que tout le monde est méchant avec moi !

e. Ce magasin propose divers articles de plage.

Employer les déterminants interrogatifs et indéfinis

5 ✳ **Écris le déterminant interrogatif qui convient devant ces noms.**

a. … souhaits ?
b. … couleurs ?
c. … film ?
d. … exercice ?
e. … amies ?
f. … école ?
g. … fruits ?
h. … quantité ?

---

6 ✳ **Complète les phrases avec les déterminants proposés.**

tous ◆ diverses ◆ certains ◆ chaque

a. Laura ne peut manger que … fruits.

b. Théo doit relire … page plusieurs fois.

c. … mes amis adorent le chocolat !

d. … activités sont proposées à la bibliothèque.

7 ✳✳ **Utilise les déterminants et les noms proposés pour écrire le plus possible de groupes nominaux.**

Déterminants : quels ◆ aucun ◆ certaines ◆ chaque ◆ plusieurs ◆ quelques

Noms : maison ◆ filles ◆ bateau ◆ jeux

8 ✳✳ **Complète les phrases avec un déterminant indéfini.**

a. … personnes sont allergiques aux cacahuètes.

b. À … fois que j'oublie mon parapluie, il pleut !

c. Dans la classe, … élèves ont le même bonnet.

d. … père, … fils !

e. … fille de ma classe n'aime jouer au football.

À toi d'écrire !

9 ✳ **Invente cinq questions pour faire le portrait chinois d'un de tes camarades.**

Par exemple : Si tu étais un objet, quel objet serais-tu ?

10 ✳✳ **En t'aidant du dessin, écris un énoncé de problème. Utilise au moins deux déterminants indéfinis et deux déterminants interrogatifs.**

L'adjectif qualificatif

CHERCHONS

J'ai des **yeux** bleus, des **lèvres** vermeilles, des grosses **joues** roses, des **cheveux** blonds ondulés. Je m'appelle Amandine. Quand je me regarde dans une glace, je trouve que j'ai l'air d'une petite fille de dix ans. Ce n'est pas étonnant. Je suis une petite **fille** et j'ai dix ans.

Michel Tournier, « Amandine ou les deux jardins », *in Sept contes*, © Éditions Gallimard.

▶ Relevez les mots qui apportent des précisions sur les noms en couleur. Comment appelle-t-on ces mots ? Où sont-ils placés ?
▶ Les mots que vous avez relevés ont-ils le même genre et le même nombre que les noms en couleur ? Justifiez votre réponse avec deux exemples du texte.

● Un **adjectif qualificatif** est un mot qui donne des **précisions sur le nom qu'il accompagne.**
Dans le groupe nominal, il peut être placé **avant** ou **après le nom.**

● L'adjectif qualificatif **s'accorde en genre et en nombre** avec le nom qu'il qualifie.

une petite fille → *Le nom* fille *et l'adjectif* petite *sont écrits au féminin singulier.*
des yeux bleus → *Le nom* yeux *et l'adjectif* bleus *sont écrits au masculin pluriel.*

● La fonction de l'adjectif qualificatif **placé à côté d'un nom** est **épithète.**
J'ai des lèvres vermeilles.
épithète du nom « lèvres »

Reconnaître les adjectifs qualificatifs

1 ✳ **Dans chaque liste, relève le mot qui n'est pas un adjectif qualificatif.**

a. joyeux ◆ gai ◆ content ◆ bonheur ◆ heureux
b. souple ◆ mince ◆ flexible ◆ long ◆ roseau
c. spacieux ◆ immensité ◆ grand ◆ vaste ◆ énorme
d. têtu ◆ obstination ◆ entêté ◆ persévérant ◆ volontaire
e. luisant ◆ brillant ◆ lueur ◆ lumineux ◆ clair

2 ✳✳ **Recopie les groupes nominaux avec des adjectifs. Puis entoure les adjectifs.**

un pull-over marin ◆ une robe de plage ◆ une veste qui a un col en velours ◆ une longue écharpe ◆ une chemise à rayures ◆ une chemise blanche

3 ✳✳ **Relève les huit adjectifs qualificatifs de ce texte. Indique à quel nom se rapporte chaque adjectif.**

J'ai toujours aimé dessiner, surtout les chevaux. J'ai couvert plusieurs feuilles avec des étalons fougueux en plein galop. Puis, machinalement, je me suis mis à crayonner une silhouette au dos arrondi, aux pattes jointes, aux oreilles droites. Un chat ! J'avais dessiné un chat noir ! J'avais l'étrange impression que ma main avait obéi à une force étrangère.

Marie-Hélène Delval, *Les Chats*, © Bayard Jeunesse.

Accorder les adjectifs qualificatifs

4 ✳ **Recopie le groupe nominal avec l'adjectif qui convient.**

a. un mur (*peint* ◆ *peinte*)

b. un maître (*gentille* ◆ *gentil*)

c. la marée (*basse* ◆ *bas*)

d. ce livre (*passionnant* ◆ *passionnante*)

e. un danger (*publique* ◆ *public*)

5 ✳ **Associe un groupe nominal de la liste 1 à un adjectif de la liste 2.**

Liste 1 : un exercice ◆ des bijoux ◆ des journées ◆ une lumière ◆ des exercices

Liste 2 : merveilleuses ◆ faciles ◆ originaux ◆ facile ◆ vive

6 ✳✳ **Complète les phrases avec les adjectifs proposés.**

familiaux ◆ *expressives* ◆ *puissantes* ◆ *velue* ◆ *mauvaise*

a. Les chimpanzés utilisent des mimiques … .

b. Ils font la moue pour faire savoir qu'ils sont de … humeur.

c. Les gorilles vivent en groupes … de dix à quinze individus.

d. Si vous êtes poursuivi par un gorille qui frappe sa poitrine … de ses deux mains …, courez vite vous cacher !

Utiliser les adjectifs qualificatifs

7 ✳ **Complète les groupes nominaux en gras avec les adjectifs de ton choix.**

a. J'ai visité **un musée**.

b. Tu as cueilli **des fleurs**.

c. Il a lu **des romans**.

d. Nous habitons dans **une maison**.

Identifier les adjectifs qualificatifs épithètes

8 ✳✳ **Relève les adjectifs qui sont épithètes et analyse-les.**

Ce jeune garçon est sympathique.

❯ **jeune** : *adjectif masculin singulier, épithète du nom « garçon »*

> *Observe bien la place des adjectifs !*

a. Ta nouvelle robe est très jolie.

b. Idir était petit avec de beaux yeux brillants.

c. Mon grand-père aimait porter un élégant chapeau de paille.

d. Ludivine est très heureuse de recevoir pour les vacances ses cousines américaines.

À toi d'écrire !

9 ✳ **Transforme la sinistre sorcière décrite dans ces phrases en changeant les adjectifs pour qu'elle devienne belle et sympathique.**

> *Ensuite, imagine ce qui lui arrive.*

a. Elle avait le teint gris et terne.

b. Sa bouche tordue s'ouvrait sur de grandes dents jaunes et gâtées.

c. Elle vous regardait de ses petits yeux grisâtres et méchants.

d. Elle portait toujours des vêtements sombres et tristes.

e. Elle avait des grands pieds chaussés de vilains souliers.

Grammaire

Le complément du nom

CHERCHONS

▶ Relevez les groupes nominaux qui composent ce menu et identifiez le nom principal de chaque groupe.

▶ Trouvez les mots qui complètent le nom principal. Que remarquez-vous ?

Menu

Entrées
Flan à la courgette
Crème d'asperges

Plats du jour
Poulet en croûte
Choucroute de la mer

Desserts
Crème au caramel
Tarte Tatin

● Un nom peut être complété par un autre nom ou par un groupe nominal. Ce **complément du nom** est toujours placé **après le nom qu'il complète**.

● Le complément du nom est généralement introduit par une **préposition** (*de, d', à, en, sans, avec…*) ou par *au, aux, du, des*.

un poulet **en** *croûte*   *un flan* **à la** *courgette*

> **!** Le complément du nom est parfois placé juste après le nom, sans préposition.
> *une tarte* Tatin

● Le complément du nom **ne s'accorde pas** avec le nom auquel il se rapporte.
une crème au **caramel** → *des crèmes au* **caramel**

Reconnaître les compléments du nom

1 ✳ Recopie les phrases et relie par une flèche les noms en gras à leur complément.

a. Les **parents** de Jérémy participent souvent à des **concerts** de jazz.

b. Vous n'aimez pas les **bonbons** à la menthe.

c. Rudy pratique le **hockey** sur glace.

d. À la **crêperie** du port, on appréciait surtout les **crêpes** au chocolat et aux amandes.

e. J'ai acheté un très beau **pantalon** en coton **rue** Jacques Prévert.

2 ✳✳ Recopie les titres de livres qui ont un complément du nom. Puis souligne les compléments du nom.

Le Cheval sans tête ◆ La Reine du fleuve ◆ Le Cavalier irlandais ◆ Journal d'un chat assassin ◆ Le Môme en conserve ◆ Les Doigts rouges ◆ Émile et les détectives ◆ Le Cochon à l'oreille coupée ◆ L'Horloger de l'aube ◆ Une navette bien spéciale ◆ Un bon petit diable ◆ La Chèvre aux loups

Construire des compléments du nom

3 ✳ **Associe un groupe nominal de la liste 1 à un complément du nom de la liste 2.**

Liste 1 : la chambre ◆ une compote ◆ le tunnel ◆ un voyage ◆ un clavier

Liste 2 : d'ordinateur ◆ sous la Manche ◆ en avion ◆ des enfants ◆ à la rhubarbe

4 ✳ **Remplace les pointillés par une préposition qui relie le complément au nom qu'il complète. Utilise les prépositions suivantes.**

sans ◆ pour ◆ de ◆ à ◆ en

a. un terrain … football

b. une bague … argent

c. une voie … issue

d. des œufs … la coque

e. des aliments … chiens

5 ✳ **Complète ces noms avec un complément. Aide-toi des dessins.**

a. un crayon …

c. une paire …

b. une tarte …

d. la niche …

Employer les compléments du nom

6 ✳ **Complète les noms en gras avec un complément du nom.**

a. Aimez-vous les **gâteaux** ?

b. La **cour** a été nettoyée hier.

c. Regardez la **maison** !

d. Elle a écouté cette **chanson**.

e. Ce **voyage** m'a beaucoup plu.

7 ✳✳ **Complète les noms en gras avec un complément du nom.**

Dorian aime s'installer dans la **cabane** que son oncle lui a construite. Il y apporte des **feuilles** et des **crayons**. Vers quatre heures, son papa lui apporte une **compote**, un **pain** et une **boisson**. Après avoir pris son goûter, Dorian se plonge dans un **livre**.

Associer adjectifs qualificatifs et compléments du nom équivalents

> *Tu peux t'aider d'un dictionnaire pour les exercices 8 et 9.*

8 ✳✳ **Associe l'adjectif qualificatif au complément du nom qui correspond.**

Exemple : 4 – f

1. urbain ◆ **2.** rural ◆ **3.** solaire ◆ **4.** forestier ◆ **5.** spatial ◆ **6.** nocturne

    a. de l'espace ◆ **b.** de la ville ◆ **c.** de la nuit ◆ **d.** de la campagne ◆ **e.** du soleil ◆ **f.** de la forêt

9 ✳✳ **Remplace les adjectifs qualificatifs par des compléments du nom.**

un climat estival > un climat d'été

a. un chemin pierreux

b. une ambiance festive

c. un froid hivernal

d. un thé chinois

À toi d'écrire !

10 ✳ **Invente quatre titres de livres formés avec un complément du nom.**

> *Tu peux t'aider de l'exercice 2.*

11 ✳✳ **Écris un menu, réel ou imaginaire, avec des groupes nominaux qui contiennent des compléments du nom.**

La proposition relative

Texte 1

Des progrès importants marquent l'agriculture à partir du XIe siècle. Les paysans utilisent la charrue. La charrue permet de labourer le sol en profondeur. La traction animale se transforme avec le collier d'épaule. Le collier d'épaule permet au cheval de tirer avec toute sa force.

Texte 2

Des progrès importants marquent l'agriculture à partir du XIe siècle. **La charrue que les paysans** <u>utilisent</u> permet de labourer le sol en profondeur. La traction animale se transforme avec **le collier d'épaule qui** <u>permet</u> **au cheval de tirer avec toute sa force.**

▶ Le texte 2 donne-t-il plus d'informations que le texte 1 ? Évite-t-il les répétitions ? Comporte-t-il autant de phrases ?

▶ Observez les GN en couleur. Quel est leur nom noyau ? Par quels mots sont introduits les mots qui apportent des précisions ? Quelle est la classe grammaticale des mots soulignés ?

● La **proposition relative** apporte des **précisions sur le nom**. Elle est introduite par un **pronom relatif**, comme *qui* ou *que*. Elle comporte toujours un **verbe conjugué**.

> La charrue **que** les paysans **utilisent** permet de labourer le sol en profondeur.
> proposition relative

● La proposition relative permet donc de compléter un nom, mais aussi d'éviter les répétitions.

Reconnaître les propositions relatives

1 ✳ Recopie uniquement les groupes du nom contenant une proposition relative.

les pommes vertes ◆ le livre que je lis ◆ la rivière qui traverse la ville ◆ le panier en osier ◆ un gâteau d'anniversaire ◆ la leçon que tu apprends ◆ le cours de géographie ◆ un soleil brûlant ◆ la couleur que je préfère

2 ✳✳ Recopie uniquement les phrases contenant une proposition relative.

a. On a traversé le petit pont de pierre qui enjambe le torrent.

b. Au cinéma, j'aime beaucoup voir des films qui font peur.

c. Mon grand frère préfère les films de science-fiction.

d. L'air que tu fredonnes ne m'est pas inconnu.

e. Je cherche partout mon stylo neuf.

3 ✷✷ Recopie les phrases. Souligne les propositions relatives et entoure les pronoms relatifs.

a. Avez-vous déjà pris le train qui passe sous la Manche ?

b. La route que nous devions emprunter est inondée.

c. Mon oncle m'a offert un roman policier que j'avais déjà lu.

d. La pluie qui tombe depuis ce matin me donne envie de dormir.

Utiliser la proposition relative

4 ✷ Complète le nom en gras par une proposition relative.

a. J'ai vu un **animal** … .

b. Je m'installe dans la **cabane** … .

c. Je dessine un **château** … .

d. Le **film** … est interdit aux moins de douze ans.

e. J'ai terminé l'**exercice** … .

5 ✷✷ Évite les répétitions en écrivant une seule phrase comme dans l'exemple.

Les danseuses entrent en scène. Les danseuses portent le même costume.

> Les danseuses qui entrent en scène portent le même costume.

a. Je recopie une leçon. Je dois apprendre la leçon.

b. Je me promène dans un parc. J'ai découvert ce parc la semaine dernière.

c. Le bonobo est très proche de l'homme. Le bonobo vit au Congo.

d. Paris est la capitale de la France. Paris est une ville très visitée.

6 ✷✷ Transforme les compléments du nom en gras en propositions relatives.

*le train **de sept heures***

> le train qui part à sept heures

a. la baguette **de la fée**

b. un tableau **de Picasso**

c. le cinéma **du quartier**

d. la maison **en briques**

e. les enfants **de la maison voisine**

7 ✷✷ Remplace les adjectifs qualificatifs en gras par une proposition relative.

*une histoire **drôle***

*> une histoire **qui fait rire***

> Tu peux t'aider d'un dictionnaire.

a. un journal **quotidien**

b. un chemin **forestier**

c. une plante **aquatique**

d. une personne **somnambule**

8 ✷✷✷ Réécris les phrases en remplaçant les propositions relatives par un adjectif.

a. J'admire les fleurs qui poussent au printemps.

b. Les hommes qui vivaient pendant la préhistoire décoraient les cavernes.

c. J'ai acheté des bottes qui viennent d'Italie.

d. Cet été, nous avons visité beaucoup de petits villages qui se trouvaient dans la montagne.

À toi d'écrire !

9 ✷ Enrichis les phrases suivantes avec des propositions relatives puis continue l'histoire. Tu peux t'aider du dessin.

> Essaie d'employer des propositions relatives dans la suite du texte.

C'est l'histoire d'un petit garçon. Il vivait dans une cabane. Son père était bûcheron.

Les pronoms personnels

CHERCHONS

Roba, *Boule et Bill*, tome 26, «Faut rigoler!», © Roba-Studio Boule et Bill 2013.

▶ La mère de Boule part-elle toute seule ? Comment le savez-vous ?

▶ Relevez les mots, autres que les noms propres, qui désignent les différents personnages de l'histoire.

● Les **pronoms personnels** servent à **désigner** des personnes ou à **remplacer** un nom ou un groupe nominal. Ils permettent aussi d'éviter des répétitions dans un texte.

Je (le père de Boule) *peux te* (Boule) *dire exactement ce qu'il* (Bill) *est en train de faire !*

● Les pronoms personnels :

– **du singulier** : *je, me, moi, tu, te, toi, il, elle, on, le, la, l', lui* ;

– **du pluriel** : *nous, vous, ils, elles, les, leur, eux*.

! Il ne faut pas confondre les pronoms personnels *le, la, l', les* qui sont placés avant un verbe avec les articles définis *le, la, l', les* : <u>La</u> **fillette** cueille une pomme et <u>la</u> **mange**.

                          article défini   pronom personnel

Associer les pronoms et les noms (ou les GN) qu'ils remplacent

1 ✻ **Lis le texte puis associe chaque pronom en gras avec le nom propre qu'il remplace.**

– Tonton Paul repart en Australie demain, annonça Hubert Lane. J'irai l'accompagner à la gare de Hadley. Il m'a dit qu'il passerait **te** dire au revoir avant d'y aller.
– Entendu, répondit William d'un ton aimable.

Richmal Crompton, *William change de tête*, trad. P. Houssin, © Gallimard Jeunesse.

j' •

l' •   • William

il •   • Hubert Lane

m' •   • tonton Paul

te •

2 ✳ Indique les personnes remplacées par les pronoms personnels en gras.

Je = Ida

Léo et Ida se disputent. Ida dit à Léo :

« **Je** veux bien aller avec **toi** à la piscine, mais **tu m'**accompagneras ensuite au cinéma.

– Pas question que **je t'**accompagne, **je** préfère rentrer à la maison. »

Elle lui répondit alors qu'**il** était égoïste et qu'à sa prochaine demande, **elle lui** dirait non !

3 ✳✳ Classe les pronoms personnels en gras dans le tableau.

les pronoms qui désignent la cigale	les pronoms qui désignent les fourmis

La cigale et les fourmis

C'était l'hiver ; le grain était mouillé et les fourmis **le** faisaient sécher. Une cigale qui avait faim **leur** demanda à manger.

« Pourquoi, **lui** dirent-**elles**, n'as-**tu** pas fait des provisions pendant l'été ?

– **Je** n'étais pas oisive, dit-**elle**, **je** chantais en artiste.

– Ah ! l'été, **tu** étais musicienne, repartirent les fourmis en riant ; en hiver fais-**toi** danseuse. »

Ésope, *Fables*, trad. E. Chambry.

Reconnaître et utiliser les pronoms personnels

4 ✳ Recopie la phrase qui est juste.

a. Les pronoms personnels sont placés avant le nom.

b. Les pronoms personnels permettent de compléter un nom.

c. Les pronoms personnels permettent de remplacer un nom.

5 ✳ Complète les phrases avec les pronoms proposés.

elle ◆ l' ◆ leur ◆ lui ◆ les ◆ il ◆ on ◆ elles

a. Avant de manger des fruits, on doit … laver.

b. Lou-Ann préfère qu'… …appelle Lou.

c. La jeune actrice est entourée par ses admiratrices : … se pressent autour d'… pour … demander un autographe.

d. Vincent appelle ses parents et … demande s'… peut rester dîner chez Marie.

6 ✳✳ Relève les pronoms personnels.

Mademoiselle Paprika écrit les questions au tableau. Puis elle les relit, en parlant très fort et en postillonnant, comme toujours. Il ne faut surtout pas que je regarde mon voisin, sinon je vais éclater de rire…

Mon voisin, aujourd'hui, c'est Mic, un des jumeaux. Je le reconnais parce qu'il a un pull-over rouge. Dans la classe, il y a des jumeaux, Mickaël et Maxime. On les appelle Mic et Max. Je suis sûre que leurs parents ont du mal à les reconnaître, tellement ils se ressemblent.

Béatrice Nicodème, *Futékati et le voleur du musée*, Hachette Jeunesse.

Utiliser les pronoms personnels pour éviter les répétitions

7 ✳✳ Utilise les pronoms personnels proposés pour éviter la répétition des groupes nominaux en gras.

le ◆ eux ◆ elles

a. Nouria a visité le musée du Louvre ; elle trouve passionnant **le musée du Louvre**.

b. Mes sœurs sont rentrées hier. Je suis heureux car **mes sœurs** me manquaient.

c. Les cousins préférés de Khady habitent au Maroc. Il pense souvent à **ses cousins**.

À toi d'écrire !

8 ✳ Décris ce que tu vois en quelques phrases. Puis souligne les groupes nominaux et remplace-les par des pronoms personnels.

Grammaire

RÉVISIONS

● Le **groupe nominal** est constitué au minimum d'un **déterminant** et d'un **nom** (commun ou propre): *le chien, la France.*

● Il peut être complété par:
– un **adjectif qualificatif**: *le **gentil** chien*
– un **complément du nom**: *le chien **de la maison voisine***
– une **proposition relative**: *le chien **qui aboie***

● Le **nom**, propre ou commun, est le mot le plus important du groupe nominal. On l'appelle le **noyau** du groupe nominal.

● Pour éviter les répétitions ou pour désigner des personnes, on utilise des **pronoms personnels**.

Reconnaître le groupe nominal et ses composants

❶ ✻ **Complète les définitions.**

a. Le groupe nominal est constitué au minimum d'un … et d'un … .

b. Le nom principal d'un groupe nominal est appelé le nom … .

c. La fonction de l'adjectif qualificatif placé à côté d'un nom est … .

d. L'… qualificatif, le complément du … et la proposition … servent à … le nom.

e. *je, ils, nous* sont des … .

f. *chaque, tous, plusieurs* sont des … .

❷ ✻ **Recopie les phrases puis souligne les groupes nominaux.**

a. Il sait ses tables de multiplication.

b. Aimes-tu ta nouvelle école ?

c. La semaine prochaine, nous irons à la bibliothèque du quartier.

d. Qui connaît l'orthographe de ce mot ?

e. Dans la ville que j'ai visitée, il y avait plusieurs musées intéressants.

❸ ✻✻ **Recopie le texte puis souligne les éléments qui apportent des précisions sur les noms en gras.**

Le **bureau** de mon père était une **pièce** extraordinaire. Quoique de petites **dimensions**, il ressemblait à une véritable **caverne** d'Ali Baba. Il contenait des **objets** qui provenaient de partout. En effet, mon père avait été, autrefois, un **explorateur** passionné.

❹ ✻✻ **Relève tous les déterminants et analyse-les comme dans l'exemple.**

un: article indéfini, masculin singulier, accompagne le nom « matin ».

Par un beau matin d'été, un petit tailleur assis sur sa table et de fort bonne humeur cousait de tout son cœur. Arrive dans la rue une paysanne qui crie :

– Bonne confiture à vendre ! Bonne confiture à vendre !

Le petit tailleur entendit ces paroles avec plaisir. Il passa sa tête délicate par la fenêtre et dit :
– Venez ici, chère Madame ! C'est ici qu'on vous débarrassera de votre marchandise.

Jacob et Wilhelm Grimm, *Le Vaillant Petit Tailleur*, trad. P. Durand, Gründ.

Enrichir un groupe nominal

5 ✶✶ **Complète les groupes nominaux en tenant compte des indications entre parenthèses.**

a. une maison *(adjectif qualificatif)*
b. un arbre *(adjectifs qualificatifs)*
c. une tarte *(complément du nom)*
d. des chaussures *(proposition relative)*

6 ✶✶ **Complète les noms en gras avec des mots ou des groupes de mots.**

> *Utilise les trois types de précisions et aide-toi du dessin.*

C'était une belle **matinée**. Lucas était assis sur les **marches** devant la **maison**. Il aperçut une **fille**. Elle était vêtue d'une **robe** et d'une **veste**. Il lui adressa un **sourire**.

7 ✶✶✶ **Recopie les phrases en changeant la classe grammaticale des précisions en gras.**

le petit chat > le chat de mon ami

a. Mon **grand** frère mange un gâteau **qui a l'air délicieux**.
b. Le chien **de mes voisins** court après un **gros** chat.
c. Où as-tu trouvé ce livre **de Roald Dahl** ?

Associer les pronoms et les noms

8 ✶ **Indique les personnes remplacées par les pronoms personnels en gras.**

Nicolas ◆ Agnan ◆ la maman de Nicolas ◆ la maman d'Agnan

Agnan n'avait pas l'air tellement content de **me** voir, **il m'**a tendu la main et c'était tout mou. « **Je vous le** confie, a dit maman, j'espère qu'**il** ne fera pas trop de bêtises, **je** reviendrai **le** chercher à six heures. » La maman d'Agnan a dit qu'**elle** était sûre qu'on allait bien s'amuser. **Nous** avons goûté.

Sempé-Goscinny, *Le Petit Nicolas*, © IMAV Éditions.

9 ✶✶ **Relève les pronoms personnels et les noms qu'ils remplacent.**

Diogène quitte sa chaise pour se rendre dans la citerne qui lui sert de maison en demandant à son jeune ami de l'attendre quelques minutes.
« J'ai peut-être quelque chose pour toi. »
Au bout d'un certain temps, il en ressort avec une mince liasse de magazines jaunis et retenus ensemble à l'aide d'un élastique.
« Tiens, tu les consulteras. »
Et il tend le paquet à Quentin, qui l'accepte, étonné.

Didier Convard, *Les Trois Crimes d'Anubis*, Éditions Magnard Jeunesse.

À toi d'écrire !

10 ✶ **Écris une lettre dans laquelle tu invites ton (ta) meilleur(e) ami(e) à venir dormir chez toi. Explique-lui ce que tu as prévu.**

> *Utilise des pronoms personnels pour éviter les répétitions.*

11 ✶✶ **Présente en quelques lignes un film que tu as vu récemment et que tu as aimé. Pense à utiliser des mots ou des groupes de mots qui apportent des précisions et varie les déterminants.**

Classe et fonction des mots

Comme tous les matins, **Adrien** attend Samuel.
Ils partent à l'**école** ensemble. L'**école** se trouve
à un quart d'heure à pied de leur maison.
À 8 h 10, Samuel n'est toujours pas arrivé.
Adrien commence à s'inquiéter. Quelques
minutes après, la maman de Samuel arrive et dit à **Adrien** :
« Samuel ne peut pas aller en classe aujourd'hui car il est malade. »
Adrien promet de passer voir son meilleur ami à la fin de la journée et court pour ne pas
arriver en retard.

❱ Quelle est la classe grammaticale du mot école ?
❱ Dans la deuxième phrase, quelle question pouvez-vous poser pour obtenir comme réponse école ?
Quelle est sa fonction dans la phrase ? Ce mot a-t-il la même fonction dans la phrase suivante ?
❱ Effectuez le même travail avec **Adrien**, puis avec Samuel.

● Les mots sont rangés dans des ensembles qu'on appelle des **classes
grammaticales.**
Il existe plusieurs classes grammaticales :
– les **noms propres** et les **noms communs** : *Samuel, école*
– les **adjectifs qualificatifs** : *malade, meilleur*
– les **verbes** : *attend, partent*
– les **adverbes** : *ensemble, aujourd'hui*
– les **déterminants** : *son, un, leur, quelques*
– les **pronoms** : *ils, il*

● Les mots ou les groupes de mots ont une **fonction** différente selon le **rôle
qu'ils jouent par rapport aux autres mots dans la phrase.**
Par exemple, la fonction d'un nom peut être :
– **sujet** : *Samuel est malade.*
    sujet du verbe « est »
– **COD** : *Comme tous les matins, Adrien attend Samuel.*
              COD du verbe « attend »
– **complément du nom** : *La maman de Samuel arrive.*
              complément du nom « maman »

● Dans un groupe de mots, c'est le mot principal (le **noyau**) qui porte la fonction.

Différencier la classe grammaticale et la fonction

1 ✳ Classe les informations dans le tableau.

classe grammaticale	fonction

sujet ◆ adjectif qualificatif ◆ pronom ◆ nom ◆ complément circonstanciel ◆ COI ◆ article défini ◆ déterminant interrogatif ◆ épithète ◆ attribut du sujet ◆ adverbe ◆ COD ◆ verbe

Reconnaître la classe grammaticale des mots

2 ✳ Dans chaque liste, recopie le mot qui n'a pas la même classe grammaticale que les autres. Indique la classe grammaticale des autres mots de la liste.

a. plateau ◆ colline ◆ col ◆ montagne ◆ grimper

b. plat ◆ paysage ◆ vallonné ◆ escarpé

c. semer ◆ pelletée ◆ bêcher ◆ cultiver

d. des ◆ un ◆ cet ◆ elle ◆ son

e. ici ◆ hier ◆ facilement ◆ document

3 ✳ Réponds par *vrai* ou *faux*.

a. *certain* et *aucun* sont des déterminants indéfinis.

b. *tranquille* est un adverbe de manière.

c. *tranquillement* est un adverbe de manière.

d. *Lyon* est un nom propre.

e. Dans la phrase : « *Nous avons pris notre déjeuner sur la terrasse.* », le mot en gras est un verbe.

f. Dans la phrase : « *Rosa a un jeune chien qui s'appelle Snoopy.* », le mot en gras est un pronom relatif.

4 ✳ Entoure en bleu les adverbes et en rouge les adjectifs qualificatifs.

douce ◆ doucement ◆ partout ◆ naturel ◆ dangereux ◆ exprès ◆ autrefois ◆ dehors ◆ seul ◆ bientôt ◆ toujours ◆ gentil ◆ heureux

5 ✳ Indique la classe grammaticale des mots en gras.

a. La **carte** représente le continent **africain**.

b. Tokyo est la capitale du **Japon**.

c. Pour la leçon de géographie, Valentin a **encore** emprunté **mon** livre.

d. **La** Volga est le nom de fleuve qui me fait le plus **rêver**.

e. Berlin **est redevenue** la capitale de l'Allemagne.

6 ✳✳ Écris :

a. deux adverbes de manière ;

b. deux adverbes de lieu ;

c. deux adverbes de temps.

7 ✳✳ Indique la classe grammaticale des mots en gras.

a. En constatant que l'air **chaud** monte, les frères **Montgolfier** eurent l'idée d'utiliser **cette** propriété pour faire s'élever un ballon de soie et de papier.

b. La nacelle **emportait** un mouton, **un** canard et un coq.

c. L'histoire ne dit pas si les trois passagers furent heureux de **leur** voyage.

d. À la suite de cet essai, deux hommes acceptèrent **courageusement** de tenter l'**aventure** le 21 novembre 1783.

Reconnaître les fonctions des mots

8 ✳ Complète la fonction des mots en gras en ajoutant *de temps*, *de manière* ou *de lieu*.

a. Je range mon vélo **dans le garage**. ➜ CC …

b. Léo recopie sa poésie **avec soin**. ➜ CC …

c. **Autrefois**, les élèves écrivaient avec un porte-plume. ➜ CC …

Grammaire

9 ✳ Recopie les phrases. Souligne en bleu les COD et en rouge les attributs du sujet.

a. Ce bouledogue est un gentil chien.

b. Mon voisin possède un gentil chien.

c. J'ai acheté un éclair au café à la boulangerie.

d. Mon gâteau préféré est l'éclair au café.

10 ✳ Associe les mots en gras à l'une des deux fonctions écrites entre parenthèses.

a. Les déserts sont des espaces où il y a très peu de végétation. *(sujet ◆ COD)*

b. Le paysage **des déserts chauds** est fait de pierre et de dunes. *(COD ◆ complément du nom)*

c. Les déserts froids sont surtout situés **dans les zones polaires.** *(COI ◆ CCL)*

d. Dans l'Antarctique, un **immense** glacier recouvre une partie du continent.
(épithète du nom ◆ attribut du sujet)

e. Le Sahara est **un désert chaud**.
(épithète du nom ◆ attribut du sujet)

11 ✳ Indique la fonction des mots ou des groupes de mots en gras. Aide-toi de la liste.

COS ◆ CCT ◆ complément du nom ◆ CCL ◆ COD (2 fois) ◆ sujet

La Joconde fut peinte **en Italie** par Léonard de Vinci entre 1503 et 1507. **Depuis 1516**, elle est en France. Pourquoi ?

Grâce à l'amitié qui liait Léonard au roi François Ier. Quand le peintre mourut, en 1519 près d'Amboise en Touraine, le roi récupéra **le chef-d'œuvre**. C'est ainsi que *La Joconde* resta la propriété de tous les rois **de France**, jusqu'à ce que **Napoléon Bonaparte** l'offrît en 1804 **au musée du Louvre**.

Laura Jaffé, *Le Livre des qui*,
© La Martinière Jeunesse.

Manipuler la classe grammaticale et la fonction des mots

12 ✳ Remplace le sujet en gras par un pronom personnel.

Nadia et Clara sont amies. > Elles sont amies.

a. Mon père et moi allons au marché.

b. Aïcha et toi arrivez toujours à l'heure.

c. Solène et ses cousins partent à Londres.

d. Aline et moi déjeunons à la cantine.

e. Manon et Lara déjeunent à la cantine.

13 ✳✳ Indique la classe grammaticale des mots ou des groupes de mots en gras. Puis remplace-les par d'autres mots ou groupes de mots appartenant à la même classe grammaticale.

Lou adore <u>chanter</u>. > Lou adore <u>peindre</u>.
        verbe à l'infinitif   verbe à l'infinitif

a. Ce cheval appartient à mon **oncle**.

b. Le Sahara est un désert **immense**.

c. Bientôt, nous partirons au **Sénégal**.

d. Ils **sont partis** de bonne heure.

e. Soudain, **il** se mit à courir.

14 ✳✳ Écris trois phrases dans lesquelles les groupes nominaux proposés auront une fonction différente.

Le dimanche (sujet) est mon jour préféré.
J'attends le dimanche (COD) avec impatience.
Je me promène souvent le dimanche (CCT).

ma tante ◆ une maison hantée ◆ les vacances de Noël

15 ✳✳✳ Écris des phrases en respectant les consignes données.

a. une phrase avec un nom propre et un adjectif qualificatif

b. une phrase avec un COD et un CCT

c. une phrase avec un adverbe de manière et un déterminant indéfini

d. une phrase avec un COD et un COS

Faire l'analyse grammaticale des mots

16 ✳ **Complète l'analyse grammaticale des mots en gras dans la phrase ci-dessous.**

> Faire l'analyse grammaticale d'un mot, c'est indiquer sa **classe grammaticale**, son **genre**, son **nombre** et sa **fonction** dans la phrase.
> *Tous les **matins**, Adrien attend Samuel.*
> ***matins** : nom commun, masculin pluriel, CCT du verbe « attend ».*

Quelles activités **sportives** pratiques-tu après l'**école** ?

a. **quelles** ➜ *classe grammaticale :* …
       ➜ *genre et nombre :* féminin pluriel
       ➜ *fonction :* accompagne le nom « activités »

b. **sportives** ➜ *classe grammaticale :* adjectif qualificatif
       ➜ *genre et nombre :* …
       ➜ *fonction :* épithète du nom « activités »

c. **école** ➜ *classe grammaticale :* nom commun
       ➜ *genre et nombre :* féminin singulier
       ➜ *fonction :* …

17 ✳✳ **Indique la classe grammaticale, le genre, le nombre et la fonction des mots en gras. Tu dois trouver :**

a. un pronom personnel sujet ;
b. deux adjectifs qualificatifs épithètes ;
c. un nom complément du nom ;
d. un nom COD ;
e. un nom CCL.

Bien avant l'heure du **rendez-vous**, Alexis gagna l'**angle** de la place et se dissimula dans un **coin** d'ombre. À peine était-il à son poste, qu'**il** vit arriver un homme d'une **forte** stature, habillé avec élégance et qui portait une pivoine **blanche** à la boutonnière de son veston.

> André Dhôtel, *L'enfant qui disait n'importe quoi*,
> © Éditions Gallimard.

Grammaire

À toi d'écrire !

18 ✳ **Regarde cette carte de France et rédige une description rapide qui pourrait commencer par :**
« La France a la forme d'un hexagone… »
Continue avec des phrases qui comprendront : un nom sujet, un verbe, un groupe nominal COD ou un complément circonstanciel de lieu.

> *Commence par faire la liste des verbes dont tu auras besoin :*
> *– une montagne s'élève… ;*
> *– un fleuve coule, prend sa source… ;*
> *– la mer, l'océan borde, s'étend…*

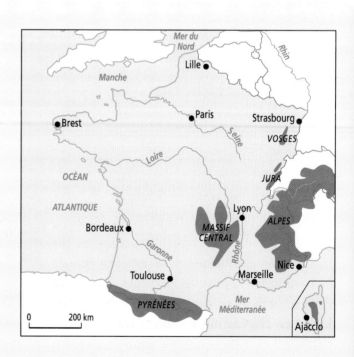

Passé, présent, futur

CHERCHONS

Albert Uderzo, René Goscinny, *Le Combat des chefs*,
www.asterix.com, © 2012 Éditions Albert René / Goscinny-Uderzo.

▶ La bataille a-t-elle déjà eu lieu ?

▶ Le chef Abraracourcix a-t-il déjà été défié ?

▶ Quels mots te permettent de répondre à ces questions ?

● Les **verbes conjugués** permettent de **situer des faits** qui ont lieu :

– dans le **passé** : *Nous l'avons vaincu au cours d'une glorieuse bataille !*

– dans le **présent** : *Tu peux défier le chef Abraracourcix.*

– dans le **futur** : *Dès demain, je défierai mon rival.*

● D'autres éléments dans les phrases apportent également des précisions concernant le déroulement de ce qui se passe (*jadis, hier, ce matin, lundi, maintenant, en ce moment…*). On les appelle des **indicateurs de temps**.

Reconnaître et utiliser les indicateurs de temps

1 ✶ Recopie les phrases. Souligne les verbes conjugués en rouge et les indicateurs de temps en vert.

a. Maintenant, les élèves font un exercice de grammaire.

b. Nous avons reçu, avant-hier, une carte postale de nos amis anglais.

c. Dimanche prochain, vous prendrez le train pour Nantes.

d. L'école n'était pas encore obligatoire au début du XIXᵉ siècle.

e. Tu as cueilli des mûres dans le jardin ce matin ; en ce moment, tu prépares des confitures.

2 ✶ Classe les indicateurs de temps dans le tableau.

passé	présent	futur

autrefois ◆ maintenant ◆ dans trois jours ◆ en ce moment ◆ il y a un an ◆ bientôt ◆ au siècle précédent ◆ de nos jours ◆ quand j'aurai dix ans

3 ✻✻ Recopie les phrases en les complétant avec un indicateur de temps.

Tu peux placer l'indicateur de temps au début ou à la fin de la phrase.

a. J'irai au collège André Malraux.
b. Nous avons visité l'Assemblée nationale.
c. Tu partais pêcher avec ton grand-père.
d. Elle écoute les informations à la radio.
e. Vous vous inscrirez à un cours de danse.

4 ✻✻ Recopie les phrases en choisissant le temps qui convient.

a. Ce matin, Sami *(se lèvera ◆ s'est levé)* de bonne heure.
b. Les vacances *(se terminaient ◆ se termineront)* dans deux semaines.
c. En ce moment, Macha *(lisait ◆ lit)* un roman de Roald Dahl.
d. Si le soleil se montre, les enfants *(allaient ◆ iront)* se promener.

Reconnaître le temps grâce aux verbes

5 ✻ Écris les actions sous l'axe chronologique.

Note les actions les unes sous les autres.

hier   maintenant   demain
→

tu joues ◆ elles liront ◆ je connais ◆ vous avez compris ◆ tu jouais ◆ nous partons ◆ il revient ◆ nous partirons ◆ vous compreniez ◆ elles lisent ◆ tu joueras ◆ il est revenu ◆ je connaissais

6 ✻ Pour chaque phrase, indique si les faits se déroulent au passé, au présent ou au futur.

a. Tu nettoies les vitres de ta chambre.
b. Les professeurs de sport organiseront un tournoi de handball.
c. Je ne suis pas allée chez Roméo.
d. Nous corrigeons notre dictée.

Retrouver la chronologie d'un texte

7 ✻ Pour chaque série, remets les trois phrases dans l'ordre chronologique.

a. Nous mangerons le gâteau pour le goûter. ◆ Nous avons acheté de la farine, des œufs et du sucre. ◆ Nous préparons la pâte.
b. Tous les élèves votent. ◆ Demain, Kim participera à son premier conseil d'école. ◆ Kim s'est présentée pour être déléguée.
c. La chenille se transforme en chrysalide. ◆ La chrysalide deviendra un beau papillon. ◆ La chenille est sortie de l'œuf.

8 ✻✻ Remets les phrases de ce texte dans l'ordre chronologique.

a. De plus, des actions de l'homme ont abîmé la planète.
b. Avec les efforts de chacun, notre planète sera sauvée.
c. La protection de l'environnement devient nécessaire.
d. Pendant longtemps, on a cru que les ressources de la Terre étaient inépuisables.

À toi d'écrire !

9 ✻ Observe le dessin. Imagine ce qui s'est passé avant et ce qui se passera après.

10 ✻✻ Aplusbégalix décide de rencontrer Abraracourcix pour le défier (p. 54). Écris le dialogue entre les deux personnages. Utilise le passé, le présent et le futur.

L'infinitif du verbe : groupe, radical, terminaison

CHERCHONS

L'Empire romain d'Occident disparaît en 476. Des peuples barbares s'installent en Gaule. Les Francs occupent tout le nord de l'ancienne Gaule et de l'actuelle Belgique. En 481, Clovis devient roi des Francs. Sous son commandement, les Francs font la conquête d'autres royaumes barbares et agrandissent leur territoire. Dans le récit du vase de Soissons, Clovis punit le guerrier qui veut garder le vase réclamé par l'évêque. En agissant ainsi, Clovis montre qu'il est le chef des Francs et qu'il choisit de se rapprocher de l'Église.

Histoire, cycle 3, Magnard.

▶ Relevez tous les verbes conjugués. Quel est leur infinitif ?
▶ Proposez un classement de ces infinitifs. Quel classement avez-vous effectué ? Comment avez-vous procédé ?
▶ Cherchez d'autres verbes pour chaque groupe d'infinitifs.

● Un verbe a un **radical** et une **terminaison** : *occuper* → *occup* -er.
radical   terminaison

● L'**infinitif** sert à nommer les verbes. On reconnaît l'infinitif d'un verbe grâce à sa terminaison : **-er, -ir, -re, -oir**.

● Les verbes sont classés en trois groupes :
– le **1er groupe** comprend tous les verbes dont l'infinitif se termine en **-er** (sauf **aller** qui appartient au 3e groupe) : *occuper, s'installer, montrer...*
– le **2e groupe** comprend les verbes en **-ir** qui se conjuguent sur le modèle de **finir** *(je finis, nous finissons)* : *agrandir, punir, choisir...*
– le **3e groupe** comprend **tous les autres verbes** : *disparaître, devenir, faire, vouloir, aller, promettre, comprendre, croire...*

Identifier le groupe d'un verbe

1 ✳ Pour chaque verbe, indique s'il appartient au 1er groupe ou au 3e groupe.

marcher ◆ conduire ◆ fuir ◆ accélérer ◆ épeler ◆ recevoir ◆ disparaître ◆ rejoindre ◆ téléphoner ◆ vider ◆ prendre ◆ louer

2 ✳ Conjugue chaque verbe au présent à la 1re personne du pluriel, puis indique le groupe auquel il appartient.

tenir : nous tenons, 3e groupe

choisir : nous choisissons, 2e groupe

fleurir ◆ avertir ◆ cueillir ◆ dormir ◆ élargir ◆ servir ◆ sentir ◆ bâtir ◆ réunir ◆ découvrir

3 ✳ **Classe les verbes à l'infinitif dans le tableau.**

verbes du 1er groupe	verbes du 2e groupe	verbes du 3e groupe

vieillir ◆ vivre ◆ insister ◆ pouvoir ◆ obéir ◆ entretenir ◆ songer ◆ agir ◆ croire ◆ connaître ◆ maigrir ◆ remplir ◆ enlever ◆ salir ◆ grimper

4 ✳ **Recopie uniquement les phrases qui sont justes.**

a. Un verbe à l'infinitif est un verbe qui n'est pas conjugué.

b. Le verbe *aller* est un verbe du 1er groupe.

c. Tous les verbes qui se terminent par *-ir* à l'infinitif appartiennent au 2e groupe.

d. Un verbe du 2e groupe se termine par *-issons* à la 1re personne du pluriel du présent.

e. Le radical du verbe *dormir* est *dorm-*.

5 ✳ **Trouve les infinitifs de ces verbes et indique leur groupe.**

nous réfléchissons ◆ il comprend ◆ elle mettait ◆ tu nageras ◆ vous viendrez ◆ ils ont grandi ◆ elle applaudissait ◆ ils sont allés ◆ je danserai

6 ✳ ✳ **Recopie les phrases en remplaçant les mots en gras par un verbe synonyme du 2e groupe au présent.**

a. Les poires **deviennent mûres**.

b. Le soir, les lions **crient**.

c. Dès qu'on lui adresse la parole, elle **devient toute rouge**, puis elle **devient toute pâle**.

7 ✳ ✳ **Recopie l'intrus dans chaque liste en expliquant pourquoi c'est un intrus.**

je mange ◆ tu écoutes ◆ il sort ◆ vous chantez
➤ L'intrus est sort, verbe du 3e groupe. Les autres verbes sont du 1er groupe.

a. elle finit ◆ vous choisissez ◆ tu pars ◆ nous envahissons ◆ je réussis ◆ ils jaunissent

b. il noiera ◆ elles pinceront ◆ j'essaierai ◆ tu chasseras ◆ nous boirons ◆ vous aérerez

c. vous preniez ◆ nous lisions ◆ elle tenait ◆ je devais ◆ ils allaient ◆ tu agissais

8 ✳ ✳ **Relève tous les verbes (conjugués ou à l'infinitif) et indique à quel groupe ils appartiennent.**

Au printemps, on voit des insectes, comme les abeilles, qui butinent de nombreuses fleurs. L'abeille récolte un liquide sucré au fond de la fleur, le nectar, qui servira pour nourrir la ruche. Lorsqu'elle butine le nectar, son corps est en contact avec les étamines et se couvre de pollen.

Sciences, cycle 3, Magnard.

9 ✳ ✳ ✳ **Recherche des verbes à l'infinitif.**

Tu peux t'aider d'un dictionnaire. Dans le dictionnaire, les verbes sont écrits à l'infinitif.

a. Trouve un verbe du 1er groupe commençant par A, B, C, D, E, F, G, H, I et J.

A ➤ arriver ; B ➤ bousculer ; C ➤ …

b. Trouve un verbe du 2e groupe commençant par F, G, H, J, M, P, R, S et V.

c. Trouve un verbe du 3e groupe commençant par L, M, N, O, P, R, S, T et V.

À toi d'écrire !

10 ✳ **Tu es un piéton. Donne quatre conseils à un camarade pour traverser la rue avec prudence en utilisant des verbes à l'infinitif.**

11 ✳ ✳ **Écris le chemin pour aller de chez toi à l'école en utilisant des verbes à l'infinitif.**

Descendre trois étages.
Sortir de l'immeuble…

Le présent des verbes du 1ᵉʳ groupe

Assise à mon bureau, je me sens la fille la plus heureuse du monde.

« Qu'est-ce que tu fiches ? demande Rémi, interrompant sa lecture.

– Je dessine.

– Ah ? Et tu dessines quoi ?

– Une BD. »

Subitement intéressé, mon frère se redresse.

« Je peux venir voir ?

– Si tu veux… mais à condition que tu ne critiques pas ! »

Il saute du lit superposé et se penche par-dessus mon épaule.

« Pas mal, apprécie-t-il. Pas mal du tout, même ! C'est quoi ce gros truc plein de poils ? »

Gudule, *L'Abominable Petite Fille des neiges*, Hachette Jeunesse.

▶ À quel temps sont conjugués les verbes de ce texte ?

▶ Relevez les verbes conjugués dont l'infinitif se termine par *-er*. Classez-les en fonction de leur personne de conjugaison.

● En général, on utilise le **présent de l'indicatif** pour parler d'**un fait qui se déroule au moment où on le rapporte.**

● Les verbes en **-er** du **1ᵉʳ groupe** (comme le verbe *chanter*) forment leur **présent** en ajoutant **-e, -es, -e, -ons, -ez, -ent** au radical de l'infinitif.

dessiner	**se pencher**
je dessin**e**	je me pench**e**
tu dessin**es**	tu te pench**es**
il, elle, on dessin**e**	il, elle, on se pench**e**
nous dessin**ons**	nous nous pench**ons**
vous dessin**ez**	vous vous pench**ez**
ils, elles dessin**ent**	ils, elles se pench**ent**

Conjuguer au présent de l'indicatif

1 ✳ **Réponds par *vrai* ou *faux.***

a. Tous les verbes du 1ᵉʳ groupe conjugués au présent à la 3ᵉ personne du singulier se terminent par *-e*.

b. Au présent, certains verbes du 1ᵉʳ groupe se terminent par *-x* à la 1ʳᵉ personne du singulier.

c. Au présent, tous les verbes du 1ᵉʳ groupe se conjuguent comme le verbe *dessiner*.

2 ✳ Recopie les verbes qui se conjuguent au présent comme *dessiner*.

fabriquer ◆ aller ◆ courir ◆ galoper ◆ dormir ◆ transporter ◆ être ◆ construire ◆ jongler ◆ vouloir ◆ chanter ◆ vendre

3 ✳ Complète chaque verbe avec le pronom personnel qui convient.

a. … récoltent le miel des abeilles.
b. … regardez un documentaire.
c. … illustre sa poésie.
d. … achètes un jeu de société.

4 ✳ Conjugue les verbes au présent à la 2e personne du singulier et du pluriel.

a. aimer
b. dorloter
c. calmer
d. se dépêcher
e. représenter
f. approcher
g. allumer
h. supporter

5 ✳ Écris les phrases au présent à la même personne du singulier ou du pluriel.

Je dessine un cerf-volant.
> *Nous dessinons un cerf-volant.*

a. Tu lèves les bras en signe de victoire.
b. Elle cache son dessin de la main.
c. Je me redresse brusquement.
d. Ils écoutent la leçon avec attention.
e. Nous achetons un cadeau à notre père.

6 ✳ Conjugue les verbes entre parenthèses au présent.

a. Les élèves *(poser)* les livres sur la table.
b. Sam et moi *(aimer)* beaucoup construire des maquettes d'avions.
c. Chaque année, pour la fête des Mères, j'*(inventer)* un nouveau poème.
d. La voiture *(rouler)* trop vite et ne s'*(arrêter)* pas au feu rouge.
e. *(Jouer)*-vous d'un instrument ?

7 ✳✳ Pour chaque nom, trouve un verbe de la même famille et conjugue-le au présent aux trois personnes du singulier.

a. le travail
b. une exposition
c. un réveil
d. les progrès
e. une glissade
f. le calcul
g. un sifflement
h. l'occupation

8 ✳✳ Écris le texte au présent.

Aujourd'hui, Maria a présenté un exposé sur Clovis devant toute la classe. Elle a raconté notamment l'histoire du vase de Soissons. Pendant que les élèves écoutaient avec attention ses explications, la maîtresse passait près d'eux pour leur montrer un portrait de ce roi des Francs. Puis ils ont posé beaucoup de questions à Maria.

9 ✳✳✳ Complète les phrases avec les verbes proposés que tu conjugueras au présent.

s'allonger ◆ cuisiner ◆ courber ◆ admirer ◆ s'abriter ◆ patienter ◆ pousser ◆ surveiller ◆ commencer

a. Vous … les fleurs qui … dans mon jardin.
b. La pluie … à tomber, Eugénie et Éléna … sous leur parapluie.
c. Nous … notre petit frère pendant que nos parents … .
d. La queue … devant le cinéma, mais vous … sans vous plaindre.
e. Je … le dos pour résister au vent violent.

À toi d'écrire !

10 ✳ Dans le texte de la page 58, Rémi demande à sa sœur :
« *C'est quoi ce gros truc plein de poils ?* »
Imagine et rédige sa réponse au présent.

11 ✳✳ Rédige une courte biographie de Clovis en te servant de ce que tu as appris en histoire. Écris ton texte au présent.

> Tu peux aussi chercher des renseignements sur Internet ou relire le texte de la page 56.

Le présent des verbes
en *-ier, -uer, -ouer*

● Au présent, les verbes du 1er groupe en **-ier**, **-uer** et **-ouer** ont des terminaisons que l'on n'entend pas, sauf à la 1re et à la 2e personne du pluriel. Il ne faut pas oublier d'écrire les terminaisons !

crier	distribuer	secouer
je crie	je distribue	je secoue
tu cries	tu distribues	tu secoues
il, elle, on crie	il, elle, on distribue	il, elle, on secoue
nous crions	nous distribuons	nous secouons
vous criez	vous distribuez	vous secouez
ils, elles crient	ils, elles distribuent	ils, elles secouent

Conjuguer des verbes du 1er groupe au présent de l'indicatif

1 ✳ Conjugue les verbes au présent, à la 1re personne du singulier et du pluriel.

a. oublier
b. avouer
c. se fier
d. dénouer
e. lier
f. déjouer
g. insinuer
h. disqualifier

2 ✳ Conjugue les verbes au présent, à la même personne du singulier ou du pluriel.

a. nous crions
b. tu pollues
c. ils relient
d. il secoue
e. je trie
f. vous jouez

3 ✳ Dans chaque paire, recopie la forme conjuguée correcte.

a. je distribus ◆ je distribue
b. tu salus ◆ tu salues
c. il dénoue ◆ il dénout
d. je plis ◆ je plie
e. elle échout ◆ elle échoue
f. tu cries ◆ tu cris

4 ✳ Conjugue les verbes au présent aux trois personnes du singulier.

a. remuer
b. déplier
c. secouer
d. défier
e. se ruer
f. louer
g. multiplier
h. continuer

5 ✳ Écris l'infinitif des verbes en gras.

a. Dans cet exercice, je **relie** les mots synonymes entre eux.

b. J'adore ce roman d'aventures : je le **relis** pour la troisième fois.

c. Pourquoi n'**écris**-tu pas la date ?

d. Pendant le match, tu **cries** pour encourager ton équipe.

e. En ce moment, il **étudie** la formation du passé simple.

f. Il **dit** que tu peux obtenir d'excellents résultats.

g. Notre professeur **expédie** des manuels scolaires en Afrique.

6 ✳ Conjugue les verbes au présent à la 3ᵉ personne du singulier et du pluriel.

a. remuer

b. jouer

c. oublier

d. continuer

e. amadouer

f. scier

g. suer

h. manier

7 ✳ Complète les phrases avec les verbes proposés.

se dévoue ◆ éternue ◆ diminue ◆ joues ◆ étudies

a. Au printemps, j'… souvent à cause du pollen.

b. Depuis quand …-tu l'allemand ?

c. Chaque dimanche matin, monsieur Kamandi … pour préparer le petit déjeuner de toute la famille.

d. Je … la flamme du gaz sinon le lait va déborder !

e. Tu … régulièrement au tennis avec ton frère.

8 ✳✳ Complète la terminaison des verbes.

a. On recopi… la date sur notre cahier.

b. Je pari… que tu continu… à faire des bêtises !

c. Le petit garçon, intimidé, balbuti… un remerciement.

d. Il secou… les serviettes et les pli… .

e. Le professeur évalu… mon exposé en histoire et appréci… mes illustrations.

9 ✳✳ Conjugue les verbes au présent en conservant le même pronom personnel.

il suppliait ◆ tu as colorié ◆ ils ont avoué ◆ j'ai publié ◆ elle effectuera ◆ elle reconstituait ◆ tu as expédié ◆ il échouera ◆ tu évoluais ◆ elle balbutiait ◆ tu cloueras ◆ j'ai remercié

10 ✳✳ Conjugue les verbes entre parenthèses au présent.

a. À quoi *(jouer)*-tu dans la cour de récréation ?

b. Quand il est content, un chien *(remuer)* la queue.

c. Tu *(plier)* lentement tes jambes.

d. Tous les ans, ils *(louer)* un appartement à la montagne.

e. À la fin du concert, je *(saluer)* le public qui applaudit et *(crier)* : « Bravo ! »

11 ✳✳✳ Écris les phrases au présent.

a. Dans ta nouvelle école, tu étudiais le chinois et je t'enviais beaucoup !

b. J'ai vérifié l'assaisonnement et j'ai remué la salade.

c. Dans ma commune, on a privilégié les espaces verts et les zones piétonnes.

d. Cet été, il triera et distribuera le courrier.

e. Je vérifiai l'orthographe et recopiai rapidement la lettre dans laquelle je suppliais mon ami de me pardonner.

f. Lorsqu'Alicia multipliait les grands nombres, elle oubliait souvent les retenues.

À toi d'écrire !

12 ✳ Décris ce qui se passe dans cette classe. Emploie des verbes du 1ᵉʳ groupe conjugués au présent.

Utilise les verbes distribuer, copier, vérifier et remercier.

13 ✳✳ Écris quelques phrases sur les gestes que nous pouvons faire pour protéger l'environnement. Utilise les verbes suivants au présent : *trier, vérifier, oublier, privilégier, diminuer, louer.*

Pour les trajets courts, mes parents louent des vélos afin de ne pas utiliser la voiture.

Pense à varier les sujets.

Le présent des verbes
en *-cer*, *-ger*, *-guer*

● Au présent, les verbes du **1ᵉʳ** groupe en **-cer** s'écrivent avec un **ç** à la **1ʳᵉ personne du pluriel**.

agacer → *j'agace, nous agaçons*

commencer → *je commence, nous commençons*

● Les verbes en **-ger** s'écrivent avec un **e** entre le **g** du radical et le **o** de la terminaison à la **1ʳᵉ personne du pluriel**.

partager → *je partage, nous partageons*

voyager → *je voyage, nous voyageons*

● Les verbes en **-guer** conservent toujours le **u**, même devant **o**.

distinguer → *je distingue, tu distingues, il distingue,*

nous distinguons, vous distinguez, elles distinguent

Conjuguer des verbes du 1ᵉʳ groupe au présent de l'indicatif

1 ✳ **Conjugue les verbes au présent à la 1ʳᵉ personne du singulier et du pluriel.**

balancer ◆ annoncer ◆ foncer ◆ forcer ◆ tracer ◆ percer ◆ espacer ◆ exaucer

2 ✳ **Conjugue les verbes au présent à la 2ᵉ personne du singulier et à la 1ʳᵉ personne du pluriel.**

a. mélanger
b. éponger
c. protéger
d. échanger
e. juger
f. envisager
g. charger
h. obliger

3 ✳ **Conjugue les verbes au présent à la 1ʳᵉ et à la 3ᵉ personne du pluriel.**

a. naviguer
b. conjuguer
c. distinguer
d. tanguer
e. fatiguer
f. dialoguer
g. léguer
h. narguer

4 ✳ **Complète les phrases avec les verbes proposés.**

baguons ◆ aménageons ◆ voyageons ◆ ponçons ◆ annonçons ◆ naviguons

a. Nous … le grenier pour en faire une salle de jeux.

b. Tous les étés, nous … en mer Méditerranée.

c. Jessica et moi … la commode avant de la peindre en blanc.

d. Cette année, mes parents et moi … en camping-car à travers la France.

e. …-nous la nouvelle maintenant ou après le dîner ?

f. Nous … ces pigeons avant de les relâcher.

5 ✷✷ **Trouve les verbes en -ger qui correspondent aux définitions. Puis écris-les au présent aux trois personnes du pluriel.**

a. Mettre de l'ordre dans ses affaires : r... .

b. Poser des questions : i... .

c. Sauter du haut d'un plongeoir : p... .

d. Faire des mouvements : b... .

e. Demander avec force et autorité : e... .

f. Ce que fait un chef d'orchestre : d... .

6 ✷✷ **Trouve les verbes en -cer qui correspondent aux définitions. Puis écris-les au présent aux trois personnes du pluriel.**

a. Le contraire de *finir* : c... .

b. Enlever ce qui est écrit sur le tableau : e... .

c. Le contraire de *reculer* : a... .

d. Ce qu'il faut faire pour endormir un bébé : le b... .

e. Enlever la lessive avec de l'eau : r... .

f. Ce que fait une porte qui n'est pas bien huilée : g... .

7 ✷✷ **Conjugue les verbes au présent en conservant le même pronom personnel.**

nous mangions ◆ nous avons remplacé ◆ nous léguions ◆ nous avons percé ◆ nous lancerons ◆ nous partagions ◆ nous rédigions

8 ✷✷ **Conjugue les verbes entre parenthèses au présent.**

a. Nous (*héberger*) nos cousins le temps qu'ils (*emménager*) dans un nouvel appartement.

b. Tu (*corriger*) ta dictée pendant que nous nous (*exercer*) en géométrie.

c. Nous (*encourager*) le coureur qui s'(*élancer*) vers la ligne d'arrivée.

d. Mathieu et moi (*renoncer*) à travailler avec vous car Raphaël et toi (*changer*) trop souvent d'avis.

e. Je me (*déplacer*) toujours à vélo.

9 ✷✷ **Écris les phrases au présent.**

a. Nous échangerons nos idées puis nous commencerons l'exposé d'histoire.

b. Tous les deux ans, nous déménagions à cause du travail de notre mère.

c. Yohann et moi avons voyagé ensemble en Europe cet été.

d. Armand et moi avons nargué ma sœur qui ne part pas en classe verte comme nous.

10 ✷✷ **Écris les phrases à la personne correspondante du pluriel.**

Fais attention aux accords.

a. Je partage la tarte aux pommes en quatre et je mange ma part aussitôt.

b. Tu rinces les assiettes dans l'évier puis tu les places dans le lave-vaisselle.

c. Il berce son petit frère qui agace les voisins par ses cris.

d. Je change de vêtements et je commence mon échauffement.

e. À la fin du marathon, je fatigue et zigzague jusqu'à l'arrivée.

À toi d'écrire !

11 ✷ **Raconte ce que vous faites, tes camarades de classe et toi, pendant la récréation. Tu peux t'aider du dessin.**

Emploie je et nous, ainsi que les verbes lancer, échanger, partager et manger conjugués au présent.

12 ✷✷ **Ton (ta) meilleur(e) ami(e) passe une semaine de vacances avec toi. Fais la liste de ce que vous faites ensemble. Utilise le sujet nous et des verbes se terminant par -cer, -ger et -guer.**

Conjugaison

Le présent des verbes du 2ᵉ groupe

Le cycle de l'eau

Sous l'action du Soleil, les océans s'évaporent, les êtres vivants transpirent : l'eau se transforme en vapeur et monte dans l'atmosphère.

En s'élevant, cette vapeur chaude se refroidit et forme des gouttelettes qui constituent les nuages. Si le froid s'accentue, les gouttelettes grossissent et tombent en pluie ou en neige. L'eau ruisselle sur la Terre et nourrit

les cours d'eau, s'infiltre dans les sols et alimente les nappes souterraines.

Sophie Lamoureux, *L'Écologie*, © Éditions Nathan.

▶ À quel temps sont conjugués les verbes ? Relevez les verbes du 2ᵉ groupe.

▶ À quelle personne sont conjugués les verbes en couleur ? Ont-ils la même terminaison ? Pourquoi ?

▶ À quelle personne est conjugué le verbe *grossissent* ? Conjuguez-le à la 1ʳᵉ et à la 2ᵉ personne du pluriel. Que remarquez-vous concernant le radical ?

● Au **présent**, les **verbes du 2ᵉ groupe** se terminent par :
-is, -is, -it, -issons, -issez, -issent.

finir
je fin**is**
tu fin**is**
il, elle, on fin**it**
nous fin**issons**
vous fin**issez**
ils, elles fin**issent**

Reconnaître les verbes du 2ᵉ groupe

1 ✷ **Dans chaque liste, recopie le verbe qui n'appartient pas au 2ᵉ groupe.**

a. nous surgissons ◆ nous grandissons ◆ nous servons ◆ nous ralentissons

b. vous vous souvenez ◆ vous punissez ◆ vous réfléchissez ◆ vous vous divertissez

c. ils choisissent ◆ ils gémissent ◆ ils grandissent ◆ ils ouvrent

2 ✷ **Recopie uniquement les verbes du 2ᵉ groupe.**

bondir ◆ applaudir ◆ courir ◆ tenir ◆ désobéir ◆ revenir ◆ sortir ◆ réussir ◆ s'évanouir ◆ cueillir ◆ ouvrir ◆ trahir ◆ offrir ◆ faiblir

3 ✷✷ Relève deux verbes du 2ᵉ groupe dans le texte. Indique leur infinitif et à quelle personne ils sont conjugués.

Après la conquête de la Gaule, les Romains construisent des édifices grandioses, élargissent d'anciens chemins. De nouvelles techniques apparaissent. Le pays s'enrichit par la vente des produits de son agriculture.

Conjuguer au présent de l'indicatif

4 ✷ Complète les phrases avec les pronoms personnels proposés.

tu • on • nous • vous • elles

a. … se réunit chaque lundi soir.
b. … te nourris correctement.
c. … fleurissez votre chambre avec de beaux bouquets de roses.
d. … envahissent le jardin.
e. … accomplissons notre tâche avec sérieux.

5 ✷ Conjugue les verbes à la personne du singulier qui correspond.

a. nous démolissons
b. elles garnissent
c. vous remplissez
d. ils s'unissent
e. vous saisissez
f. ils se divertissent
g. vous engloutissez
h. nous définissons

6 ✷ Conjugue les verbes à la personne du pluriel qui correspond.

a. il se salit
b. je vieillis
c. tu franchis
d. j'avertis
e. tu approfondis
f. elle frémit
g. je fournis
h. il réunit

7 ✷ Complète les phrases avec le verbe correspondant au cri de chaque animal.

a.

le glapissement des renards → Les renards … .

b.

le hennissement des chevaux → Les chevaux … .

c.

le barrissement de l'éléphant → L'éléphant … .

8 ✷✷ Trouve les verbes du 2ᵉ groupe qui correspondent aux définitions. Puis écris-les à la 2ᵉ personne du singulier et du pluriel.

a. Perdre du poids : m… .
b. Le contraire de *vider* : r… .
c. Retrouver une bonne santé après avoir été malade : g… .
d. En voiture, réduire sa vitesse : r… .
e. Retrouver sa jeunesse : r… .

9 ✷✷ Trouve le verbe qui correspond à chaque adjectif de couleur.

rouge • jaune • vert • noir

10 ✷✷ Complète les phrases avec les verbes que tu as trouvés dans l'exercice 9. Conjugue-les au présent.

a. Les arbres … au printemps.
b. Tu … dès que le professeur t'interroge.
c. Je … les nuages de mon dessin avec un pastel.
d. L'herbe … à cause de la sécheresse.

11 ✷✷✷ Les verbes sont conjugués au présent. Complète leur terminaison.

> *Commence par rechercher leur infinitif.*

a. Le bûcheron sci… le tronc de l'arbre.
b. Je me réjoui… de ta venue pour les vacances.
c. Tu aplat… la pâte à tarte.
d. Tu étudi… ta leçon de conjugaison.
e. L'enfant se blott… dans les bras de sa mère.

RÉVISIONS

● Au **présent de l'indicatif**, les verbes du **1er groupe** se terminent par -e, -es, -e, -ons, -ez, -ent : *je chante, tu chantes, il chante, nous chantons, vous chantez, elles chantent.*

● Il ne faut pas oublier d'écrire les terminaisons des verbes qui se terminent en **-ier, -uer** et **-ouer** : *je crie, tu continues, il joue, nous crions, vous continuez, elles jouent.*

● Les verbes qui se terminent en **-cer** s'écrivent avec un **ç** à la **1re personne du pluriel** : *je trace, nous traçons.*

● Les verbes qui se terminent en **-ger** s'écrivent avec un **e** entre le **g** du radical et le **o** de la terminaison à la **1re personne du pluriel** : *je plonge, nous plongeons.*

● Les verbes en **-guer** conservent toujours le **u** : *je navigue, nous naviguons.*

● Au **présent de l'indicatif**, les verbes du **2e groupe** se terminent par -is, -is, -it, -issons, -issez, -issent : *je finis, tu finis, il finit, nous finissons, vous finissez, elles finissent.*

Conjuguer au présent de l'indicatif

1 ✳ **Les verbes sont conjugués au présent. Complète leur terminaison.**

je parl… ✦ je chois… ✦ tu soupir… ✦ tu désobé… ✦ on march… ✦ on réuss… ✦ nous dans… ✦ nous réfléch… ✦ vous téléphon… ✦ elles s'énerv… ✦ elles s'assoup…

2 ✳ **Conjugue les verbes à la 1re personne du pluriel.**

a. je bouge
b. tu avances
c. il conjugue
d. elles dialoguent
e. ils tracent
f. vous rédigez

3 ✳ **Recopie les phrases en choisissant le verbe entre parenthèses correctement conjugué.**

a. Mes parents (*loues* ✦ *louent*) une voiture.
b. Tu (*vérifie* ✦ *vérifies*) rapidement le résultat de ton opération.
c. Après trois tours de stade, je (*sue* ✦ *sus*) à grosses gouttes !
d. Le chat (*épit* ✦ *épie*) le moineau posé sur le rebord de la fenêtre.
e. Chaque matin, tu (*salues* ✦ *salus*) la boulangère en passant devant sa boutique.

4 ✳ **Écris une phrase au présent correspondant à chaque dessin.**

> *Utilise les verbes* plier, scier, jaillir *et* franchir.

a.
c.
b.
d.

5 ✱ **Conjugue les verbes à la personne demandée.**

a. *blaguer*, 1re personne du pluriel

b. *se méfier*, 1re personne du singulier

c. *se balancer*, 1re personne du pluriel

d. *effectuer*, 2e personne du singulier

e. *échouer*, 3e personne du singulier

f. *éponger*, 1re personne du pluriel

6 ✱✱ **Écris les phrases au présent.**

a. Après plusieurs heures de navigation, nous distinguions enfin la côte.

b. Stanislas a avoué avoir cassé le miroir.

c. Tu modifieras ton mot de passe sur ton ordinateur.

d. Tu réuniras tes meilleurs amis pour fêter ton anniversaire.

e. Chacun à notre tour, nous effacions le tableau noir de la classe.

7 ✱✱ **Pour chaque nom, trouve un verbe de la même famille et conjugue-le au présent à la 2e personne du singulier.**

a. la conjugaison

b. la réussite

c. la pollution

d. l'obéissance

e. le jeu

f. le remplissage

g. la guérison

h. le coloriage

8 ✱✱ **Trouve la réponse aux devinettes. Tous les verbes sont conjugués au présent.**

> *Tu peux t'aider des verbes suivants :*
> secouer, bâtir, diminuer, blanchir.

a. Je suis un verbe du 1er groupe, à la 3e personne du singulier. Je suis le contraire du verbe *augmenter*. Qui suis-je ?

b. Je suis un verbe du 2e groupe, à la 3e personne du pluriel. Je suis un synonyme de *construire*. Qui suis-je ?

c. Je suis un verbe du 1er groupe, à la 2e personne du singulier. Je signifie *bouger dans tous les sens*. Qui suis-je ?

d. Je suis un verbe du 2e groupe, à la 2e personne du pluriel. Je suis formé à partir de l'adjectif *blanc*. Qui suis-je ?

9 ✱✱✱ **Récris les vers de ce poème en mettant les sujets au pluriel.**

Silence, on tourne !

Chez moi,
Le réfrigérateur ronronne,
Le robinet miaule,
La radio babille,
La pendule jacasse,
Le téléphone stridule,
La bouilloire siffle,
Le sèche-cheveux bourdonne,
La sonnette couine,
L'aspirateur rugit,
Le chauffe-bain beugle,
L'électrophone gazouille,
La machine à laver mugit,
Le magnétophone jase,
Le moulin à café vrombit,
Quel travail
Pour dompter toute cette ménagerie !

Jacques Charpentreau, *Mon premier livre de poèmes pour rire*, © Jacques Charpentreau.

À toi d'écrire !

10 ✱ **Écris ce que vous faites, tes camarades et toi, lorsque vous allez à la piscine. Aide-toi du texte en conjuguant les verbes à la 1re personne du pluriel.**

> *Tu peux ajouter d'autres verbes du 1er et du 2e groupe.*

Je choisis une cabine et je me change.
Puis je range mes vêtements dans un casier.
Je me douche. Je m'avance vers le bassin,
je plonge dans l'eau et je nage.

11 ✱✱ **En pensant aux bruits de ta maison, écris quatre vers qui pourraient s'ajouter au poème de l'exercice 9. Utilise des verbes du 1er et du 2e groupe conjugués au présent.**

Le présent des verbes du 3e groupe (1) (-s, -s, -t)

● **Au présent, la plupart des verbes du 3e groupe** se terminent par **-s, -s, -t, -ons, -ez, -ent.**

savoir	**mettre**	**croire**
je sai**s**	je met**s**	je croi**s**
tu sai**s**	tu met**s**	tu croi**s**
il, elle, on sai**t**	il, elle, on me**t**	il, elle, on croi**t**
nous sav**ons**	nous mett**ons**	nous croy**ons**
vous sav**ez**	vous mett**ez**	vous croy**ez**
ils, elles sav**ent**	ils, elles mett**ent**	ils, elles croi**ent**

connaître	**peindre** (et les verbes en **-indre**)
je connai**s**	je pein**s**
tu connai**s**	tu pein**s**
il, elle, on connaî**t**	il, elle, on pein**t**
nous connaiss**ons**	nous peign**ons**
vous connaiss**ez**	vous peign**ez**
ils, elles connaiss**ent**	ils, elles peign**ent**

⚠ Certains verbes du 3e groupe dont l'infinitif se termine par **-ir** *(ouvrir, cueillir, couvrir, offrir...)* se conjuguent au présent comme les verbes du 1er groupe.

j'offre, tu offres, il offre, nous offrons, vous offrez, elles offrent

Reconnaître les verbes avec des terminaisons en -s, -s, -t

 1 ✳ Recopie les verbes qui se terminent par -*s*, -*s* et -*t* aux trois personnes du singulier au présent.

conduire ◆ aller ◆ découvrir ◆ éteindre ◆ avoir ◆ méconnaître ◆ courir ◆ cueillir ◆ avaler ◆ offrir ◆ joindre ◆ paraître

2 ✳✳ Relève l'intrus dans chaque liste.

a. vous recevez ◆ vous atteignez ◆ vous construisez ◆ vous vivez ◆ vous plaisantez

b. elles sortent ◆ elles souffrent ◆ elles partent ◆ elles mettent ◆ elles croient

c. nous reconnaissons ◆ nous accueillons ◆ nous craignons ◆ nous dormons

Conjuguer au présent de l'indicatif

3 ✳ Conjugue les verbes à la 1re personne du singulier et du pluriel au présent.

a. repeindre
b. plaire
c. servir
d. boire
e. lire
f. croire

4 ✳ Trouve deux verbes de la même famille que *paraître*, puis conjugue-les au présent à la 3ᵉ personne du singulier et du pluriel.

> *Ils se conjuguent comme le verbe* connaître.

5 ✳✳ Trouve les verbes qui correspondent aux définitions en t'aidant de la liste. Puis conjugue-les au présent à la 2ᵉ personne du singulier et du pluriel.

permettre ♦ transmettre ♦ promettre ♦ admettre

> *Ils se conjuguent comme le verbe* mettre.

a. Accepter, reconnaître comme vrai.
b. S'engager à faire ou dire quelque chose.
c. Donner l'autorisation.
d. Faire passer à une autre personne.

6 ✳✳ Trouve les verbes qui correspondent aux définitions et conjugue-les au présent aux trois personnes du pluriel.

a. Un verbe de la famille de *teinture*.
b. Un verbe de la famille de *plainte*.
c. Un verbe de la famille de *jointure*.
d. Un verbe de la famille de *contrainte*.

7 ✳✳ Remplace les verbes ou les expressions en gras par un verbe synonyme du 3ᵉ groupe.

a. Tu **es obligé de** partir tout de suite.
b. Elle **pose** les assiettes sur la table.
c. Margaux **fabrique** une cabane au fond de son jardin.
d. Ce chercheur **continue** ses travaux sur les vaccins.

8 ✳✳ Recopie le texte en mettant les verbes en gras au présent.

En 987, la dynastie des Carolingiens **a disparu**. En effet, le dernier roi **est mort** sans héritier. Les familles les plus puissantes du royaume **ont** alors **remis** la couronne à Hugues Capet qui **venait** d'une autre famille. Tous les rois de France jusqu'à Louis XVI **ont appartenu** à la dynastie des Capétiens.

9 ✳✳ Conjugue les verbes entre parenthèses au présent.

Un tremblement de terre, ou séisme, *(se traduire)* par des secousses plus ou moins violentes, relativement brèves mais qui *(produire)* parfois de gros dégâts. On *(connaître)* la force d'un séisme grâce à un appareil, le sismographe. Aujourd'hui, les scientifiques *(savoir)* expliquer l'origine des tremblements de terre.

10 ✳✳✳ Les verbes sont conjugués au présent. Complète leur terminaison.

> *Commence par rechercher leur infinitif.*

a. Tu écri… une lettre.
b. Elle di… des mots bizarres.
c. J'étudi… ma leçon d'histoire.
d. Tu pli… les torchons avant de les ranger.
e. Tu reli… ce roman pour la deuxième fois.

À toi d'écrire !

11 ✳ Décris ce que tu vois sur cette couverture d'album et imagine ce qui va arriver au chevalier Don Quichotte. Utilise les verbes : *voir, tenir, se battre, courir, craindre.*

Le présent des verbes du 3ᵉ groupe (2) (-*ds*, -*ds*, -*d*)

● **Au présent**, la plupart des verbes en **-dre** (comme *prendre*, *répondre*, *coudre*, *mordre*, *répandre*…) se terminent par **-ds, -ds, -d, -ons, -ez, -ent**.

prendre	mordre	répandre
je pren**ds**	je mor**ds**	je répan**ds**
tu pren**ds**	tu mor**ds**	tu répan**ds**
il, elle, on pren**d**	il, elle, on mor**d**	il, elle, on répan**d**
nous pren**ons**	nous mord**ons**	nous répand**ons**
vous pren**ez**	vous mord**ez**	vous répand**ez**
ils, elles prenn**ent**	ils, elles mord**ent**	ils, elles répand**ent**

! Les verbes en **-eindre**, **-aindre** et **-oindre** se terminent par **-s, -s, -t** aux trois personnes du singulier : *je peins, tu crains, il rejoint.*

Conjuguer au présent de l'indicatif

1 ✳ Conjugue les verbes au présent à la 1ʳᵉ et à la 3ᵉ personne du singulier.

a. confondre
b. prendre
c. coudre
d. attendre
e. fondre
f. perdre
g. tondre
h. prétendre
i. répandre
j. mordre

2 ✳ Il y a un intrus dans chaque liste. Pour le trouver, mets les verbes à la 1ʳᵉ personne du singulier.

a. tordre ◆ tendre ◆ répandre ◆ peindre
b. plaire ◆ suspendre ◆ rendre ◆ fondre
c. fendre ◆ plaindre ◆ prétendre ◆ pondre

3 ✳ Conjugue les verbes au présent à la personne du singulier qui correspond.

a. vous comprenez
b. ils tordent
c. nous confondons
d. elles perdent
e. nous apprenons
f. vous détendez

4 ✳ Trouve les verbes en *-dre* qui correspondent aux définitions et écris-les à la 2ᵉ personne du singulier.

a. Ce qu'il faut faire quand il y a beaucoup de monde chez le médecin.
b. Le contraire d'*acheter*.
c. Le contraire de *monter*.
d. Un synonyme d'*écouter*.

5 ✳ Trouve trois verbes de la famille de *prendre* et conjugue-les à la 1ʳᵉ et à la 3ᵉ personne du pluriel.

6 ✳ Reconstitue ce verbe et conjugue-le à la 3ᵉ personne du singulier et du pluriel.

D É D T E E N R

7 ✷ **Complète les phrases avec le pronom personnel qui convient.**

> *S'il y a deux possibilités, donne-les toutes les deux.*

a. … descend les escaliers à toute vitesse.

b. … apprends l'espagnol depuis l'année dernière.

c. … corresponds avec un ami australien.

d. … répond au téléphone.

e. … ne prends jamais l'avion.

f. … me surprend toujours.

8 ✷ **Réponds par *vrai* ou *faux*.**

a. Tous les verbes qui se terminent par *-dre* ont les mêmes terminaisons au présent aux trois personnes du singulier.

b. Au présent, à la 1ʳᵉ et à la 2ᵉ personne du singulier, le verbe *répandre* s'écrit *répands*.

c. Au présent, à la 1ʳᵉ et à la 2ᵉ personne du singulier, le verbe *craindre* s'écrit *crains*.

d. Au présent, les verbes en *-dre* se terminent par *-ds*, *-ds*, *-d* aux trois personnes du singulier sauf les verbes en *-aindre*, *-eindre* et *-oindre*.

9 ✷ **Classe les verbes dans le tableau.**

les verbes se terminant par *-ds*, *-ds*, *-d*	les verbes se terminant par *-s*, *-s*, *-t*

mordre ◆ éteindre ◆ rejoindre ◆ dépendre ◆ correspondre ◆ contraindre ◆ fendre ◆ coudre ◆ se plaindre ◆ moudre ◆ surprendre

10 ✷✷ **Recopie les phrases en conjuguant les verbes entre parenthèses au présent.**

a. Le fleuriste situé sur la place de la mairie *(vendre)* de très belles roses.

b. L'alpiniste *(atteindre)* le sommet après beaucoup d'efforts.

c. À cause d'un embouteillage, tu *(craindre)* de ne pas arriver à temps à la gare.

d. Je *(confondre)* souvent Lucas et William car ils se ressemblent beaucoup.

e. Je *(rejoindre)* mon ami Salomon à son club de volley-ball.

11 ✷✷ **Conjugue les verbes au présent en conservant le même pronom personnel.**

tu correspondras ◆ il recousait ◆ j'ai suspendu ◆ vous avez entendu ◆ elles répandront ◆ elle a fondu ◆ nous avons perdu ◆ tu tordais

12 ✷✷ **Pour chaque nom en gras, trouve un verbe de la même famille puis emploie-le dans une phrase au présent.**

la tonte des moutons ❭ *tondre*

❭ *Le berger tond ses moutons au printemps.*

a. la **compréhension** d'une leçon

b. la **perte** d'un manteau

c. la **ponte** d'un œuf

d. la **fonte** des neiges

13 ✷✷✷ **Complète les phrases en ajoutant un sujet et des compléments.**

a. … tonds … .

b. … surprenons … .

c. … répandez … .

d. … couds … .

À toi d'écrire !

14 ✷ **Retrouve l'expression au sens figuré illustrée par le dessin. Puis écris un petit texte dans lequel tu l'emploieras. Conjugue les verbes au présent et au singulier.**

> *L'expression commence par un verbe qui se termine en -dre.*

15 ✷✷ **Utilise les mots suivants dans l'ordre pour écrire une histoire : *attendre, chien, mordre, fondre en larmes, hôpital*. Conjugue les verbes au présent.**

Le présent des verbes
être, avoir, aller, faire et partir

être	avoir	aller	faire	partir
je suis	j'ai	je vais	je fais	je pars
tu es	tu as	tu vas	tu fais	tu pars
il est	il a	il va	il fait	il part
nous sommes	nous avons	nous allons	nous faisons	nous partons
vous êtes	vous avez	vous allez	vous faites	vous partez
elles sont	elles ont	elles vont	elles font	elles partent

● Les verbes **être** et **avoir** sont aussi des **auxiliaires** qui servent à former les **temps composés** des autres verbes.

*Nous **sommes** contents.*	→ *verbe **être** au présent*
*Tu **es tombé** de l'arbre.*	→ *verbe **tomber** au passé composé*
*J'**ai** un grand frère.*	→ *verbe **avoir** au présent*
*Tu **as mangé** un sandwich.*	→ *verbe **manger** au passé composé*

Reconnaître les verbes conjugués au présent

1 ✳ Recopie uniquement les verbes conjugués au présent.

partent ◆ allons ◆ sera ◆ faites ◆ aviez ◆ avez ◆ part ◆ ai ◆ sont allés ◆ va ◆ ont ◆ aurai ◆ fais ◆ sommes ◆ vont ◆ suis ◆ irons ◆ vais ◆ êtes ◆ faisait

Conjuguer au présent de l'indicatif

2 ✳ Conjugue les verbes au présent à la personne du pluriel qui correspond.

a. je suis
b. tu as
c. il va
d. tu fais
e. on part
f. je vais
g. elle est
h. je pars
i. on fait
j. tu es

3 ✳ Recopie chaque verbe conjugué et écris son infinitif.

tu vas ◆ elles font ◆ j'ai ◆ nous sommes ◆ on a ◆ vous êtes ◆ je vais ◆ ils ont ◆ elles vont ◆ tu es ◆ il va ◆ nous faisons ◆ vous avez ◆ elle est ◆ vous faites ◆ tu pars

4 ✳ Complète les phrases avec les verbes *être*, *avoir*, *aller*, *faire* ou *partir* conjugués au présent.

a. Aujourd'hui, mes parents et moi … pour la montagne.

b. Nous … de la chance : le temps … magnifique.

c. Je … très excité car je … skier pour la première fois !

d. Pendant le voyage, mon père me … des recommandations pour ma première descente.

5 ✳ **Écris des phrases en conjuguant les verbes aux personnes demandées.**

a. avoir peur (*je* ◆ *elles*)

b. aller à la piscine (*tu* ◆ *nous*)

c. faire du patin à roulettes (*on* ◆ *vous*)

d. être en vacances (*je* ◆ *nous*)

e. partir au Canada (*tu* ◆ *vous*)

6 ✳ **Réécris les phrases en remplaçant le sujet par le pronom entre parenthèses.**

a. J'ai très faim ce soir. (*vous*)

b. Nous partons de bonne heure pour éviter les bouchons. (*je*)

c. Natacha va à la poste. (*tu*)

d. Tu n'es pas en retard. (*je*)

e. Oscar fait une randonnée. (*nous*)

7 ✳ ✳ **Conjugue les verbes au présent en conservant le même pronom personnel.**

a. elles feront

b. tu es allé

c. nous aurons

d. on partira

e. vous faisiez

f. ils sont partis

g. on était

h. ils allaient

8 ✳ ✳ **Complète les phrases avec le verbe *être* conjugué au présent et les adjectifs proposés.**

bavards ◆ *têtus* ◆ *frileux* ◆ *paresseux*

a. Si tu crains le froid, tu … … .

b. Les gens qui parlent tout le temps … … .

c. Vous n'aimez pas travailler, vous … … .

d. Ils n'abandonnent jamais leurs idées ou leurs projets, ils … … .

9 ✳ ✳ **Complète les phrases avec le verbe *aller* au présent, suivi du verbe entre parenthèses à l'infinitif.**

Il (partir) bientôt. ▸ *Il va partir bientôt.*

> Le verbe **aller** peut être utilisé pour exprimer quelque chose qui aura lieu plus tard.
>
> *Noé va acheter un nouveau vélo demain.*
> *achètera*

a. Je (*écrire*) à ma grand-mère.

b. Je crois qu'il (*pleuvoir*).

c. Nous (*jouer*) au tennis cet après-midi.

d. Je me demande s'ils (*arriver*) à l'heure.

Reconnaître les auxiliaires

10 ✳ ✳ **Pour chaque phrase, indique s'il s'agit des verbes *avoir* ou *être* conjugués au présent ou d'un autre verbe au passé composé.**

Tu n'es pas très aimable.

▸ *verbe être au présent*

À quelle heure êtes-vous partis ?

▸ *verbe partir au passé composé*

a. Avez-vous de la monnaie, s'il vous plaît ?

b. Ils sont revenus en voiture.

c. Je ne suis pas content.

d. J'ai tout compris.

11 ✳ ✳ ✳ **Recopie le texte. Souligne les auxiliaires et entoure les participes passés.**

Oualid a été invité à visiter le palais de l'Élysée par le père d'un camarade.

Le lendemain, à l'école, tout le monde a posé des questions à Oualid :
– Alors, tu l'as vu le président ? Il est comment ? Tu lui as parlé ? Et l'Élysée ? C'est vrai qu'il y a de l'or partout ?
Oualid a juste marmonné :
– Le président ? Ah oui ! Bof, rien d'extraordinaire…

Claire Clément, *Oualid président !*, © Casterman.

À toi d'écrire !

12 ✳ **Écris quelques phrases sur les membres de ta famille (y compris toi !). Tu peux les décrire, parler de leurs activités préférées… Utilise les verbes de la leçon au présent.**

Le présent des verbes
dire, *pouvoir*, *venir*, *voir* et *vouloir*

● Les verbes **dire**, **pouvoir**, **venir**, **voir** et **vouloir** sont des verbes du **3e groupe**. Il faut bien connaître leur conjugaison au présent car ils sont très fréquents.

dire	pouvoir	venir
je dis	je peux	je viens
tu dis	tu peux	tu viens
il, elle, on dit	il, elle, on peut	il, elle, on vient
nous disons	nous pouvons	nous venons
vous dites	vous pouvez	vous venez
ils, elles disent	ils, elles peuvent	ils, elles viennent

voir	vouloir
je vois	je veux
tu vois	tu veux
il, elle, on voit	il, elle, on veut
nous voyons	nous voulons
vous voyez	vous voulez
ils, elles voient	ils, elles veulent

Conjuguer au présent de l'indicatif

1 ✳ **Conjugue les verbes à la personne du pluriel qui correspond.**

a. je vois
b. tu viens
c. elle peut
d. il dit
e. tu peux
f. il veut
g. tu vois
h. je dis
i. il vient
j. je veux

2 ✳ **Conjugue les verbes au présent à la personne demandée.**

a. *pouvoir*, 1re personne du pluriel
b. *venir*, 2e personne du singulier
c. *voir*, 3e personne du pluriel
d. *venir*, 3e personne du singulier
e. *dire*, 2e personne du pluriel
f. *vouloir*, 3e personne du pluriel

3 ✳ **Écris des phrases en conjuguant les verbes aux personnes demandées.**

a. venir au rendez-vous (*je* ◆ *ils*)
b. dire du mal des autres (*tu* ◆ *vous*)
c. pouvoir nager sous l'eau (*elle* ◆ *nous*)
d. voir le coucher du soleil (*je* ◆ *vous*)
e. vouloir aller en récréation (*tu* ◆ *elles*)

4 ✳ ✳ **Complète les phrases avec un verbe de la famille de *venir* conjugué au présent.**

revenir ◆ *devenir* ◆ *prévenir* ◆ *convenir* ◆ *provenir*

a. Il … chaque jour plus fort au ping-pong.
b. Ces oranges … d'Espagne.
c. Vous … toujours vos parents quand vous êtes en retard.
d. Je … d'un rendez-vous avec mon amie qui vient d'Angleterre.
e. À quelle heure …-ils de l'école ?

5 ✳✳ **Complète les phrases avec le pronom personnel qui convient. Conjugue les verbes entre parenthèses au présent.**

a. Toi, … *(voir)* la mer pour la première fois.

b. Hugo et moi, … *(pouvoir)* aller au cinéma ce soir.

c. Lui, … *(dire)* au revoir à ses amis.

d. James et toi, … *(venir)* chez moi pour mon anniversaire.

e. Moi, … *(vouloir)* terminer ce roman passionnant.

6 ✳✳ **Complète les phrases avec l'expression *venir de* au présent, suivie du verbe entre parenthèses à l'infinitif.**

Je (passer) chez lui. ➤ *Je viens de passer chez lui.*

> Le verbe **venir** peut être utilisé pour exprimer quelque chose qui s'est passé quelque temps auparavant.
>
> *Zoé **vient** de partir.*
> ➔ *Elle est partie il y a un instant.*

a. Après ce que tu *(dire)*, je préfère me taire.

b. Le train *(partir)*, il faudra attendre le suivant.

c. Nous *(faire)* les courses et il n'y a déjà plus de gâteaux au chocolat !

d. Vous repartez déjà ? Mais vous *(rentrer)* !

e. Noé et Zoé *(se réconcilier)*, espérons que ça durera plus de dix minutes !

7 ✳✳ **Conjugue les verbes au présent en conservant le même pronom personnel.**

a. je pouvais

b. tu viendras

c. nous avons vu

d. elles ont pu

e. vous voyiez

f. elles disaient

g. nous sommes venus

h. ils verront

i. nous disions

j. je voudrai

8 ✳✳ **Recopie les phrases en écrivant les verbes en gras au présent.**

a. Il **a pu** essayer le VTT de mon frère.

b. On **voyait** beaucoup d'étoiles dans le ciel ce soir.

c. Pourquoi ne **viendriez**-vous pas dîner ?

d. Vous **disiez** toujours la vérité.

e. Pour leur goûter, ils **voudront** un pain au chocolat.

9 ✳✳✳ **Réécris les phrases au présent.**

a. Ma sœur voulait toujours être la première sur la balançoire.

b. Mes cousins ont vu la tour Eiffel lors de leur séjour à Paris.

c. Que dira ton professeur lorsqu'il verra l'état de ton cahier ?

d. Je suis venu dès que j'ai pu.

10 ✳✳✳ **Complète les phrases en ajoutant un sujet et des compléments.**

a. … vois … .

b. … peuvent … .

c. … vient … .

d. … veux … .

e. … disons … .

À toi d'écrire !

11 ✳ **Décris ce que tes parents et toi voyez des fenêtres de votre appartement ou de votre maison.**

> *Pour être précis dans ta description, utilise des expressions comme à droite, à gauche, devant, plus loin, en bas…*

12 ✳✳ **Décris en quelques phrases ton dernier cours d'EPS. Utilise les verbes *dire, pouvoir, vouloir, voir* et *venir* au présent.**

Conjugaison

RÉVISIONS

● **Au singulier du présent de l'indicatif**, les verbes se terminent par :

– **-e, -es, -e** (les verbes du 1er groupe et quelques verbes du 3e groupe comme *offrir*) ;

– **-s, -s, -t** (tous les verbes du 2e groupe et la plupart des verbes du 3e groupe) ;

– **-ds, -ds, -d** (les verbes en **-dre** sauf des verbes comme *craindre*, *peindre* et *joindre*) ;

– **-x, -x, -t** (les verbes *pouvoir*, *vouloir* et *valoir*).

● **Au pluriel du présent de l'indicatif**, les verbes se terminent généralement par **-ons, -ez, -ent** (sauf *être*, *avoir*, *faire*, *dire* et *aller* qui ont des conjugaisons particulières).

Reconnaître le présent de l'indicatif

1 ✳ **Recopie uniquement les verbes conjugués au présent de l'indicatif.**

faites ◆ as voulu ◆ allions ◆ viennent ◆ lançons ◆ font ◆ savez ◆ dis ◆ était ◆ pars ◆ peux ◆ mangeais ◆ prend ◆ fut ◆ mangeons ◆ ferez ◆ apprends ◆ vont

2 ✳ **Écris l'infinitif et la personne de conjugaison des verbes de l'exercice 1 que tu as recopiés.**

3 ✳ ✳ **Relève les verbes conjugués au présent de l'indicatif.**

Claire regarda sa mère d'un air soupçonneux. Allait-elle encore lui raconter des histoires ?

« Les parents ne savent pas tout, expliqua maman. Ils peuvent même avoir tort ! Surtout ton père ! Pour les grandes personnes, les fées appartiennent au monde des contes pour enfants. Eh bien, peut-être qu'elles se trompent ! Si tu ne crois pas aux fées, tu ne peux pas les voir, voilà ce que je pense. Hélas, quand on grandit, on se pose trop de questions. Comme si on avait toutes les réponses ! »

Moka, *Histoires de fées*, © Gallimard Jeunesse.

Conjuguer au présent de l'indicatif

4 ✳ **Écris les verbes à la personne du singulier qui correspond.**

a. nous saluons

b. ils comprennent

c. vous faites

d. vous voulez

e. nous allons

f. ils reviennent

g. vous êtes

h. nous agrandissons

5 ✳ **Conjugue les verbes au présent à la personne demandée.**

a. *revoir*, 3e personne du pluriel

b. *accueillir*, 2e personne du singulier

c. *faire*, 1re personne du pluriel

d. *guérir*, 1re personne du singulier

e. *déplier*, 1re personne du singulier

6 ✳ ✳ **Pour chaque nom, trouve un verbe de la même famille et conjugue-le au présent à la 2e personne du singulier et à la 1re personne du pluriel.**

a. une perte

b. un don

c. une rougeur

d. le bercement

e. la lecture

f. un éternuement

g. un bâillement

h. le rangement

7 ✷ ✷ **Conjugue les verbes entre parenthèses au présent.**

« Je *(être)* un crayon magique, *(dire)* le crayon.
– Parce que tu *(savoir)* parler ? *(demander)*
Émilie qui s'*(habituer)* peu à peu à l'idée
qu'elle ne *(rêver)* pas.
– Oh ! pas seulement, *(répondre)* le crayon
d'un air important. Les dessins que je *(faire)*
(devenir) vrais.
– Comment ça, vrais ?
– Eh bien, si tu me *(prendre)* pour dessiner
un bonbon par exemple, le bonbon *(sortir)*
du papier et tu *(pouvoir)*
le manger. »

Henriette Bichonnier,
Émilie et le crayon magique,
© Le Livre de Poche Jeunesse 2007.

8 ✷ ✷ **Écris le texte au présent.**

> *Cherche d'abord l'infinitif des verbes conjugués.*

À la fin de la préhistoire, la vie des hommes a beaucoup évolué. Environ 5 000 ans avant Jésus-Christ, dans notre pays, ils ont commencé à domestiquer certains animaux. Ils ont découvert comment cultiver des céréales. La chasse, la pêche et la cueillette sont alors devenues des activités complémentaires.

Histoire, cycle 3, © Hatier.

9 ✷ ✷ ✷ **Sers-toi des éléments donnés pour rédiger un texte sur la découverte de l'Amérique par Christophe Colomb.**

> *Utilise le présent.*

- Son projet : aller aux Indes par l'ouest.
- Expédition financée par les rois d'Espagne.
- Voyage avec trois caravelles.
- Départ de Séville en 1492.
- 33 jours de navigation.
- Découverte de l'Amérique.

Reconnaître les auxiliaires

10 ✷ ✷ **Pour chaque phrase, indique s'il s'agit des verbes *avoir* ou *être* conjugués au présent ou d'un autre verbe au passé composé.**

a. Je suis vraiment content de mon idée.

b. Elles sont déjà allées deux fois en Espagne.

c. Il a l'habitude de se lever tôt.

d. Avez-vous besoin d'aide pour terminer votre exercice de conjugaison ?

e. Nous avons enfin terminé la préparation de notre exposé de géographie.

À toi d'écrire !

11 ✷ **Écris un texte au présent de l'indicatif pour présenter l'ornithorynque le plus complètement possible. Aide-toi de sa fiche d'identité et de la photographie.**

Fiche d'identité de l'ornithorynque

Taille : de 40 à 50 cm.
Poids : environ 2 kg.
Lieu de vie : rivières et lacs de Tasmanie ou d'Australie.
Nourriture : des crustacés, des poissons, des vers, des écrevisses, des colimaçons et d'autres petits invertébrés.
Reproduction : c'est le seul mammifère à pondre des œufs d'environ 2 cm de diamètre. 2 ou 3 œufs déposés dans un nid. Éclosion au bout de 10 jours.
Nourriture des petits : lait maternel.

Conjugaison

Le futur des verbes du 1er et du 2e groupe

Demain, le temps évoluera vers une amélioration générale. Les nuages envahiront le pays par l'ouest mais le vent les dispersera et le soleil s'installera. Les températures remonteront légèrement. Le soleil se lèvera à 7 h 23 et se couchera à 20 h 22. Nous fêterons les Jules !

▸ De quel jour de la semaine est-il question dans le bulletin : hier, aujourd'hui ou demain ?

▸ Relevez tous les verbes conjugués et indiquez leur temps de conjugaison.

▸ Classez les verbes en fonction de leur personne de conjugaison. Expliquez comment se forme le futur de ces verbes.

⬤ Le **futur** est un temps de l'indicatif qui **exprime des faits qui n'ont pas encore eu lieu** au moment où l'on parle.

⬤ Au futur, tous les verbes ont les mêmes terminaisons :
-ai, -as, -a, -ons, -ez, -ont.

⬤ Pour conjuguer les verbes du **1er groupe** et du **2e groupe** au futur, **on écrit l'infinitif** en entier puis **on ajoute la terminaison.**

fêter ➜ *je fêter**ai**, tu fêter**as**, il fêter**a**, nous fêter**ons**, vous fêter**ez**, elles fêter**ont***

envahir ➜ *j'envahir**ai**, tu envahir**as**, elle envahir**a**, nous envahir**ons**, vous envahir**ez**, ils envahir**ont***

⚠ Les verbes en **-ier**, en **-uer** et en **-ouer** contiennent un **e** qui ne s'entend pas mais qu'il ne faut pas oublier d'écrire.

*il évolu**e**ra* ➜ *infinitif : **évoluer** + terminaison : -a*

Reconnaître les verbes conjugués au futur

 ✳ **Recopie les verbes conjugués au futur.**

élargiront ◆ chantais ◆ chanterai ◆ avertirons ◆ observes ◆ élargirent ◆ avertissons ◆ parla ◆ réfléchissez ◆ parlera ◆ estimeras ◆ fleurirai

② ✳ **Dans chaque liste, un verbe n'est pas au futur. Recopie chaque liste sans l'intrus.**

a. il établira ◆ il dansera ◆ il finira ◆ il marcha

b. je surgirai ◆ j'accomplirai ◆ je jouais ◆ je mangerai

c. nous bougeons ◆ nous déménagerons ◆ nous agrandirons ◆ nous visiterons

Conjuguer au futur

3 ✳ **Recopie uniquement les phrases justes.**

a. Au futur, les verbes ont les mêmes terminaisons que le verbe *avoir* au présent.

b. Il faut enlever le *e* des verbes en *-ier*, *-uer* et *-ouer* lorsqu'on les conjugue au futur.

c. Au futur, tous les verbes ont les mêmes terminaisons.

d. Pour conjuguer les verbes du 1er et du 2e groupe au futur, il faut ajouter la terminaison à l'infinitif en entier.

4 ✳ **Conjugue les verbes au futur à la personne demandée.**

a. *attraper*, 1re personne du pluriel

b. *guérir*, 2e personne du singulier

c. *définir*, 3e personne du pluriel

d. *commencer*, 2e personne du pluriel

e. *bondir*, 1re personne du singulier

5 ✳ **Écris les verbes à la personne du singulier qui correspond.**

a. vous jouerez

b. nous colorierons

c. ils évolueront

d. nous attribuerons

e. ils déplieront

f. vous nouerez

6 ✳✳ **Réécris les verbes en les conjuguant au futur.**

> *Pour t'aider, écris d'abord l'infinitif des verbes, puis les terminaisons. N'oublie pas le e muet !*

nous prions ◆ tu éternuais ◆ vous avouez ◆ elle a recopié ◆ elles remuent ◆ nous avons crié ◆ je rejoue ◆ tu distribues

7 ✳✳ **Recopie les phrases en conjuguant les verbes au futur.**

a. Je sciais des bûches pour faire du feu dans la cheminée.

b. Ils louèrent des vélos pour faire le tour de l'île.

c. Vous pliez soigneusement le linge avant de le ranger dans l'armoire.

d. On secouait le prunier afin de faire tomber les fruits mûrs.

8 ✳✳ **Réécris le texte en conjuguant les verbes en gras au futur. Remplace** *aujourd'hui* **par** *demain***.**

Aujourd'hui, je m'**occupe** du repas. Ma sœur, Soléa, **rentre** de l'école et je lui **demande** de m'aider. Nous **décidons** de préparer une tarte au thon. Soléa **fouille** les placards à la recherche des ingrédients pendant que je **pétris** la pâte. Une bonne odeur **envahit** la cuisine… Mes parents **apprécient** de trouver un bon repas en rentrant !

9 ✳✳ **Construis des phrases au futur à partir des éléments proposés. Tu peux utiliser les mots ou les groupes de mots ci-dessous.**

demain ◆ quand je serai grand ◆ cette nuit ◆ mercredi prochain

a. observer les étoiles au télescope

b. ne pas oublier mon sac de sport

c. choisir un nouveau livre à la bibliothèque

d. bâtir une cabane en haut d'un arbre

10 ✳✳ **Complète ces débuts de phrases en utilisant des verbes du 1er et du 2e groupe au futur.**

a. L'an prochain…

b. Après-demain…

c. Demain soir…

d. Au mois de mai…

À toi d'écrire !

11 ✳ **Imagine que nous sommes le 31 décembre. Fais la liste de tes bonnes résolutions pour l'année à venir. Écris-en dix au futur en utilisant des verbes du 1er et du 2e groupe.**

> *Tu peux inventer !*

Conjugaison

Le futur des verbes
être, *avoir* et *aller*

● Au **futur**, les verbes **être**, **avoir** et **aller** changent de **radical**.

être	avoir	aller
je serai	j'aurai	j'irai
tu seras	tu auras	tu iras
il, elle, on sera	il, elle, on aura	il, elle, on ira
nous serons	nous aurons	nous irons
vous serez	vous aurez	vous irez
ils, elles seront	ils, elles auront	ils, elles iront

 Il ne faut pas confondre :

je **serai**   et   je **saurai**

verbe *être* au futur   verbe *savoir* au futur

Reconnaître être, avoir **et** aller
au futur

1 ✳ **Dans chaque liste, recopie les verbes au futur.**

a. sera ◆ était ◆ a été ◆ seront ◆ sont ◆ serai

b. va ◆ allaient ◆ iras ◆ irez ◆ sont allés ◆ iront

c. aurons ◆ avons ◆ aura ◆ a eu ◆ aurai ◆ avaient

2 ✳ **Classe les verbes dans la colonne qui convient.**

> *Fais attention aux intrus !*

verbe *être* au futur	verbe *avoir* au futur	verbe *aller* au futur

seras ◆ sauras ◆ avait ◆ sont allés ◆ iront ◆ étions ◆
aurai ◆ fûmes ◆ ira ◆ eurent ◆ a été ◆ serez ◆
serai ◆ aurions ◆ irez ◆ auront ◆ seront ◆ allais ◆
as eu ◆ auras ◆ sommes allés ◆ étaient ◆ sera ◆
irai ◆ sauront ◆ as eu ◆ aurez ◆ êtes ◆ aura

3 ✳ **Indique l'infinitif et la personne de chaque verbe.**

serai > verbe être, 1ʳᵉ personne du singulier

ira ◆ auront ◆ seras ◆ auras ◆ serez ◆ irons

4 ✳ **Recopie la phrase dans laquelle les verbes sont conjugués au futur. Indique leur infinitif et à quelle personne ils sont conjugués.**

a. Aujourd'hui, j'ai dix ans, je suis très content car j'ai de nouveaux rollers et je vais patiner avec mes amis.

b. Demain, j'aurai dix ans, je serai très content car j'aurai de nouveaux rollers et j'irai patiner avec mes amis.

c. Hier, j'ai eu dix ans, j'étais très content car j'ai eu de nouveaux rollers et je suis allé patiner avec mes amis.

5 ✳ **Dans quelles phrases le verbe *être* est-il conjugué au futur ?**

a. En continuant ainsi, tu sauras vite ta leçon de géométrie par cœur.

b. Seras-tu encore à la piscine lorsque j'y arriverai à 17 h ?

c. Après une bonne nuit, vous serez de nouveau en pleine forme !

d. En suivant scrupuleusement la recette, elles sauront parfaitement faire ce gâteau.

e. Seront-elles à l'heure à la réunion malgré les embouteillages ?

Conjuguer au futur

6 ✳ **Conjugue les verbes à la personne du singulier qui correspond.**

nous irons ◆ vous serez ◆ elles auront ◆ vous aurez ◆ ils iront ◆ nous serons ◆ nous aurons ◆ vous irez ◆ elles seront

7 ✳ ✳ **Réécris cette phrase en remplaçant *tu* par *je* (ou *j'*), puis par *vous*.**

L'année prochaine, comme tu seras en CM2, tu auras un cours de natation et tu iras à la piscine le jeudi après-midi.

8 ✳ ✳ **Réécris les phrases en remplaçant *vous* par *on*, puis par *nous*.**

a. Dans quinze jours, vous aurez beaucoup de temps libre car vous serez en vacances.

b. Lorsque vous irez visiter le musée des Invalides, vous aurez une conférencière pour vous guider.

9 ✳ ✳ **Recopie les phrases en écrivant les verbes au futur.**

a. Nous allons à la bibliothèque mercredi prochain pour préparer notre exposé.

b. C'est bientôt le printemps.

c. Sans ton bonnet et ton écharpe, tu avais froid.

d. Sont-elles allées en Grèce cet été ?

e. Grâce aux médicaments, vous n'êtes plus malades.

10 ✳ ✳ **Conjugue les verbes entre parenthèses au futur.**

Un collégien parle du collège à son jeune frère.

« Quand tu *(être)* au collège, tu *(avoir)* plusieurs professeurs. Ils *(avoir)*, chacun, une matière à enseigner. Un de ces professeurs *(être)* ton professeur principal. Ton meilleur ami et toi *(aller)* dans le même collège mais vous ne *(être)* peut-être pas dans la même classe. Vous *(avoir)* tout de même l'occasion de vous rencontrer pendant la récréation et à la cantine. Le matin, nous *(aller)* ensemble prendre le bus car j'*(avoir)* les mêmes horaires que toi. Ce *(être)* super, non ? »

11 ✳ ✳ ✳ **Écris le texte au futur.**

> Remplace « Quand j'étais jeune »
> par « Quand je serai grand ».

Quand j'étais jeune, j'étais comédien de théâtre. Au début, j'avais de petits rôles. Avec les autres comédiens, nous allions présenter nos spectacles de ville en ville. Nous n'avions pas beaucoup d'argent mais nous étions heureux. Mes parents allaient souvent me voir dans le théâtre où avait lieu le spectacle. Ils étaient fiers de moi.

À toi d'écrire !

12 ✳ **Écris une phrase au futur en employant les verbes :**
– *être* et *avoir* ;
– *être* et *aller* ;
– *avoir* et *aller*.

13 ✳ ✳ **Sers-toi de l'exercice 11 pour écrire un petit texte sur le métier que tu feras quand tu seras grand(e).**

> Tu peux t'aider du dessin.

Le futur des verbes
venir, *faire*, *voir* et *partir*

● **Au futur**, le **radical** des verbes du **3ᵉ groupe** peut être **identique** à celui de l'infinitif *(partir)*, mais il peut aussi être **modifié**.

venir	faire	voir	partir
je viendrai	je ferai	je verrai	je partirai
tu viendras	tu feras	tu verras	tu partiras
il, elle, on viendra	il, elle, on fera	il, elle, on verra	il, elle, on partira
nous viendrons	nous ferons	nous verrons	nous partirons
vous viendrez	vous ferez	vous verrez	vous partirez
ils, elles viendront	ils, elles feront	ils, elles verront	ils, elles partiront

! Au futur, **revoir** et **entrevoir** se conjuguent comme **voir** : *je reverrai, tu entreverras.*

Reconnaître *venir*, *faire*, *voir* et *partir* au futur

1 ✳ **Dans chaque liste, recopie les verbes au futur.**

a. verrez ◆ avez vu ◆ voyais ◆ verra ◆ voit ◆ verront ◆ verrai ◆ ont vu

b. fait ◆ fera ◆ faisions ◆ ferez ◆ avez fait ◆ ferai ◆ faites ◆ feras

c. viennent ◆ viendrai ◆ viendrez ◆ venais ◆ viendront ◆ viens ◆ viendra

d. partirez ◆ partiez ◆ part ◆ partirons ◆ partaient ◆ partirai ◆ partiront

2 ✳ **Recopie les phrases et souligne les verbes conjugués au futur.**

a. Je fais mes devoirs et ensuite je partirai au gymnase.

b. Tu verras, mes nouveaux poissons sont magnifiques.

c. Feras-tu un gâteau au chocolat si je t'aide ?

d. Mes parents partent en voiture mais ils reviendront en train.

e. Si vous venez en avance, nous ferons du vélo.

Conjuguer au futur

3 ✳ **Réponds par *vrai* ou *faux*.**

a. Au futur, le verbe *voir* double le *r* à toutes les personnes.

b. Les verbes du 3ᵉ groupe changent tous de radical au futur.

c. Au futur, tous les verbes ont les mêmes terminaisons.

d. Au futur, la terminaison des verbes conjugués à la 1ʳᵉ personne du singulier est *-ais*.

4 ✳ **Conjugue les verbes au futur à la personne demandée.**

a. *voir*, 1ʳᵉ personne du singulier

b. *venir*, 2ᵉ personne du pluriel

c. *partir*, 3ᵉ personne du pluriel

d. *faire*, 2e personne du singulier

e. *voir*, 1re personne du pluriel

f. *faire*, 3e personne du singulier

5 ✳ **Conjugue les verbes à la personne du singulier qui correspond.**

a. nous verrons

b. vous partirez

c. ils feront

d. nous viendrons

e. elles partiront

f. vous ferez

g. nous partirons

h. ils viendront

i. vous viendrez

j. nous ferons

k. vous verrez

l. elles verront

6 ✳✳ **Réécris les phrases en remplaçant** *tu* **par** *je*, **puis par** *elles*.

> *Modifie la phrase si nécessaire.*

a. Tu viendras chez moi demain et tu verras ainsi notre nouvelle voiture.

b. Tu partiras en Corse et tu feras de belles randonnées en montagne.

7 ✳✳ **Réécris les phrases en remplaçant** *nous* **par** *vous*, **puis par** *on*.

a. Nous ferons un voyage en Égypte et nous verrons les fabuleuses pyramides.

b. Nous partirons au début du mois et nous ne reviendrons que fin juin.

8 ✳✳ **Recopie les phrases en conjuguant les verbes au futur.**

a. De la fenêtre de mon nouvel appartement, je vois la tour Eiffel.

b. Veniez-vous régulièrement dans ce jardin ?

c. Nous avons fait de longues promenades cet été.

d. Hafsa et Dylan partent en TGV pour rejoindre leurs cousins.

e. Cet après-midi, Nora a vu son premier spectacle de flamenco.

9 ✳✳ **Complète les phrases par un verbe de la famille de** *faire* **ou de** *voir* **au futur.**

refaire ◆ *défaire* ◆ *entrevoir* ◆ *revoir*

a. Tu … ta valise et je t'aiderai à la vider.

b. Je ne pense pas que nous nous … avant les vacances de printemps.

c. Je … mon exercice car il reste des erreurs.

d. Avec le brouillard qui est annoncé, nous … à peine les bateaux dans la baie.

10 ✳✳ **Complète les phrases par un verbe de la famille de** *venir* **au futur.**

revenir ◆ *convenir* ◆ *devenir* ◆ *prévenir*

a. Vous … le professeur de votre absence.

b. Grâce à tes efforts et à ta motivation, tu … sûrement un jour champion de saut en hauteur.

c. Ils … nous voir l'été prochain.

d. Je suis sûr que ta proposition me … .

11 ✳✳ **Recopie la lettre en conjuguant les verbes entre parenthèses au futur.**

> Chère tata et cher tonton,
>
> J'espère que vous allez bien. Je vous écris cette lettre pour vous dire que je *(venir)* chez vous samedi matin. On se *(voir)* pendant tout le week-end. Si vous en avez envie, nous *(faire)* une grande promenade dans la forêt. Mes parents *(partir)* de la maison dimanche après-midi. Vous les *(voir)* pour le dîner. Ils nous *(prévenir)* de leur arrivée par téléphone. J'espère que cela vous *(convenir)*.
>
> Gros bisous
>
> Inès

À toi d'écrire !

12 ✳ **Relis la lettre d'Inès dans l'exercice 11. Puis écris la réponse que sa tante et son oncle lui envoient.**

> *Utilise les verbes de la leçon au futur.*

Le futur des verbes *vouloir, pouvoir, dire* et *prendre*

vouloir	pouvoir	dire	prendre
je voudrai	je pourrai	je dirai	je prendrai
tu voudras	tu pourras	tu diras	tu prendras
il, elle, on voudra	il, elle, on pourra	il, elle, on dira	il, elle, on prendra
nous voudrons	nous pourrons	nous dirons	nous prendrons
vous voudrez	vous pourrez	vous direz	vous prendrez
ils, elles voudront	ils, elles pourront	ils, elles diront	ils, elles prendront

Reconnaître vouloir, pouvoir, dire et prendre au futur

1 ✳ **Dans chaque liste, recopie les verbes au futur.**

a. dites ◆ dira ◆ diront ◆ disais ◆ dirent ◆ direz dit ◆ avons ◆ dirai

b. pourrai ◆ ai pu ◆ pouviez ◆ peux ◆ pourra ◆ pourrez ◆ peuvent

c. prennent ◆ ont pris ◆ prendrez ◆ prends ◆ prendras ◆ prendront

d. voudrai ◆ voulaient ◆ voudra ◆ voudrez ◆ veux ◆ voudras

2 ✳ **Recopie les phrases et souligne les verbes conjugués au futur.**

a. Allez voir ce film d'aventures, vous me direz ce que vous en pensez.

b. Augusto a perdu ses clés et ne pourra pas rentrer chez lui avant l'arrivée de ses parents.

c. Pour aller voir le match au stade, je prendrai le RER B.

d. Penses-tu qu'ils voudront faire une promenade avant le dîner ?

Conjuguer au futur

3 ✳ **Réponds par *vrai* ou *faux*.**

a. Au futur, le verbe *pouvoir* s'écrit avec 2 *r*.

b. Au futur, les verbes *pouvoir, vouloir, prendre* et *dire* ont les mêmes terminaisons.

c. Au futur, le verbe *dire* conjugué à la 1re personne du pluriel s'écrit *disons*.

d. Pour conjuguer le verbe *prendre* au futur, on enlève le *e* et on ajoute la terminaison.

4 ✳ **Conjugue les verbes à la personne du singulier qui correspond.**

a. nous prendrons   d. vous pourrez

b. ils diront   e. ils prendront

c. elles voudront   f. nous pourrons

5 ✳ **Conjugue les verbes à la personne du pluriel qui correspond.**

a. je voudrai   d. je pourrai

b. il dira   e. elle prendra

c. tu prendras   f. tu pourras

6 ✳ **Conjugue les verbes au futur à la personne demandée.**

a. *apprendre*, 1re personne du singulier

b. *redire*, 2e personne du pluriel

c. *pouvoir*, 3e personne du singulier

d. *vouloir*, 2ᵉ personne du singulier

e. *entreprendre*, 3ᵉ personne du pluriel

f. *prédire*, 1ʳᵉ personne du pluriel

7 ✳ **Complète les verbes avec le pronom personnel qui convient.**

a. … surprendras

b. … voudront

c. … direz

d. … pourrai

e. … reprendra

f. … médirons

8 ✳ **Complète les verbes avec les terminaisons du futur qui conviennent.**

a. elles pourr…

b. tu prédir…

c. nous apprendr…

d. je voudr…

e. vous pourr…

f. on redir…

9 ✳ **Complète chaque phrase avec le verbe entre parenthèses qui convient.**

a. Nous ne … pas déjeuner dans le jardin car il y a trop de vent. (*pourront* ◆ *pourrons*)

b. Tu me … ce que tu penses de ce roman quand tu l'auras lu. (*diras* ◆ *dira*)

c. Je ne … pas aller à mon cours de danse car j'ai rendez-vous chez le médecin. (*pourrez* ◆ *pourrai*)

d. Êtes-vous sûrs qu'ils … le même train que nous ? (*prendrons* ◆ *prendront*)

e. Je suis certain que Yanis … bien te prêter ses nouveaux crayons de couleur. (*voudras* ◆ *voudra*)

10 ✳✳ **Recopie les phrases en conjuguant les verbes au futur.**

> *Commence par chercher l'infinitif des verbes.*

a. Peux-tu aller au cinéma ce soir ?

b. Je n'ai pas voulu marcher trop longtemps à cause de mes ampoules aux pieds.

c. Le jour de la rentrée, le professeur nous disait comment bien présenter nos cahiers.

d. Dans quelle gare prennent-ils le train à destination de Nice ?

e. En écoutant attentivement, vous avez vite compris la nouvelle leçon.

11 ✳✳ **Complète les phrases par un verbe de la famille de *prendre* conjugué au futur.**

reprendre ◆ *apprendre* ◆ *comprendre* ◆ *entreprendre* ◆ *surprendre*

a. Tu verras, je … mes adversaires grâce à ma ténacité.

b. En habitant un an en Espagne, Marcus … parfaitement cette langue.

c. …-vous un verre de jus d'orange ?

d. Nous … notre tour du monde en bateau dès que celui-ci sera construit.

e. Tu … mon étonnement lorsque je t'aurai raconté ce que j'ai vu.

12 ✳✳✳ **Complète les phrases en ajoutant un sujet, le verbe entre parenthèses au futur et un (ou des) complément(s).**

a. Quand Assia aura son permis de conduire … . (*pouvoir*)

b. … car notre voiture est en panne. (*prendre*)

c. Lorsque vous serez arrivés à l'hôtel, … . (*vouloir*)

d. Si je te confie un secret, promets-moi … . (*dire*)

À toi d'écrire !

13 ✳ **Retrouve l'expression au sens figuré illustrée par le dessin. Cherche sa signification puis emploie-la dans un court texte.**

> *Conjugue le verbe au futur.*

14 ✳✳ **Tes parents ont décidé de t'offrir un chien. Imagine les premiers moments que tu passeras avec ton nouvel ami. Utilise les verbes de la leçon que tu conjugueras au futur en variant les sujets.**

RÉVISIONS

● **Au futur**, tous les verbes ont les mêmes terminaisons : **-ai, -as, -a, -ons, -ez, -ont.**

● Pour conjuguer les verbes du **1ᵉʳ** et du **2ᵉ groupe** (comme *finir*) au futur, on écrit l'infinitif puis on ajoute la terminaison.

chanter → *je chanter**ai**, tu chanter**as**...*   *finir* → *je finir**ai**, tu finir**as**...*

⚠ Les verbes en **-ier**, en **-uer** et en **-ouer** contiennent un **e** qui ne s'entend pas mais qu'il ne faut pas oublier d'écrire : *nous étudi**e**rons.*

● Pour conjuguer un verbe du **3ᵉ groupe** au futur, il faut souvent **modifier le radical**.

être → *je serai*   *avoir* → *j'aurai*   *aller* → *j'irai*

venir → *je viendrai*   *faire* → *je ferai*   *voir* → *je verrai*

vouloir → *je voudrai*   *dire* → *je dirai*   *pouvoir* → *je pourrai*   *prendre* → *je prendrai*

Reconnaître les verbes conjugués au futur

> *Pour faire les exercices, tu peux t'aider des tableaux de conjugaison des pages 202-208.*

1 ✱ **Classe les verbes dans le tableau.**

verbes conjugués au futur	verbes conjugués à d'autres temps

prendra ♦ vont ♦ faites ♦ dites ♦ pourront ♦ éternueras ♦ réfléchirai ♦ sommes ♦ avons ♦ criera ♦ allaient ♦ avez voulu ♦ voudront ♦ pourrai ♦ serez ♦ aura

2 ✱ **Dans chaque liste, un verbe n'est pas au futur. Recopie chaque liste sans l'intrus.**

a. il recopiera ♦ il voudra ♦ il sera ♦ il alla

b. vous déménagez ♦ vous ferez ♦ vous direz ♦ vous obéirez

c. ils auront ♦ ils avoueront ♦ ils verront ♦ ils sont

d. tu pourras ♦ tu iras ♦ tu mangeas ♦ tu partiras

3 ✱✱ **Relève les verbes au futur dans ces proverbes et indique leur infinitif.**

a. Il ne faut jamais dire : « *Fontaine je ne boirai pas de ton eau.* »

b. Qui vivra verra.

c. Quand les poules auront des dents.

d. Rira bien qui rira le dernier.

e. Un tiens vaut mieux que deux tu l'auras.

Conjuguer au futur

4 ✱ **Conjugue les verbes aux personnes du singulier ou du pluriel qui correspondent.**

a. je serai   e. nous aurons

b. vous viendrez   f. elle pourra

c. on ira   g. je voudrai

d. tu feras   h. ils choisiront

5 ✳ **Conjugue les verbes suivants au futur, aux trois premières personnes du singulier.**

> *N'oublie pas d'écrire le e muet de l'infinitif.*

a. continuer
b. photocopier
c. clouer

6 ✳ **Recopie les phrases en choisissant le verbe entre parenthèses correctement conjugué.**

a. À Noël, nous (*iront* ♦ *irons*) skier à Pralognan.
b. Le vol en provenance d'Alger (*atterrira* ♦ *atterrirat*) à 18 h.
c. Vous (*plirez* ♦ *plierez*) correctement vos vêtements avant de les ranger dans votre valise.
d. Je (*viendrai* ♦ *viendrais*) te chercher ce soir.

7 ✳ **Complète les phrases avec les verbes proposés conjugués au futur.**

dire ♦ *sortir* ♦ *avoir* ♦ *voir* ♦ *sonner* ♦ *fêter*

a. Lorsque la cloche …, les élèves … de la classe.
b. La semaine prochaine, je … ma cousine Aline.
c. Vous … à vos parents qu'ils doivent signer ce papier important.
d. Dans huit jours, Amine … dix ans et … son anniversaire avec ses amis.

8 ✳ **Associe un sujet de la liste 1 à un verbe et des compléments de la liste 2.**

Liste 1 : Farida ♦ Les élèves de CM1 ♦ Je ♦ Toi et moi

Liste 2 : reverrai ce film avec plaisir. ♦ étudiera l'espagnol en sixième. ♦ partiront lundi en classe de nature. ♦ ferons un exposé sur les volcans.

9 ✳✳ **Conjugue les verbes entre parenthèses au futur.**

Un pêcheur nommé Yan a pris dans ses filets une sirène. Celle-ci lui demande de la libérer.

« Écoute-moi, je te propose un marché. Tu as sept enfants et moi je n'en ai pas. Je vais te donner une pièce d'or que tu (*placer*) dans ta cheminée. C'est une pièce magique. Chaque matin, tu en (*trouver*) une autre à côté. Cet or te (*permettre*)

de nourrir ta famille sans travailler, mais tu vas me promettre de me donner ton bébé qui vient de naître. Demain matin, tu m'(*apporter*) l'enfant. Je t'(*attendre*) au fond de la baie des Trépassés. »

Bernard Clavel, « Le septième fils du pêcheur breton », *in Légendes de la mer*, ©Le Livre de Poche Jeunesse.

10 ✳✳ **Écris les phrases au futur.**

a. Tu replias la carte routière avant de la ranger dans le tiroir.
b. Ils remuaient énergiquement la pâte à beignets, ainsi elle était bien lisse.
c. Nous n'avons pas oublié d'arroser les plantes.
d. Je secoue un mouchoir blanc. Ainsi, vous me voyez de loin.
e. Vous maniez cet outil avec prudence.

11 ✳✳✳ **Invente des phrases en choisissant une expression qui désigne un moment futur et un verbe.**

> *Pense à varier les sujets et enrichis tes phrases avec des compléments.*

Les expressions : samedi matin ♦ bientôt ♦ l'année prochaine ♦ pendant les vacances
Les verbes : réussir ♦ trier ♦ être ♦ pouvoir

À toi d'écrire !

12 ✳ **À quoi ressemblera l'école à la fin du XXIe siècle ? Écris un court texte pour la décrire en conjuguant les verbes au futur.**

> *Imagine, par exemple, le lieu, les matières enseignées, la façon dont les élèves seront habillés…*

13 ✳✳ **Relis le texte de l'exercice 9. Yan explique à sa femme le marché que lui a proposé la sirène. Continue son récit en conjuguant les verbes au futur.**

J'ai rencontré une sirène qui m'a proposé un marché. Elle me donnera une pièce d'or mais…

Le passé composé
(avec l'auxiliaire *avoir*)

CHERCHONS

QUAND J'AI SU LES INTENTIONS DES ROMAINS, JE N'AI PAS HÉSITÉ ! J'AI PRIS LE PREMIER RÉCIPIENT VENU, J'AI JETÉ LA SOUPE À L'OIGNON QUI MIJOTAIT DEDANS, ET J'Y AI MIS TOUS MES SESTERCES.

René Goscinny, Albert Uderzo, *Astérix et le chaudron*, ©2012 Éditions Albert René/Goscinny-Uderzo.

▶ Relevez les verbes conjugués à la 1ʳᵉ personne du singulier. Indiquez leur infinitif, leur groupe et leur temps.

▶ Par quelle lettre se termine le participe passé de chaque verbe ?

▶ Réécrivez la première phrase en remplaçant le sujet *je* par *nous*. Que remarquez-vous ?

● Le **passé composé** se construit avec le **présent de l'auxiliaire (avoir** ou **être)** et le **participe passé du verbe conjugué.**

j'**ai** jet**é** (auxiliaire *avoir* + participe passé du verbe *jeter*)
tu **as** jet**é**
il, elle, on **a** jet**é**
nous **avons** jet**é**
vous **avez** jet**é**
ils, elles **ont** jet**é**

 Le **participe passé** des verbes conjugués avec l'auxiliaire **avoir ne s'accorde jamais** avec le sujet.

● Le participe passé se termine de différentes façons selon l'infinitif du verbe :

– en **-é** : les verbes du 1ᵉʳ groupe et les verbes **aller, être** et **naître** ;

hésiter → hésit**é**   aller → all**é**   être → ét**é**   naître → n**é**

– en **-i** : les verbes du 2ᵉ groupe et la plupart des verbes du 3ᵉ groupe qui se terminent en **-ir** ;

franchir (2ᵉ groupe) → franch**i**   partir (3ᵉ groupe) → part**i**

– en **-is** ou en **-u** : certains verbes du 3ᵉ groupe ;

apprendre → appr**is**   remettre → rem**is**   savoir → s**u**

– en **-t** : certains verbes du 3ᵉ groupe.

faire → fai**t**   offrir → offer**t**   éteindre → étein**t**

Reconnaître les verbes conjugués au passé composé

1 ✳ **Recopie les phrases et souligne les verbes au passé composé.**

a. Hier soir, nous avons joué au Monopoly et j'ai gagné la partie.

b. Les enfants ont aperçu un écureuil.

c. Tu n'as pas écrit à tes amis cet été.

d. Avez-vous appris la bonne nouvelle ? Mehdi a réussi son examen.

2 ✳ **Recopie uniquement les phrases dont les verbes sont conjugués au passé composé.**

a. Nous avons beaucoup ri en regardant ce film.

b. Tu as à manger dans le réfrigérateur.

c. As-tu regardé le match de football hier ?

d. Les alpinistes ont réussi à atteindre le sommet.

e. Est-ce qu'il reste des gâteaux ? Nous avons encore faim.

3 ✳✳ **Relève les verbes conjugués au passé composé. Indique leur infinitif.**

Papa m'a tendu le bébé. J'ai laissé Radis dans ma poche et j'ai pris ma petite sœur. Elle était plus lourde que je ne pensais. Au début, j'ai eu du mal à trouver une bonne position, puis sa tête a roulé contre ma poitrine et mes bras lui ont fait une sorte de berceau. Elle semblait à son aise.

Jacqueline Wilson,
À la semaine prochaine !,
trad. O. de Broca, © Jacqueline Wilson.

Connaître les participes passés

4 ✳ **Écris le participe passé des verbes à l'infinitif.**

danser ✦ mettre ✦ attendre ✦ couvrir ✦ atteindre ✦ devoir ✦ écrire ✦ refaire ✦ penser ✦ lire ✦ prendre ✦ défendre ✦ ressentir ✦ comparer

5 ✳ **Écris l'infinitif correspondant aux participes passés.**

voulu ✦ craint ✦ sali ✦ achevé ✦ surpris ✦ rejoint ✦ vendu ✦ fondu ✦ dit ✦ admis ✦ chanté

6 ✳✳ **Classe les participes passés de ces verbes dans le tableau.**

en -é	en -i	en -is	en -u	en -t

remettre ✦ entreprendre ✦ retenir ✦ garder ✦ recouvrir ✦ saluer ✦ dépeindre ✦ disparaître ✦ choisir ✦ respirer ✦ défaire ✦ être ✦ croire ✦ frémir ✦ reconnaître ✦ sentir ✦ avoir ✦ définir ✦ parcourir ✦ cueillir

Conjuguer au passé composé

7 ✳ **Conjugue les verbes entre parenthèses au passé composé.**

a. Elle *(reprendre)* une grosse part de tarte.

b. Nous *(rencontrer)* une famille d'écureuils.

c. Tu *(accrocher)* une belle affiche au mur.

d. Est-ce que quelqu'un *(sortir)* le chien ?

e. J'*(offrir)* une écharpe à mon frère.

8 ✳✳ **Recopie les phrases en conjuguant les verbes au passé composé.**

a. Le chat mange les souris.

b. Les souris grignotent le fromage.

c. Vous ne jouez pas au chat et à la souris.

d. Je donne ma langue au chat.

e. Nous avons des souris dans notre grenier.

9 ✳✳✳ **Recopie le texte en conjuguant les verbes au passé composé.**

Florence pénètre dans l'enclos et excite Caveri par de grands gestes. Furieuse, l'éléphante barrit. Son cri résonne entre les murs et me donne le frisson.

Je tiens fermement le caméscope pour ne rien manquer de la scène, mais j'ai bien envie de me boucher les oreilles de mes deux mains.

Anne-Marie Desplat-Duc, *Vétérinaire au zoo,*
© Éditions Rageot.

Le passé composé
(avec l'auxiliaire *être*)

Une graine voyageait

Une graine voyageait
toute seule pour voir le pays.
Elle jugeait les hommes et les choses.
Un jour elle trouva joli le vallon
[et agréables quelques cabanes.
Elle s'est endormie.
Pendant qu'elle rêvait
elle est **devenue** brindille
et la brindille a grandi,
puis **elle s'est couverte de bourgeons**.
Les bourgeons ont donné des branches.

Tu vois ce chêne puissant
c'est lui, si beau, si majestueux,
cette graine,
Oui mais le chêne ne peut pas voyager.

Alain Bosquet, *Le cheval applaudit,*
© Éditions de l'Atelier.

▶ Relevez les verbes écrits au passé composé avec l'auxiliaire *être*.
▶ Pourquoi le participe passé en orange se termine-t-il par un *e* ?
▶ Dans la partie de phrase en gras, remplacez le sujet par *elles*. Qu'observez-vous ?
▶ Pourquoi n'y a-t-il pas de *s* à la fin du participe passé en vert ?

● Certains verbes se conjuguent au **passé composé** avec l'auxiliaire **être**.

je **suis** <u>devenu(e)</u>   nous **sommes** devenu(e)s

auxiliaire *être* participe passé du verbe *devenir*

tu **es** devenu(e)   vous **êtes** devenu(e)s

il, elle, on **est** devenu(e)   ils, elles **sont** devenu(e)s

● Avec l'auxiliaire **être**, le **participe passé s'accorde** avec le sujet.

Le grain est parti. → *Les grains sont partis.*
La graine est partie. → *Les graines sont parties.*

Reconnaître l'auxiliaire être

1 ✱ Recopie les verbes conjugués avec l'auxiliaire *être*.

je suis parti ◆ j'ai avancé ◆ nous avons pu ◆ vous avez ri ◆ vous êtes venues ◆ on a peint ◆ elle est allée ◆ tu as fini ◆ ils se sont promenés

2 ✱✱ Recopie les verbes qui se conjuguent avec l'auxiliaire *être* au passé composé.

offrir ◆ partir ◆ dire ◆ aller ◆ vouloir ◆ semer ◆ tomber ◆ boire ◆ revenir ◆ être ◆ permettre ◆ avoir ◆ arriver ◆ entrer ◆ rester

Conjuguer au passé composé avec l'auxiliaire *être*

3 ✶ **Réponds par *vrai* ou *faux*.**

a. Lorsqu'on conjugue les verbes au passé composé, on utilise toujours l'auxiliaire *avoir*.

b. Le passé composé de certains verbes se forme avec l'auxiliaire *être* et le participe passé de ces verbes.

c. Lorsqu'un verbe est conjugué au passé composé avec l'auxiliaire *être* et que le sujet est au féminin, le participe passé se termine par *-e*.

d. Lorsqu'un verbe est conjugué au passé composé avec l'auxiliaire *être* et que le sujet est au masculin pluriel, le participe passé se termine par *-ent*.

4 ✶ **Conjugue les verbes au passé composé à la personne demandée.**

a. *aller*, 3e personne du féminin singulier

b. *arriver*, 1re personne du masculin pluriel

c. *rester*, 3e personne du féminin singulier

d. *venir*, 1re personne du féminin singulier

e. *partir*, 2e personne du masculin pluriel

5 ✶ **Conjugue les verbes entre parenthèses au passé composé.**

a. Jeanne d'Arc *(naître)* en 1412 et elle *(mourir)* en 1431.

b. Aïcha et sa sœur *(arriver)* en retard.

c. Les pompiers *(intervenir)* rapidement.

d. Farid *(sortir)* pour promener son chien.

e. Lisa *(repartir)* en Italie ce matin.

Conjuguer au passé composé avec l'auxiliaire *avoir* ou l'auxiliaire *être*

6 ✶ **Conjugue les verbes au passé composé à la personne demandée.**

> *N'oublie pas d'accorder le participe passé avec le sujet lorsque le verbe est conjugué avec l'auxiliaire être.*

a. *lire*, 2e personne du masculin pluriel

b. *entrer*, 3e personne du féminin singulier

c. *rougir*, 1re personne du masculin pluriel

d. *tomber*, 3e personne du féminin pluriel

e. *parvenir*, 3e personne du féminin pluriel

7 ✶ **Conjugue les verbes entre parenthèses au passé composé.**

a. La sœur de Lucas *(naître)* avant-hier.

b. La sœur de Lucas lui *(donner)* son vélo.

c. Jules et Jim *(descendre)* leurs jouets à la cave.

d. Jules et Jim *(descendre)* en récréation.

e. Marina et Lola *(devenir)* amies.

f. Marina et Lola *(écrire)* un conte en classe.

8 ✶✶ **Conjugue les verbes entre parenthèses au passé composé.**

> *Le narrateur est une fille.*

Un jeudi soir, j'*(oublier)* mes lunettes au cours de danse et comme papa avait du travail, je *(aller)* toute seule rue de Maubeuge pour les rechercher. J'*(frapper)* à la porte mais personne ne répondait. J'*(sonner)* chez la concierge, et elle m'a donné un double de la clé du studio. Quand je *(entrer)*, j'*(appuyer)* sur l'interrupteur.

Patrick Modiano,
Catherine Certitude,
© Éditions Gallimard.

À toi d'écrire !

9 ✶ **Invente une suite au texte de l'exercice 8 en utilisant le passé composé.**

10 ✶✶ **Invente une histoire dans laquelle tu utiliseras les mots suivants dans l'ordre que tu veux. Conjugue les verbes au passé composé.**

tomber ◆ cave ◆ descendre ◆ nez à nez ◆ Julia ◆ ressortir ◆ un monstre

L'imparfait : 1er et 2e groupes

CHERCHONS

Lorsqu'elle fonçait, Mlle Legourdin ne marchait jamais ;
elle avançait toujours comme un skieur à longues
enjambées, en balançant les bras, donc lorsqu'elle
fonçait le long d'un couloir, on l'entendait toujours
grogner et grommeler, et si un groupe d'enfants se trouvait sur son passage,
elle chargeait droit dessus comme un tank, projetant les petits de part et d'autre.

Roald Dahl, *Matilda*, illustration de Quentin Blake, trad. H. Robillot, © Roald Dahl Nominee Ltd, © Gallimard Jeunesse.

▶ À quel temps sont conjugués les verbes en couleur ? Recherchez leur infinitif.
Quel est leur point commun ?

▶ Observez les verbes en vert. Pourquoi ont-ils une cédille sous la lettre *c* ?

▶ Quelle observation pouvez-vous faire concernant le verbe en rouge ?

● **L'imparfait** est un temps du **passé**. On l'utilise pour décrire quelque chose
ou quelqu'un ou pour évoquer des actions longues ou habituelles.

● À l'imparfait, tous les verbes ont les mêmes terminaisons : **-ais, -ais, -ait,
-ions, -iez, -aient.**

● Pour les verbes du **2e groupe**, on ajoute **-iss** au radical : *je fin**iss**ais, tu fin**iss**ais,
il fin**iss**ait, nous fin**iss**ions, vous fin**iss**iez, elles fin**iss**aient.*

[!] ● Les verbes en **-ier** s'écrivent avec **-ii** aux deux premières personnes du pluriel.
*plier → nous pl**ii**ons, vous pl**ii**ez*

[!] ● Les verbes en **-cer** et en **-ger** s'écrivent avec **ç** et **ge** devant les terminaisons
-ais, -ait et **-aient.**

*avancer → j'avan**ç**ais, tu avan**ç**ais, il avan**ç**ait, elles avan**ç**aient*
*charger → je char**ge**ais, tu char**ge**ais, elle char**ge**ait, ils char**ge**aient*

Reconnaître les verbes conjugués à l'imparfait

1 ✳ **Dans chaque liste, recopie le verbe conjugué à l'imparfait.**

a. je commence ◆ j'ai commencé ◆ je commençais ◆ je commencerai

b. vous franchirez ◆ vous franchissez ◆ vous avez franchi ◆ vous franchissiez

c. elles plongeaient ◆ elles plongeront ◆ elles plongent ◆ elles ont plongé

d. tu as pâli ◆ tu pâlis ◆ tu pâliras ◆ tu pâlissais

e. elle devine ◆ elle devinera ◆ elle devinait ◆ elle a deviné

2 ✱✱ **Relève les verbes conjugués à l'imparfait. Indique leur infinitif et la personne à laquelle ils sont conjugués.**

Le Loup errait depuis le matin à la recherche de nourriture, quand il arriva sur un terrain défriché qui menait droit à la nouvelle demeure de Renard. Sentant une odeur fort alléchante, il s'approcha. Il regarda par une fenêtre pour voir ce qui se passait à l'intérieur et se pourlécha les babines en apercevant la nourriture qui grillait. Il cogna à la porte, insista, mais personne ne lui ouvrit.

J. Muzi, « Renard et la queue du loup »,
in Dix-neuf fables de renard, © Flammarion.

Conjuguer à l'imparfait

3 ✱ **Complète les phrases.**

a. Les verbes en *-cer* prennent une … à quatre personnes de l'imparfait.

b. Les verbes en … prennent deux *i* aux deux premières personnes du … .

c. On utilise l'imparfait pour … quelque chose ou quelqu'un et pour évoquer des actions … ou … .

d. Il ne faut pas oublier le *e* lorsqu'on conjugue les verbes en … aux trois personnes du … et à la 3ᵉ personne du … .

4 ✱ **Conjugue les verbes à l'imparfait à la personne demandée.**

a. *fabriquer*, 1ʳᵉ personne du pluriel

b. *pétrir*, 2ᵉ personne du singulier

c. *désobéir*, 2ᵉ personne du pluriel

d. *remplacer*, 3ᵉ personne du pluriel

e. *nager*, 1ʳᵉ personne du singulier

f. *recopier*, 1ʳᵉ personne du pluriel

5 ✱✱ **Trouve les verbes du 1ᵉʳ ou du 2ᵉ groupe qui correspondent aux définitions, puis conjugue-les à l'imparfait à la 1ʳᵉ personne du singulier et du pluriel.**

a. C'est un synonyme de *hurler* : c… .

b. C'est le contraire de *construire* : d… .

c. C'est le contraire de *reculer* : a… .

d. C'est un synonyme de *construire* : b… .

e. Ce que l'on fait quand on met de l'ordre dans ses affaires : r… .

6 ✱✱ **Conjugue les verbes entre parenthèses à l'imparfait.**

a. Dans l'Antiquité, les Égyptiens *(bâtir)* d'impressionnantes pyramides.

b. À la fin de la journée, nous *(effacer)* le tableau de la classe chacun à notre tour.

c. Il y a bien longtemps, une source *(jaillir)* de cette grotte.

d. Avant, vous ne *(colorier)* vos dessins qu'avec des feutres.

e. À l'école, Amir *(partager)* toujours son goûter.

7 ✱✱✱ **Écris le texte à l'imparfait.**

La petite fille chemine avec ses petits pieds nus, tout rouges et bleus de froid. Les flocons de neige tombent sur ses longs cheveux blonds, si gentiment bouclés autour de son cou ; mais pense-t-elle seulement à ses cheveux bouclés ? Les lumières brillent aux fenêtres, l'odeur des rôtis se propage dans la rue ; on fête la veille du Jour de l'An : voilà à quoi elle songe.

D'après Hans Christian Andersen,
La Petite Fille aux allumettes.

À toi d'écrire !

8 ✱ **Décris la scène que la petite fille de l'exercice 7 pourrait voir par l'une des fenêtres. Conjugue les verbes à l'imparfait.**

> *Tu peux utiliser les verbes* **manger, jouer, briller, se réunir, choisir.**

L'imparfait : *être*, *avoir* et *aller*

être	avoir	aller
j'étais	j'avais	j'allais
tu étais	tu avais	tu allais
il, elle, on était	il, elle, on avait	il, elle, on allait
nous étions	nous avions	nous allions
vous étiez	vous aviez	vous alliez
ils, elles étaient	ils, elles avaient	ils, elles allaient

Reconnaître être, avoir et aller à l'imparfait

1 ✳ **Dans chaque liste, recopie uniquement le verbe conjugué à l'imparfait.**

a. être ◆ été ◆ étant ◆ était

b. eu ◆ avoir ◆ avions ◆ ayant

c. allaient ◆ allant ◆ aller ◆ allé

2 ✳ **Classe les verbes conjugués à l'imparfait dans le tableau.**

Attention aux intrus !

aller à l'imparfait	avoir à l'imparfait	être à l'imparfait

allaient ◆ étiez ◆ allai ◆ avions ◆ était ◆ avait ◆ allions ◆ étaient ◆ allais ◆ avaient ◆ iront ◆ avais ◆ allèrent ◆ étions ◆ allait ◆ avons ◆ aviez ◆ alliez ◆ sont allés ◆ vont ◆ es allé ◆ étais

3 ✳ **Lis le texte, puis réponds aux questions.**

La tante Mélina était une très vieille et très méchante femme, qui avait une bouche sans dents et un menton plein de barbe. Quand les petites allaient la voir dans son village, elle ne se lassait pas de les embrasser, ce qui n'était déjà pas très agréable, à cause de la barbe, et elle en profitait pour les pincer et leur tirer les cheveux.

Marcel Aymé, « La patte du chat », *in Les Contes du chat perché*, © Éditions Gallimard.

a. À quel temps les verbes sont-ils conjugués dans le texte ?

b. Relève les verbes *être*, *avoir* et *aller*, puis indique à quelle personne ils sont conjugués.

4 ✳✳ **Recopie les phrases et souligne les verbes *être*, *avoir* et *aller* conjugués à l'imparfait.**

a. Chaque fois que vous aviez une bonne note, vous étiez très contents.

b. Ce serait vraiment bien si on allait ensemble en colonie de vacances.

c. J'étais en train de m'endormir lorsque le téléphone sonna.

d. Dès qu'ils en avaient le temps, mes parents allaient au cinéma.

Conjuguer à l'imparfait

5 ✳ **Complète en ajoutant le pronom personnel qui convient.**

S'il y a deux possibilités, écris-les toutes les deux.

a. … allait
b. … aviez
c. … étais
d. … étaient
e. … allions
f. … avaient

g. … avais
h. … était
i. … étions
j. … allaient
k. … avions
l. … alliez

6 ✳ **Conjugue les verbes à l'imparfait à la personne demandée.**

a. *être*, 3ᵉ personne du pluriel
b. *avoir*, 1ʳᵉ personne du singulier
c. *aller*, 2ᵉ personne du pluriel
d. *être*, 3ᵉ personne du singulier
e. *avoir*, 2ᵉ personne du pluriel
f. *aller*, 1ʳᵉ personne du singulier

7 ✳ **Écris les définitions des verbes de cette grille de mots croisés. Observe bien l'exemple.**

1. Verbe aller, imparfait, 1ʳᵉ personne du pluriel.

8 ✳ **Écris les phrases à l'imparfait.**

a. Vous n'allez pas souvent à la mer.
b. Tu iras chez tes cousins tous les mercredis.
c. Ils ont de la chance.
d. Elle a les yeux bleus.
e. J'ai été absente.

9 ✳ **Réécris cette phrase en remplaçant *j'* par *vous*, puis par *Tom*.**

J'avais un beau cadeau d'anniversaire, donc j'étais très heureux.

10 ✳ **Récris cette phrase en remplaçant *vous* par *tu*, puis par *elles*.**

Vous étiez assoiffés et vous aviez faim.

11 ✳✳ **Écris le texte à l'imparfait.**

C'est l'histoire de deux filles jumelles. Toutes les deux sont très jolies. Elles ont le même visage. Elles vont régulièrement rendre visite à leur vieille tante qui a toujours bien du mal à les reconnaître. Aussi, chacune y va avec un signe de reconnaissance particulier : un collier rouge pour l'une et un vert pour l'autre.

12 ✳✳✳ **Trouve une question avec les verbes *être*, *avoir* ou *aller* à l'imparfait qui corresponde à ces réponses.**

a. Non, je faisais beaucoup de bêtises.
b. Oui, il y en avait beaucoup.
c. Oui, il fallait toujours laisser une lampe allumée dans ma chambre.
d. Non, nous préférions passer nos vacances au bord de la mer.
e. Pas du tout, ils avaient de mauvaises notes.

À toi d'écrire !

13 ✳ **En utilisant les verbes *être* et *avoir*, raconte comment tu étais lorsque tu étais petit(e).**

Tu peux te décrire physiquement, parler de ton caractère, de tes jeux préférés, de tes amis…

L'imparfait :
venir, *faire*, *voir* et *partir*

venir	faire	voir	partir
je venais	je faisais	je voyais	je partais
tu venais	tu faisais	tu voyais	tu partais
il, elle, on venait	il, elle, on faisait	il, elle, on voyait	il, elle, on partait
nous venions	nous faisions	nous voyions	nous partions
vous veniez	vous faisiez	vous voyiez	vous partiez
ils, elles venaient	ils, elles faisaient	ils, elles voyaient	ils, elles partaient

! Aux deux premières personnes du pluriel, ne confonds pas le verbe **voir** au présent et à l'imparfait de l'indicatif.

nous *voy**ons***   nous *voy**ions***
présent   imparfait

Reconnaître venir, faire, voir et partir à l'imparfait

1 ✳ **Dans chaque liste, recopie les verbes à l'imparfait.**

a. verrez ◆ voyons ◆ voyions ◆ as vu ◆ voient ◆ voyais ◆ voyaient ◆ avez vu

b. faites ◆ fais ◆ faisait ◆ faisiez ◆ faisons ◆ ferai ◆ ont fait ◆ faisions

c. viens ◆ veniez ◆ sommes venus ◆ venait ◆ venez ◆ venions ◆ venons ◆ venais

d. partions ◆ pars ◆ est parti ◆ partais ◆ partons ◆ partiez ◆ partira ◆ partaient

Conjuguer à l'imparfait

2 ✳ **Conjugue les verbes à la personne du pluriel qui correspond.**

a. je voyais   **d.** tu partais
b. tu venais   **e.** je venais
c. il faisait   **f.** je faisais

3 ✳ **Écris les définitions des verbes de cette grille de mots croisés. Observe bien l'exemple.**

1. Verbe voir, imparfait, 1ʳᵉ personne du pluriel.

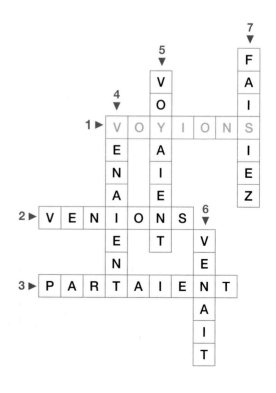

4 ✳ Conjugue les verbes à l'imparfait à la personne demandée.

a. *faire*, 1ʳᵉ personne du pluriel

b. *venir*, 2ᵉ personne du singulier

c. *partir*, 3ᵉ personne du pluriel

d. *venir*, 3ᵉ personne du singulier

e. *voir*, 2ᵉ personne du pluriel

f. *partir*, 1ʳᵉ personne du pluriel

g. *voir*, 1ʳᵉ personne du singulier

5 ✳✳ Trouve un verbe de la même famille que *venir*, *faire*, *voir* et *partir*. Puis conjugue ces verbes à toutes les personnes de l'imparfait.

6 ✳✳ Conjugue les verbes à l'imparfait.

a. je suis venu

b. vous ferez

c. nous voyons

d. tu partiras

e. elles ont fait

f. vous êtes partis

g. je verrai

h. ils viendront

i. vous avez vu

j. tu viens

7 ✳✳ Complète les phrases par un verbe de la famille de *faire*, de *venir* ou de *voir* conjugué à l'imparfait.

refaire ◆ *prévenir* ◆ *devenir* ◆ *revenir* ◆ *revoir* ◆ *entrevoir*

a. Le ciel … de plus en plus sombre.

b. On … une oasis au milieu du désert, mais ce n'était peut-être qu'un mirage.

c. Ils … toujours leurs exercices deux fois.

d. Nous … toujours nos parents de nos retards.

e. Je … toujours avec plaisir la maison de mon enfance.

f. À quelle heure …-vous du football l'année dernière ?

8 ✳✳ Fais des phrases avec ces verbes en ajoutant un sujet et des compléments.

L'imparfait est le temps de la description et de l'habitude dans le passé.

a. … partaient … .

b. … venait… .

c. … partais … .

d. … faisiez … .

e. … voyiez … .

f. … faisions … .

9 ✳✳ Réponds aux questions en faisant des phrases complètes.

Partiez-vous en vacances ?

> *Non, nous ne partions jamais.*

a. Venais-tu toujours ici en été ?

b. Faisiez-vous du skateboard quand vous étiez plus jeune ?

c. Voyais-tu tes grands-parents régulièrement ?

d. Revoyiez-vous toujours vos amis après leur déménagement ?

10 ✳✳ Conjugue les verbes entre parenthèses à l'imparfait.

« Dis, mamie Jeanne, que *(faire)*-vous le soir après le dîner ? demanda la petite fille.

– Le soir, l'hiver, on *(faire)* des veillées au coin du feu, répondit la grand-mère. Des voisins *(venir)* chez nous pour prendre une tasse de tilleul. Je *(voir)* mes parents heureux de bavarder avec leurs amis. À la fin de la soirée, chacun *(repartir)* chez soi le cœur léger. »

11 ✳✳✳ Écris le texte à l'imparfait.

Chaque année, nous revenons dans le même camping. Nos amis nous voient arriver avec plaisir. Dès notre arrivée, je défais rapidement les valises. Yacine et toi, vous parvenez généralement à monter la tente en un temps record. Aussitôt, nous partons pour notre première promenade dans les environs.

À toi d'écrire !

12 ✳ Raconte ce que tu avais l'habitude de faire l'année dernière pendant le week-end. Utilise les verbes de la leçon que tu conjugueras à l'imparfait.

L'imparfait :
vouloir, *pouvoir*, *dire* et *prendre*

vouloir	pouvoir	dire	prendre
je voulais	je pouvais	je disais	je prenais
tu voulais	tu pouvais	tu disais	tu prenais
il, elle, on voulait	il, elle, on pouvait	il, elle, on disait	il, elle, on prenait
nous voulions	nous pouvions	nous disions	nous prenions
vous vouliez	vous pouviez	vous disiez	vous preniez
ils, elles voulaient	ils, elles pouvaient	ils, elles disaient	ils, elles prenaient

Reconnaître vouloir, pouvoir, dire et prendre **à l'imparfait**

1 ✳ **Écris les définitions des verbes de cette grille de mots croisés. Observe bien l'exemple.**

1. Verbe vouloir, *imparfait, 3ᵉ personne du pluriel.*

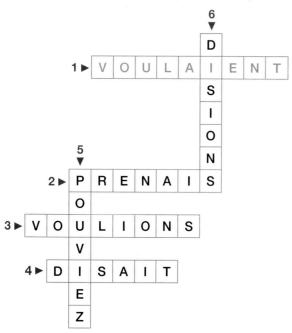

2 ✳ **Dans chaque liste, recopie uniquement le verbe à l'imparfait.**

a. dire ◆ disant ◆ disiez ◆ dit

b. voulais ◆ vouloir ◆ voulant ◆ voulu

c. pris ◆ prenaient ◆ prenant ◆ prendre

d. pouvant ◆ pu ◆ pouvoir ◆ pouvait

3 ✳ **Recopie chaque liste sans l'intrus.**

a. prenait ◆ prenions ◆ prennent ◆ preniez

b. dirent ◆ disais ◆ disiez ◆ disaient

c. voulait ◆ voulions ◆ voulaient ◆ veulent

d. pouviez ◆ pouvions ◆ pourrai ◆ pouvait

4 ✳✳ **Recopie les phrases et souligne les verbes à l'imparfait.**

a. Mon frère a acheté des œufs et de la farine car nous voulions faire des crêpes.

b. Notre mère nous disait comment faire la pâte.

c. Mon frère prenait tous les ingrédients pour les mélanger dans un grand saladier.

d. Grâce à la nouvelle poêle, on pouvait faire sauter les crêpes facilement.

e. À peine sortie de la poêle, je prenais la crêpe pour la recouvrir de chocolat, de miel ou de confiture.

Conjuguer à l'imparfait

5 ✳ **Conjugue les verbes aux personnes du singulier qui correspondent.**

a. nous prenions

b. ils disaient

c. elles voulaient

d. vous pouviez

e. nous pouvions

6 ✳ **Conjugue les verbes aux personnes du pluriel qui correspondent.**

a. je voulais

b. il disait

c. tu prenais

d. je pouvais

e. elle prenait

7 ✳ **Conjugue les verbes à l'imparfait à la personne demandée.**

a. *apprendre*, 1re personne du singulier

b. *redire*, 2e personne du pluriel

c. *pouvoir*, 3e personne du singulier

d. *vouloir*, 2e personne du singulier

e. *entreprendre*, 3e personne du pluriel

8 ✳ **Complète les verbes avec le pronom personnel qui convient.**

a. … surprenais

b. … voulaient

c. … disiez

d. … pouvais

e. … reprenait

f. … médisions

9 ✳ **Complète chaque phrase avec le verbe entre parenthèses qui convient.**

a. Quand j'étais petit, je … devenir pompier. (*voulait* ◆ *voulais*)

b. Pouvez-vous répéter ce que vous … car je n'ai pas bien compris. (*disiez* ◆ *disaient*)

c. Quand nous habitions à Cannes, mes parents … le train chaque matin pour travailler à Nice. (*prenais* ◆ *prenaient*)

d. Chaque fois qu'il le …, Juan allait voir sa famille au Brésil. (*pouvaient* ◆ *pouvait*)

e. Autrefois, mes amis … circuler en voiture dans ce quartier. (*pouvaient* ◆ *pouvait*)

10 ✳✳ **Complète les phrases par un verbe de la famille de *prendre* conjugué à l'imparfait.**

entreprendre ◆ *comprendre* ◆ *reprendre* ◆ *apprendre*

a. Tous les jours, nous … nos leçons.

b. On ne parlait pas la même langue mais on se … quand même.

c. Après les vacances, je … l'entraînement de gymnastique avec plaisir.

d. Au début du printemps, vous … de faire un grand ménage dans la maison.

11 ✳✳ **Conjugue les verbes à l'imparfait.**

a. tu as voulu

b. il prédira

c. ils peuvent

d. nous voudrons

e. elles prennent

f. j'ai pu

g. vous dites

h. il apprend

12 ✳✳ **Récris cette phrase à l'imparfait en remplaçant *tu* par *vous*.**

Lorsque tu viens à Lyon, tu me dis que tu veux visiter un nouveau quartier.

13 ✳✳ **Récris cette phrase à l'imparfait en remplaçant les sujets en gras par *je*, puis par *nous*.**

Tous les ans, comme **mon oncle et ma tante** prenaient un mois de vacances, **ils** pouvaient bien profiter de leur maison en Normandie.

14 ✳✳✳ **Écris le texte à l'imparfait.**

Chaque fois que mon oncle vient à Paris, il veut absolument voir le Centre Pompidou. Mes parents ne peuvent pas aller avec lui car ils travaillent. C'est donc moi qui l'accompagne. Nous prenons le métro puis nous marchons jusqu'au musée. Sur le chemin, mon oncle prend de nombreuses photographies. Après la visite, nous allons manger une glace au bord de la Seine.

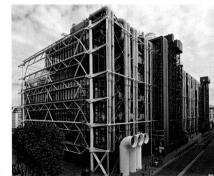

Le passé simple (1)

Ce matin-là, les enfants de Timpelbach s'aperçoivent que leurs parents ont disparu…

« Et s'ils étaient tout simplement cachés dans l'hôtel de ville ? » suggérai-je.

Mes paroles provoquèrent une explosion d'allégresse.

« Tous à l'hôtel de ville ! » crièrent les enfants en s'élançant vers le marché aux chèvres. Thomas et moi nous les dépassâmes pour nous placer en tête du cortège. […] Thomas bondit au sommet des marches, s'approcha de la porte, puis s'arrêta net en apercevant une affiche rouge fixée sur l'un des panneaux.

Henry Winterfeld, *Les Enfants de Timpelbach*, trad. O. Séchan, © Le Livre de Poche Jeunesse.

▶ Les actions exprimées par les verbes en couleur ont-elles déjà eu lieu ?
▶ Relevez les verbes du 1er groupe. À quelles personnes sont-ils conjugués ? Quelle est leur terminaison ?
▶ Le verbe du 2e groupe se termine-t-il de la même façon ?

● Le **passé simple** est un temps du **passé** qui n'est plus utilisé à l'oral mais qui s'emploie encore beaucoup à l'écrit.

● Les terminaisons des verbes du **1er groupe** et du verbe **aller** sont :
-ai, -as, -a, -âmes, -âtes, -èrent.
Thomas s'approcha de la porte.

● Les verbes du **2e groupe** se terminent par : **-is, -is, -it, -îmes, -îtes, -irent.**
Thomas bondit au sommet des marches.

⚠ Les trois personnes du singulier des verbes du 2e groupe s'écrivent de la même façon au présent et au passé simple. C'est le contexte qui permet de déterminer le temps de conjugaison.

Thomas bondit (passé simple) et s'approcha (passé simple) de la porte.
Thomas bondit (présent) et s'approche (présent) de la porte.

Reconnaître le passé simple

1 ✳ **Recopie les verbes au passé simple.**

vous finissiez ◆ je parlai ◆ ils jetèrent ◆ il sautait ◆ elles surgirent ◆ tu as rougi ◆ nous chantâmes ◆ nous choisissions ◆ il punira ◆ elles trahirent ◆ je finirai ◆ je parlais ◆ vous changeâtes ◆ vous obéirez ◆ ils jaunirent

2 ✳ **Relève les verbes conjugués au passé simple dans le texte.**

Le ciel s'assombrit d'un coup. De terrifiants coups de tonnerre déchirèrent les oreilles des deux enfants. La violence de l'orage redoubla et les garçons décidèrent de se réfugier dans une grange. Puis la pluie se calma, le vent faiblit et les enfants émergèrent de leur abri.

3 ✳✳ **Indique si les verbes en gras sont conjugués au présent ou au passé simple.**

a. J'observe attentivement les gestes du boulanger qui **pétrit** la pâte à pain.

b. L'orage tonna et le ciel **s'obscurcit** d'un seul coup.

c. Le soleil se cache et le temps **se refroidit**.

d. Tu **rougis** toujours lorsqu'on te fait un compliment.

e. Je **raidis** mes muscles et m'élançai sur la piste du stade.

Conjuguer au passé simple

4 ✳ **Complète en ajoutant le pronom personnel qui convient.**

… pâlis ✦ … marchèrent ✦ … mangeâmes ✦ … gravîtes ✦ … fleuris ✦ … remplîmes ✦ … écoutai ✦ … tombèrent ✦ … rugit ✦ … essayâmes ✦ … s'enhardirent ✦ … jeta ✦ … emboutirent ✦ … commenças ✦ … rougîtes

5 ✳✳ **Conjugue les verbes au passé simple à la 1ʳᵉ et à la 3ᵉ personne du singulier.**

N'oublie pas le ç pour les verbes qui se terminent en -cer (je laçai) et le e pour les verbes qui se terminent en -ger (je changeai).

finir ✦ manger ✦ trouver ✦ ranger ✦ fleurir ✦ remplacer ✦ ralentir ✦ frémir ✦ commencer

6 ✳✳ **Recopie le texte en utilisant les sujets entre parenthèses.**

Ce jour-là, ma cousine *(mes cousines)* décida de s'occuper du jardin. Elle *(Elles)* finit rapidement son petit déjeuner, se munit de gants et quitta la cuisine. Lorsqu'elle *(elles)* arriva dans le potager, un oiseau *(des oiseaux)* s'envola et se posa dans le cerisier. Ma cousine *(Mes cousines)* commença à cueillir les haricots.

7 ✳✳ **Complète les phrases par un sujet et un verbe du 1ᵉʳ ou du 2ᵉ groupe au passé simple, comme dans l'exemple.**

*Il lisait tranquillement lorsque **la porte claqua**.*

> Le passé simple s'emploie pour exprimer une action soudaine, inattendue.

a. Je marchais depuis une heure lorsque … .

b. Nous terminions de dîner quand … .

c. Sarah dormait paisiblement lorsque … .

d. Tu traversais la route quand … .

e. Les élèves entraient dans la classe lorsque … .

8 ✳✳✳ **Écris le texte au passé simple.**

Un très jeune chien surgit de la maison et aboie trois fois. Mes yeux s'arrondissent de surprise. Le chien s'élance alors vers moi et bondit comme un fou. Je regarde mes parents qui échangent un regard de connivence et je devine aussitôt. Je rougis de plaisir et mes yeux se remplissent de larmes. La gorge serrée d'émotion, je murmure : « Merci, merci beaucoup ! »

À toi d'écrire !

9 ✳ **Invente une suite au texte de l'exercice 8. Conjugue les verbes au passé simple.**

Tu peux utiliser les verbes jouer, se promener, sauter, obéir, siffler, jaillir.

Le passé simple (2)

Au XVᵉ siècle, des navigateurs européens **firent** de grandes expéditions. En 1492, Christophe Colomb et son équipage **découvrirent** l'Amérique. Vasco de Gama **parvint** au cap de Bonne-Espérance en 1497 : il **fut** le premier Européen à atteindre l'Inde. En 1519, Magellan **partit** vers l'ouest, **contourna** l'Amérique du Sud et **arriva** en Asie. Il ne **put** regagner l'Espagne car il **mourut** en cours de route. Les autres marins **purent** poursuivre le voyage mais peu d'entre eux **parvinrent** à rentrer en Espagne.

▶ À quel temps du passé les verbes en couleur sont-ils conjugués ?

▶ Relevez les verbes du 3ᵉ groupe et classez-les en fonction de leur terminaison.

▶ Quels sont les trois terminaisons possibles à la 3ᵉ personne du singulier et du pluriel ?

● Au **passé simple**, les verbes du **3ᵉ groupe** peuvent se terminer :
– par -is, -is, -it, -îmes, -îtes, -irent (comme les verbes du 2ᵉ groupe) :
*faire : il **fit**, ils **firent***   *partir : il partit, ils part**irent***
– par **-us, -us, -ut, -ûmes, -ûtes, -urent** : *mourir : il mour**ut**, ils mour**urent***
– par **-ins, -ins, -int, -înmes, -întes, -inrent** pour les verbes de la famille de **venir** et de **tenir** : *venir : il **vint**, ils **vinrent***   *tenir : il **tint**, ils **tinrent***

● Le passé simple du verbe **aller** :
j'allai, tu allas, il alla, nous allâmes, vous allâtes, elles allèrent.

● Le passé simple du verbe **avoir** :
j'eus, tu eus, il eut, nous eûmes, vous eûtes, ils eurent.

● Le passé simple du verbe **être** :
je fus, tu fus, il fut, nous fûmes, vous fûtes, ils furent.

Reconnaître le passé simple

1 ✶ Recopie les verbes conjugués au passé simple.

ils veulent ◆ elle a voulu ◆ ils voulurent ◆ il prit ◆ tu fus ◆ ils prennent ◆ ils sont ◆ elles dirent ◆

elles allaient ◆ nous eûmes ◆ ils tinrent ◆ vous fîtes ◆ ils tiennent ◆ elles allèrent

2 ✶ Indique si les verbes sont conjugués à l'imparfait ou au passé simple.

il disait ◆ je fis ◆ tu vins ◆ tu venais ◆ il dit ◆ je faisais

3 ✶✶ **Lis le texte puis réponds aux questions.**

Ils remontèrent le boulevard et allèrent s'asseoir un moment au soleil sur un banc du jardin. Bonaventure entrouvrit son sac de toile et y prit deux sablés au chocolat. Il en offrit un à Théophile et dévora l'autre avec appétit.

Éric Boisset, *Le Grimoire d'Arkandias*, Magnard Jeunesse.

a. Relève les verbes du 3ᵉ groupe conjugués au passé simple.

b. Indique leur infinitif et la personne à laquelle ils sont conjugués.

Conjuguer au passé simple

4 ✶ **Complète en ajoutant le pronom personnel qui convient.**

… répondis ◆ … crut ◆ … eûtes ◆ … allâmes ◆ … fus ◆ … sortîmes ◆ … retins ◆ … eurent ◆ … aperçurent ◆ … fit ◆ … furent ◆ … revînmes ◆ … virent ◆ … allai ◆ … crûmes

5 ✶ **Recopie les phrases qui sont justes.**

a. Au passé simple, *être* et *avoir* ont les mêmes terminaisons, seule la première lettre change.

b. Certains verbes du 3ᵉ groupe se terminent au passé simple comme les verbes du 2ᵉ groupe.

c. Tous les verbes du 3ᵉ groupe se terminent par *-urent* à la 3ᵉ personne du pluriel.

d. Au passé simple, les verbes de la famille de *tenir* se terminent par *-ins, -ins, -int* aux trois personnes du singulier.

6 ✶ **Conjugue les verbes aux personnes du singulier qui correspondent.**

ils survinrent ◆ elles surent ◆ nous fîmes ◆ elles allèrent ◆ vous voulûtes ◆ nous écrivîmes

7 ✶ **Conjugue les verbes aux personnes du pluriel qui correspondent.**

il comprit ◆ elle prévint ◆ je lus ◆ tu allas ◆ je fis ◆ il reconnut ◆ tu eus ◆ je devins ◆ tu fus

8 ✶✶ **Conjugue les verbes entre parenthèses au passé simple.**

a. Lucas (*descendre*) les escaliers quatre à quatre car il était en retard.

b. Au bout de deux heures de marche, les promeneurs (*parvenir*) au sommet du volcan.

c. Nous (*vouloir*) visiter le musée de la ville mais il était fermé.

d. Tu (*avoir*) une bonne grippe et tu (*être*) malade pendant plusieurs jours.

9 ✶✶✶ **Conjugue les verbes entre parenthèses au passé simple.**

> *Aide-toi de la leçon de la page 100 pour conjuguer les verbes du 1ᵉʳ groupe.*

Ma tante m'(*inviter*) en vacances à Chamonix. Le matin, nous (*partir*) tôt. Nous (*prendre*) un télésiège et nous (*arriver*) sur les pistes. Je me (*lancer*). Soudain, je (*perdre*) le contrôle de mes skis. La chute (*être*) violente. Je ne (*parvenir*) pas à me relever. Les secouristes me (*transporter*) à l'hôpital. J'(*avoir*) un plâtre. Je (*devoir*) passer le reste des vacances à regarder les autres skier. Quelle malchance !

À toi d'écrire !

10 ✶ **Voici le début d'un conte. Écris la suite de l'histoire en utilisant des verbes au passé simple.**

Il était une fois un roi et une reine qui vivaient heureux. Ils avaient une fille ravissante. Mais un jour, la reine mourut et le roi (*décider*)…

11 ✶✶ **Imagine ce qui arriva ensuite à Léo et Milou. Emploie des verbes évoquant les actions des personnages en les conjuguant au passé simple.**

Dès qu'il arriva devant le portail de sa maison, Léo comprit que quelque chose n'allait pas. En effet, son chien Milou ne l'attendait pas à la grille comme d'habitude.

Conjugaison

RÉVISIONS

● Au mode indicatif, les verbes peuvent être conjugués au **passé composé**, à l'**imparfait** et au **passé simple** pour exprimer des **faits qui ont déjà eu lieu**.

*Hier, j'**ai acheté*** (passé composé) *un nouveau stylo plume.*
*Chaque année, j'**achetais*** (imparfait) *un nouveau stylo plume.*
*Ce jour-là, j'**achetai*** (passé simple) *un nouveau stylo plume.*

Reconnaître les temps du passé de l'indicatif

1 ✳ **Classe les verbes dans le tableau.**

passé composé	imparfait	passé simple

ils ont planté ◆ nous finissions ◆ elle comprit ◆ vous bondissiez ◆ elle est repartie ◆ nous mangeâmes ◆ j'allai ◆ j'allais ◆ vous avez eu ◆ tu as été ◆ on appela ◆ tu pâlissais ◆ je fus ◆ il prit

2 ✳ **Relève les verbes et analyse-les comme dans l'exemple.**

Nicolas a joué dans le jardin.
> a joué : verbe jouer, passé composé,
3ᵉ personne du singulier

a. Laura a découvert le secret de sa sœur en lisant son journal.

b. Tout à coup, on entendit une explosion.

c. Autrefois, les pêcheurs attrapaient de superbes poissons dans cette rivière.

d. En 1492, Christophe Colomb découvrit l'Amérique.

e. Depuis quand es-tu revenu du Japon ?

3 ✳✳ **Relève les verbes conjugués de ce texte et analyse-les.**

Quelques maisons basses, une épicerie, d'autres maisons, volets fermés. Les rues étaient vides, comme abandonnées. Nous avons laissé Gluck derrière nous, grimpant par un étroit sentier où les chaussures ferrées du vieil homme lançaient des étincelles. Quand il s'est arrêté devant une cabine de téléphérique, j'ai vraiment commencé à avoir peur. Où m'emmenait-il ? […]
Cramponné à la balustrade, je vis disparaître les lumières du village.

Jean-Philippe Arrou-Vignod,
Le Collège fantôme, © Éditions Gallimard.

Conjuguer les verbes au passé

4 ✳ **Conjugue les verbes au temps et à la personne demandés.**

a. *prendre*, imparfait, 1ʳᵉ pers. du singulier

b. *faire*, passé simple, 3ᵉ pers. du pluriel

c. *revenir*, passé composé, 3ᵉ pers. du féminin pluriel

d. *avoir*, passé simple, 1ʳᵉ pers. du singulier

e. *atteindre*, passé composé, 2ᵉ pers. du singulier

f. *voir*, imparfait, 1ʳᵉ pers. du pluriel

5 ✳ ✳ **Recopie le texte en conjuguant les verbes au passé composé.**

Ma mère et ma sœur vont faire des courses. À neuf heures, le magasin ouvre ses portes. Les vendeuses accueillent les clients avec un grand sourire. Au rayon mode, ma sœur choisit plusieurs vêtements. Ma mère parcourt les allées et achète quelques articles. Puis elles rentrent à la maison bien chargées.

6 ✳ ✳ **Conjugue les verbes entre parenthèses au passé simple.**

Le lendemain matin, Théophile n'*(entendre)* pas le radio-réveil. Il *(ouvrir)* un œil à neuf heures moins le quart. […] Tétanisé, il *(sauter)* hors du lit et *(descendre)* les escaliers quatre à quatre. Il *(prendre)* une banane dans le compotier et la *(fourrer)* dans son sac à dos. Puis il se *(coller)* deux poignées de céréales dans la bouche. Il *(faire)* passer le tout avec un grand verre de lait froid.

Éric Boisset, *Le Grimoire d'Arkandias*, Magnard Jeunesse.

7 ✳ ✳ **Conjugue les verbes entre parenthèses à l'imparfait.**

Le travail *(se faire)* de nuit. Souvent, j'*(être)* réveillée par des allers et venues de camions qui *(s'arrêter)* et *(laisser)* tourner leur moteur. Par la fenêtre de ma chambre, je *(voir)* des hommes entrer et sortir du magasin en transportant des caisses. Papa et Monsieur Casterade, au milieu du trottoir, *(diriger)* ces activités nocturnes de manutention. Papa *(tenir)* un registre ouvert à la main, et au fur et à mesure que l'on *(décharger)* les caisses d'un camion ou que l'on *(charger)* un autre camion, il *(prendre)* des notes.

Patrick Modiano, *Catherine Certitude*, © Éditions Gallimard.

8 ✳ ✳ ✳ **Recopie le texte en conjuguant les verbes à l'imparfait.**

Il fait complètement nuit et je suis allongée sur mon lit, sans drap ni rien. Ma fenêtre est grande ouverte mais je sens la chaleur qui m'emprisonne. Mon cerveau fonctionne à toute vitesse, mon cœur panique, et j'ai une boule dans le ventre. C'est la catastrophe. Dimanche, les voisins vont venir à la maison.

Mikaël Ollivier, *Tu sais quoi ?*, © Thierry Magnier Éditions.

À toi d'écrire !

9 ✳ **Observe cette vignette tirée de *La Galère d'Obélix* et imagine ce qui s'est passé juste avant. Commence ton histoire par : « *Comme d'habitude, les Romains…* ».**
Choisis ensuite quatre soldats romains et imagine ce que chacun peut dire en utilisant le passé composé.

Albert Uderzo, René Goscinny, *La Galère d'Obélix*, www.asterix.com, © 2012 Éditions Albert René/Goscinny-Uderzo.

Le présent de l'impératif

▶ Quel type de phrases le magicien utilise-t-il ?

▶ À quelles personnes sont conjugués les verbes dans les bulles ?

▶ Imaginez que le magicien s'adresse à une seule personne : modifiez la phrase « *Fermez les yeux !* ». Quelle transformation observez-vous ?

Jacqueline Cohen, Bernadette Després, *Tom-Tom et Nana, C'est magique*, © Bayard Presse.

● **L'impératif** est le mode qui sert à exprimer un **ordre**, un **conseil**, une **consigne**.

● Au présent de l'impératif, un verbe se conjugue uniquement à **trois personnes**.

Ferme les yeux ! (2e personne du singulier)
Fermons les yeux ! (1re personne du pluriel)
Fermez les yeux ! (2e personne du pluriel)

● Les verbes du 1er groupe et certains verbes du 3e groupe comme *cueillir* ou *offrir* se terminent par : -e, -ons, -ez.

● Tous les autres verbes ont leurs terminaisons en -s, -ons, -ez.

Mets tes mains sur la tête.   *Mettons nos mains sur la tête.*   *Mettez vos mains sur la tête.*

Reconnaître le présent de l'impératif

1 ✳ Dans quelles phrases le verbe est-il conjugué à l'impératif ?

a. Viens jouer avec moi.

b. Viens-tu jouer avec moi ?

c. Nous ne devons pas marcher sur cette pelouse.

d. Ne marchons pas sur cette pelouse.

e. Je veux que tu mettes ton manteau.

f. Mets ton manteau.

g. Dépêchez-vous !

h. Il faut vous dépêcher.

2 ✱ ✱ **Relève les verbes conjugués au présent de l'impératif.**

Recherche documentaire sur Internet

1. Utilise un moteur de recherche.

2. Choisis les mots-clés qui correspondent le mieux à ta recherche.

3. Consulte les sites que tu as trouvés.

4. Si la page est longue à lire, clique sur *Édition/Rechercher* dans cette page pour trouver les mots intéressants.

Sciences, cycle 3, Magnard.

Conjuguer à l'impératif

3 ✱ **Conjugue les verbes à l'impératif à la 2ᵉ personne du singulier.**

a. bouger
b. sourire
c. respirer
d. réfléchir
e. ouvrir
f. sauter

4 ✱ **Conjugue les verbes à l'impératif à la 2ᵉ personne du pluriel.**

a. parler doucement
b. finir votre travail
c. souligner en rouge
d. sortir votre cahier
e. apprendre la leçon
f. choisir un livre

5 ✱ ✱ **Conjugue les verbes à l'impératif à la 1ʳᵉ personne du pluriel.**

a. finir rapidement l'exercice
b. ne rien dire à personne
c. aller à la piscine
d. ne pas rester ici

6 ✱ ✱ **Réécris le poème à l'impératif à la 2ᵉ personne du singulier.**

Prenez un journal.
Prenez des ciseaux.
Choisissez dans ce journal un article
            [ayant la longueur
que vous comptez donner à votre poème.

Découpez l'article.
Découpez ensuite chacun des mots
            [qui forment
cet article et mettez-les dans un sac.
Agitez doucement.
Sortez ensuite chaque coupure
          [l'une après l'autre.
Copiez consciencieusement dans l'ordre
          [où elles ont quitté le sac. […]

Tristan Tzara, *Lampisteries : sept manifestes DADA,*
© J.-J. Pauvert-Librairie Arthème Fayard.

Orthographier correctement l'impératif des verbes du 1ᵉʳ groupe

7 ✱ ✱ **Complète les verbes avec la terminaison qui convient à la 2ᵉ personne du singulier.**

Distingue bien le présent de l'indicatif du présent de l'impératif.

a. Tu jou… dans le jardin.
b. Jou… dans le jardin.
c. Regard… ce joli chapeau.
d. Tu regard… trop la télévision.
e. Que pens…-tu de ce roman ?
f. Pens… à aller chercher du pain !

À toi d'écrire !

8 ✱ **Rédige un court texte pour expliquer comment fabriquer un avion en papier (ou un autre objet) en utilisant des verbes conjugués à la 2ᵉ personne du pluriel du présent de l'impératif.**

9 ✱ ✱ **Écris une recette que tu as déjà réalisée ou une recette imaginaire. Emploie des verbes conjugués à la 2ᵉ personne du singulier du présent de l'impératif.**

Conjugaison

Le son [s]

CHERCHONS

Ascenseur pour l'espace

Pour une drôle d'idée, c'est une drôle d'idée.
Une entreprise japonaise a **annoncé** son **intention**
de construire un **ascenseur** pour aller dans l'**espace**.
Cet ascenseur, qu'elle **estime** pouvoir mettre en **place**
d'**ici** 2050, pourrait emmener ses **passagers** à 36 000 km d'altitude.
Pour **cela**, il **suffirait** d'embarquer dans cet ascenseur et de patienter 7 jours et demi
à une vitesse de 200 km/h pour atteindre **sa** destination.
Jusqu'à présent, une telle idée se trouvait plutôt dans les livres de **science-fiction**.
Mais des ingénieurs de l'agence **spatiale** américaine avaient déjà évoqué un tel projet.
En attendant, cette idée folle n'existe pour l'instant que sur le papier. Personne ne sait
combien **ça** pourrait coûter, ni quel serait le point de départ de cet ascenseur.

Le Journal des Enfants, 1er mars 2012.

▶ Quel est le son commun à tous les mots en couleur ?
▶ Écrivez les différentes graphies du son [s].
▶ Relevez deux autres mots du texte dans lesquels la lettre *t* se prononce [s].

● Le **son [s]** peut s'écrire de plusieurs façons :
– **s** : au début ou à la fin d'un mot, entre une voyelle et une consonne :
sept, un bus, consommer, ainsi

– **ss** : entre deux voyelles : *la richesse*

– **sc** : *la piscine, fascinant, la scène, les sciences*

– **c** : devant **e**, **i** et **y** : *la glace, le glacier, une encyclopédie*

– **ç** : devant **a**, **o** et **u** : *un glaçage, un glaçon, un reçu*

– **t** : *la réaction, la consommation, un Égyptien*

– **x** : *six, dix, soixante*

> [!] Lorsqu'un mot est formé de deux mots accolés ou lorsqu'un préfixe précède la lettre **s**, le son [s] peut s'écrire avec un seul **s** : *vraisemblable, un tournesol, un parasol*.

Distinguer les sons

1 ✳ **Recopie uniquement les mots dans lesquels tu entends le son [s].**

une fraise ◆ une asperge ◆ une groseille ◆ la salade ◆ un pissenlit ◆ le persil ◆ le cassis ◆ du raisin ◆ une framboise ◆ un pamplemousse ◆ un ananas ◆ du maïs

2 ✳ Recopie uniquement les mots dans lesquels la lettre c se prononce [s].

la glace ◆ un récit ◆ une indication ◆ facile ◆ la publicité ◆ une dictée ◆ le tricot ◆ amical ◆ une cymbale ◆ une centaine

3 ✳✳ Dans chaque liste, recopie le mot dans lequel tu n'entends pas le son [s].

a. le vestiaire ◆ le désert ◆ le signalement ◆ une pastille ◆ basculer

b. docile ◆ la cédille ◆ du céleri ◆ la surface ◆ une coquille

c. la vitesse ◆ le parasol ◆ la promesse ◆ l'asile ◆ une caresse

d. attention ◆ une friction ◆ une acrobatie ◆ une partie ◆ le quotient

4 ✳✳ Cherche trois mots qui contiennent les lettres sc se prononçant [s] et trois mots avec les lettres sc se prononçant [sk].

la sciure ❯ On entend le son [s].

l'escrime ❯ On entend le son [sk].

Choisir la bonne graphie

5 ✳ Écris les verbes qui correspondent aux noms.

une blessure ❯ blesser

une dépense ◆ un danseur ◆ une réussite ◆ une pensée ◆ une récompense ◆ une glissade ◆ une poussette ◆ un classeur

6 ✳ Complète les définitions. Les noms se terminent tous par le son [sjɔ̃].

Elle a commencé le 14 juillet 1789 : la Révolution.

a. Obélix est tombé dedans quand il était petit : la po… .

b. Un programme suivi à la télévision : une émi… .

c. C'est l'autorisation de faire quelque chose : la permi… .

d. Grâce à elle, tu remplis tes poumons : la respira… .

e. Des calculs avec des nombres : les opéra…s.

7 ✳✳ Pour chaque mot, trouve un mot de la même famille qui s'écrit avec ç.

apercevoir ❯ un aperçu

> Tu peux t'aider d'un dictionnaire.

a. la France
b. rincer
c. la glace
d. recevoir
e. remplacer
f. la face
g. décevoir
h. balancer

8 ✳✳ Conjugue les verbes à la première personne du singulier et du pluriel au présent de l'indicatif.

tracer ❯ je trace, nous traçons

déplacer ◆ pincer ◆ recevoir ◆ annoncer ◆ apercevoir ◆ lancer

9 ✳✳ Pour chaque verbe, trouve un nom de la même famille dans lequel on entend le son [s].

divertir ❯ un divertissement

courir ◆ mentir ◆ obéir ◆ connaître ◆ promettre ◆ détruire ◆ naître

10 ✳✳✳ Pour chaque mot, trouve un synonyme dans lequel on entend le son [s].

tâcher ❯ essayer

une baisse ◆ une augmentation ◆ briser ◆ également ◆ malheureux ◆ un autocar ◆ un somme ◆ un homme ◆ une poésie

À toi d'écrire !

11 ✳ Écris une courte histoire dans laquelle tu utiliseras les mots suivants.

lancer ◆ ramasser ◆ renverser ◆ un dalmatien ◆ une glace

> Tu peux t'aider du dessin.

Le son [j]

L'écureuil et la feuille

Un écureuil, sur la bruyère,
Se lave avec de la lumière.

Une feuille morte descend,
Doucement portée par le vent.

Et le vent balance la feuille
Juste au-dessus de l'écureuil ;

Le vent attend, pour la poser
Légèrement sur la bruyère,

Que l'écureuil soit remonté
Sur le chêne de la clairière

Où il aime à se balancer
Comme une feuille de lumière.

Maurice Carême, *La Lanterne magique*, © Fondation Maurice Carême.

▶ Relevez tous les mots dans lesquels vous entendez le son [j].
▶ Comment ce son peut-il s'écrire ?

● Le **son [j]** peut s'écrire de plusieurs façons :

i	y	il	ille
la lumière	*la bruyère*	*l'orteil*	*la corbeille*
la clairière	*joyeux*	*le bétail*	*la pagaille*
	les yeux	*un œil*	*la feuille*
	un yaourt	*l'écureuil*	*la grenouille*
	le yoga	*le fenouil*	

Distinguer des sons proches

1 ✱ Classe les noms dans le tableau selon leur terminaison.

j'entends [aj] comme dans *bétail*	j'entends [ɛj] comme dans *pareil*	j'entends [œj] comme dans *chevreuil*	j'entends [ij] comme dans *fille*	j'entends [uj] comme dans *fouille*

le cerfeuil ◆ la brindille ◆ la houille ◆ l'abeille ◆ l'orgueil ◆ l'oreille ◆ le gouvernail ◆ l'ail ◆ l'andouille ◆ l'écueil ◆ le réveil ◆ la feuille ◆ la douille ◆ la merveille ◆ le sommeil ◆ le portefeuille ◆ l'oseille ◆ la citrouille ◆ la quille ◆ l'appareil ◆ la volaille ◆ le gorille ◆ le travail ◆ la myrtille ◆ le soleil ◆ le fenouil ◆ une bataille ◆ une groseille ◆ une chenille ◆ le soupirail ◆ le seuil

2 ✻ **Classe les noms de l'exercice 1 dans le tableau.**

> Lorsqu'un nom se termine par le son [j], celui-ci s'écrit **-il** si le nom est **masculin** et **-ille** si le nom est **féminin**.
> **Exceptions :** *un gorille, un portefeuille, du chèvrefeuille, un millefeuille.*

	-il	-ille
noms masculins		
noms féminins		

3 ✻ ✻ **Il y a un intrus dans chaque liste. Recopie les listes sans l'intrus.**

a. fille ◆ vanille ◆ anguille ◆ ville ◆ cédille

b. éveil ◆ conseil ◆ orteil ◆ soleil ◆ bouteille

c. effrayant ◆ sympathique ◆ rayonnage ◆ citoyen ◆ aboyer

d. pierre ◆ varier ◆ craie ◆ science ◆ bientôt

e. faille ◆ volaille ◆ bail ◆ maille ◆ paille

Choisir la bonne graphie

4 ✻ **Complète avec -euil ou -ueil.**

> La terminaison en [œj] s'écrit **-euil** sauf après **c** et **g** où elle s'écrit **-ueil** pour faire les sons [kœj] et [gœj] : *recueillir.*

l'org… ◆ le chevr… ◆ l'acc… ◆ le cerf… ◆ le rec… ◆ l'écur… ◆ un éc… ◆ un cerc… ◆ le d… ◆ le s… ◆ un tr…

5 ✻ **Complète avec -il ou -ille.**

un vie… homme ◆ une vie… maison ◆ une boute… ◆ l'éma… ◆ une grose… ◆ un conse… ◆ une b… ◆ la ve… ◆ une coqu… ◆ une béqu… ◆ un fauteu… ◆ une enta…

6 ✻ **Complète avec -y ou -ill.**

une h…ène ◆ la Gu…ane ◆ une ca…e ◆ bredou…er ◆ incro…able ◆ une corbe…e ◆ un feu…eton ◆ abo…er ◆ un coba…e ◆ un poula…er ◆ une genou…ère ◆ le lo…er ◆ un ra…onnage ◆ un …aourt

7 ✻ ✻ **Écris le nom correspondant à chacun de ces verbes.**

a. travailler   **e.** conseiller

b. batailler   **f.** tailler

c. réveiller   **g.** recueillir

d. cisailler   **h.** éveiller

Mémoriser les différentes orthographes du son [j]

8 ✻ **Réponds par *vrai* ou *faux*.**

a. Tous les noms se terminant par *-ille* sont féminins.

b. La terminaison en [œj] s'écrit *-euil* ou *-ueil*.

c. Le son [j] ne s'écrit *-y* qu'en début de mot.

9 ✻ ✻ **De quel mot s'agit-il ?**

> *Tous les mots contiennent le son [j].*

a. Il est au centre de nombreux fruits.

b. C'est la maison de l'escargot.

c. Elles nous permettent d'entendre.

d. Il donne des noix.

e. Il fait peur aux oiseaux dans les champs.

f. Le poisson en est couvert.

10 ✻ ✻ **Écris l'adjectif correspondant à chacun de ces noms.**

l'ennui ◆ la joie ◆ la rouille ◆ une rayure ◆ la frayeur ◆ le roi

À toi d'écrire !

11 ✻ **Écris le nom de ces objets. Puis trouve pour chacun un mot de la même famille que tu emploieras dans une phrase.**

La lettre *h*

▌ Nommez et épelez ces noms d'animaux. Quelle est la consonne commune à tous ces noms ?

▌ Cette consonne se situe-t-elle toujours au même endroit ?

▌ Classez les noms en fonction du son produit par cette consonne.

on voit	on entend
● **h** en 1re lettre : *un **h**ippopotame* *une **h**yène*	→ Ce **h** est **muet** : on écrit *l'**h**ippopotame.* → Ce **h** est **aspiré** : on écrit *la **h**yène.*
● **h** à l'intérieur d'un mot : *le vé**h**icule* *un élé**ph**ant* *un **ch**impanzé* ou *l'é**ch**o* *un **sh**ort, un **sch**éma* *un r**h**inocéros*	→ Ce **h** sépare la prononciation de deux voyelles. → Les lettres **ph** se prononcent [f]. → Les lettres **ch** se prononcent [ʃ] ou [k]. → Les lettres **sh** et **sch** se prononcent [ʃ]. → Avec toutes les autres lettres, **h** ne s'entend pas.

Distinguer le h aspiré du h muet

1 ✳ Recopie les noms qui commencent par un *h* aspiré.

Si le **h** est aspiré, on ne peut pas écrire **l'** devant.

haine ◆ homme ◆ horreur ◆ hockey ◆ hotte ◆ histoire ◆ hamac ◆ hurlement ◆ hanche ◆ hasard ◆ hélice ◆ housse ◆ heure

2 ✳ Recopie les noms qui commencent par un *h* muet.

habitation ◆ hachure ◆ homard ◆ hippodrome ◆ houle ◆ hôtel ◆ humidité ◆ hélicoptère ◆ héritage ◆ haricot

3 ✳ ✳ Trouve les noms qui correspondent aux définitions et ajoute *le*, *la* ou *l'* devant.

> *Tous les noms commencent par un h.*

a. Un outil qui sert à fendre du bois pour en faire des bûches.

b. Un établissement où l'on soigne et l'on opère les malades.

c. Un petit mammifère au corps couvert de piquants.

d. Un signe de l'écriture des anciens Égyptiens.

Savoir orthographier des mots contenant un h

4 ✳ Retrouve les noms qui ont perdu leur *h* initial et recopie-les.

un ★élastique ◆ un ★élicoptère ◆ l'★erbe ◆ une ★allée ◆ un ★aricot ◆ un ★avion ◆ une ★istoire ◆ l'★iver ◆ l'★automne ◆ l'★orloge ◆ une ★olive

5 ✳ ✳ Trouve les mots qui correspondent aux définitions. Ils contiennent tous un *h*.

a. Elle commence par une majuscule et se termine par un point. C'est une … .

b. Axel a attrapé un rhume. Il est … .

c. La sorcière prépare des potions magiques dedans. C'est le … de la sorcière.

d. Ensemble de musiciens qui jouent au même moment. C'est un … .

e. Produit que l'on utilise pour se laver les cheveux. C'est du … .

6 ✳ ✳ ✳ Complète les phrases avec un mot contenant un *h*.

a. Notre-Dame de Paris est une … gothique.

b. Les … sont des éléphants préhistoriques qui ont disparu il y a 40 000 ans.

c. J'ai … de me lever tôt, surtout pendant les vacances !

d. Le dromadaire possède une bosse alors que le … en a deux.

e. Quand il est en vacances, mon père adore … des poissons au bord de la rivière.

Connaître les différentes prononciations des lettres ch

7 ✳ Classe les mots dans le tableau selon leur prononciation.

j'entends [ʃ]	j'entends [k]

une chenille ◆ une cheminée ◆ l'écho ◆ choisir ◆ l'archéologie ◆ un chœur ◆ un chalutier ◆ le chlore ◆ le choléra ◆ une cheville ◆ une chorale ◆ un chronomètre ◆ achever ◆ une chouette ◆ chrétien ◆ une bûche ◆ une orchidée

Mémoriser l'orthographe d'homonymes

8 ✳ Complète chaque phrase avec l'un des mots en gras.

a. auteur ◆ hauteur

En saut en …, je suis le meilleur !

Qui est l'… de ce roman policier ?

b. être ◆ hêtre

Il faut … en forme pour nager si longtemps.

Ce … fait de l'ombre à notre maison.

c. teint ◆ thym

Nous avons mis du … dans le pot-au-feu.

Mon frère avait le … vif, un peu rouge.

À toi d'écrire !

9 ✳ Décris ce dessin en faisant attention à tous les détails.

> *Ta description doit comporter au moins six mots contenant un h.*

Orthographe

Les lettres finales muettes

CHERCHONS

Au **début** des temps, il y eut le **bruit** du **vent** sifflant dans les bambous. Puis, quand l'homme apprivoisa le feu, il apprit à l'entretenir en soufflant doucement sur le foyer à **travers** un roseau. La première flûte du monde est peut-être née ainsi, par le plus **grand** des hasards, il y a environ quarante mille ans.

La Musique des instruments, © Gallimard Jeunesse.

▶ **Quel est le point commun des mots en couleur ?**

▶ **À quel mot pouvez-vous penser pour ne pas oublier le *d* à la fin de *grand* ?**

▶ **Pour chaque mot en couleur, recherchez un mot de la même famille qui permet d'expliquer la lettre finale muette.**

● De nombreux mots ont une **consonne finale muette**, c'est-à-dire qu'elle n'est pas prononcée : *le début, le bruit, grand, à travers.*

● Pour trouver cette consonne finale, on peut **former le féminin** (des adjectifs, par exemple) ou **trouver un mot de la même famille**.

grand → grande   *un bruit → un bruitage*

⚠ Ce n'est pas toujours possible et il y a des exceptions. Dans ce cas, il faut consulter un dictionnaire.

favori (favoriser), jus (juteux), abri (abriter), choix (choisir)

Identifier une lettre muette

1 ✶ **Dans chaque liste, un mot ne se termine pas par une consonne finale muette. Indique lequel.**

a. le paquebot ◆ un pot ◆ un os ◆ le repos ◆ un héros

b. le clafoutis ◆ une vis ◆ le radis ◆ le riz ◆ un puits

c. un tas ◆ un cadenas ◆ l'estomac ◆ un as ◆ le mât

d. un intrus ◆ un fût ◆ le reflux ◆ le jus ◆ un bus

e. la nuit ◆ un produit ◆ huit ◆ un biscuit ◆ le circuit

2 ✶ **Recopie uniquement les mots qui se terminent par une consonne muette.**

un renard ◆ le hasard ◆ le gant ◆ l'écart ◆ un gang ◆ un rang ◆ mars ◆ le parc ◆ un banc ◆ le buvard ◆ un étang ◆ un débat ◆ un croc ◆ donc

Utiliser la règle pour orthographier

3 ✳ **Forme le féminin des adjectifs pour trouver la lettre finale au masculin.**

a. une voix for… → un vent for…

b. une casquette gri… → un ciel gri…

c. une tête blon… → un homme blon…

d. une fille bavar… → un garçon bavar…

e. une voiture ver… → un casque ver…

f. une écharpe blan… → un sac blan…

4 ✳ **Forme le féminin des noms pour trouver la lettre finale au masculin.**

a. une commerçan… → un commerçan…

b. la marqui… → le marqui…

c. une Chinoi… → un Chinoi…

d. une avoca… → un avoca…

e. une montagnar… → un montagnar…

f. une clien… → un clien…

5 ✳✳ **Complète en t'aidant des mots de la même famille.**

la robotique ▸ *un robot*

a. un chanteur → un chan…

b. une rizière → le ri…

c. sanguin → le san…

d. un lardon → le lar…

e. désertique → le déser…

f. universel → l'univer…

6 ✳✳ **Écris le nom masculin qui correspond à ces verbes. Tous les noms se terminent par une consonne finale muette.**

combattre ◆ trotter ◆ réconforter ◆ comploter ◆ s'accorder ◆ accrocher ◆ galoper ◆ écarter ◆ débattre ◆ pointer ◆ regarder ◆ passer

7 ✳✳ **Complète les mots avec la lettre finale qui convient.**

Pour chaque mot, cherche le verbe correspondant.

a. Il a fait un bon… de 3 mètres !

b. Ce mur est en cimen… .

c. Je suis arrivé en retar… .

d. L'arrê… du bus est au coin de la rue.

e. Nous avons installé le cam… au bord de l'eau.

f. Il a été blessé avec un poignar… .

8 ✳✳ **Emploie dans des phrases les noms ou les adjectifs correspondant aux définitions. Ils contiennent tous une consonne finale muette.**

a. Contraire de léger : l… .

b. Lieu où l'on va prendre l'avion : un a… .

c. Un ensemble de sons désagréables : du b… .

d. Le contraire de *beau* : l… .

e. Un habitant du Portugal : un P… .

9 ✳✳✳ **Justifie la consonne finale des mots en gras à l'aide d'un mot de la même famille.**

La journée qui suivit parut interminable. Que se passait-il donc sur l'île au **géant** ?

– Si demain nous n'avons pas de nouvelles, décida Eurylokos, je traverserai le **bras** de mer.

La **nuit** suivante, un terrible hurlement déchira le silence. Un cri à glacer le **sang**. Eurylokos se réveilla en **sursaut**. […] Au petit matin, on entendit un **fracas** épouvantable.

Hélène Kérillis, Erwan Fages,
L'Extraordinaire Voyage d'Ulysse, © Hatier.

À toi d'écrire !

10 ✳ **Trouve des mots de la même famille que ceux représentés sur les dessins et emploie-les dans des phrases.**

Tu peux t'aider d'un dictionnaire.

Orthographe

Les noms terminés par le son [œr]

▶ Donnez le nom des objets signalés par une flèche. Quel son final ces noms ont-ils en commun ?

▶ Par quelles syllabes se terminent ces noms ?

▶ Citez d'autres noms qui se terminent par le même son et qui s'écrivent différemment.

● Les **noms masculins** et **féminins** qui se terminent par le **son [œr]** s'écrivent **-eur** : *un aspirateur, un ordinateur, une fleur, un radiateur.*

● Il y a des exceptions : *le beurre, une demeure, l'heure.*

! Certains noms s'écrivent **-œur** : *le cœur, une sœur, un chœur.*

Utiliser la règle pour orthographier

1 ✳ **Complète les noms avec -*eur* ou -*eure*.**

Fais attention aux exceptions.

le mot… ◆ un nag… ◆ la coul… ◆ une od… ◆ un vend… ◆ la fraîch… ◆ un ascens… ◆ une h… ◆ la larg… ◆ la dem… ◆ la pâl… ◆ la longu…

2 ✳ **Recopie le nom qui ne devrait pas figurer dans chaque liste.**

a. la frayeur ◆ la douleur ◆ la rigueur ◆ la demeure ◆ la saveur

b. le bonheur ◆ le chœur ◆ l'explorateur ◆ un accompagnateur ◆ un rongeur

c. la lueur ◆ l'aigreur ◆ un campeur ◆ le beurre ◆ le voleur

3 ✳ **Complète les noms. Ils se terminent tous par le son [œr].**

a. J'aime bien la coul… de ta robe.

b. Je l'aime de tout mon c… .

c. Ce n'était plus de la p… mais de la terr… !

d. Noémie vit dans cette ancienne dem… .

4 ✳ **Écris le contraire des noms suivants.**

a. la fraîcheur

b. le malheur

c. l'intérieur

d. la minceur

e. le vendeur

5 ✳ **Pour chaque nom, trouve un synonyme qui se termine par le son [œr].**

a. une faute : une e…

b. la transpiration : la s…

c. la colère : la f…

d. l'altitude : la h…

6 ✳ ✳ **Complète les phrases avec des noms qui se terminent par le son [œr].**

a. Pour le pique-nique, j'ai préparé des sandwichs avec du jambon et du … .

b. Je t'attends depuis un quart d'… : tu es toujours en retard !

c. Une bonne … de pain grillé vient de la cuisine.

d. Ma … est plus âgée que mon frère et moi.

e. Les … de football entrent sur le terrain sous les acclamations des supporters.

7 ✳ ✳ **Écris les noms de métiers en -*eur* qui correspondent aux définitions.**

a. Il distribue le courrier.

b. Il enseigne dans une école primaire ou dans un collège.

c. Il écrit des livres.

d. Il joue la comédie dans des films.

e. Il ausculte les personnes malades et leur prescrit un traitement.

f. Il possède des ruches et produit du miel.

8 ✳ ✳ **Écris les noms qui se terminent par le son [œr] correspondant aux définitions.**

a. Charlemagne en a été un de 800 à 814.

b. C'est un groupe de personnes qui chantent ensemble.

c. C'est un synonyme d'*habitation*.

d. C'est le contraire de la beauté.

e. La rose en est une.

f. Liquide qui coule quand on a très chaud et que l'on transpire.

g. Elle ne dure pas plus de 60 minutes.

Savoir orthographier des mots de la même famille

Tu peux t'aider d'un dictionnaire.

9 ✳ **Pour chaque verbe, trouve un nom de la même famille qui se termine par [œr].**

chanter ◆ chasser ◆ nager ◆ pêcher ◆ skier ◆ voyager ◆ coiffer ◆ balayer

10 ✳ ✳ **Pour chaque adjectif, trouve un nom de la même famille qui se termine par le son [œr].**

haut ◆ grand ◆ profond ◆ épais ◆ lourd ◆ raide ◆ blanc ◆ long ◆ frais ◆ maigre ◆ gros ◆ chaud

11 ✳ ✳ **Trouve un nom en -*eur* de la même famille que ces mots.**

a. douloureux : une d…

b. explorer : un e…

c. horrible : une h…

d. lentement : la l…

e. doucement : la d…

f. favoriser : une f…

g. une imitation : un i…

h. un massage : un m…

À toi d'écrire !

12 ✳ **Décris le dessin en utilisant les mots suivants.**

un prestidigitateur ◆ les spectateurs ◆ une fleur ◆ applaudir en chœur ◆ l'heure

13 ✳ ✳ **Continue ce poème. Utilise des noms en -*eur* pour terminer certains vers.**

Un jeune seigneur

Va dans un tournoi

Défendre son honneur

En présence du roi…

Les noms terminés par le son [war]

CHERCHONS

▶ Donnez le nom des objets signalés par une flèche. Quel son final ces noms ont-ils en commun ?

▶ Proposez un classement de ces noms. Comment s'écrivent-ils ?

▶ Connaissez-vous des exceptions ?

● Les **noms féminins** qui se terminent par le **son [war]** s'écrivent **-oire** : *une bouilloire, une passoire, une poire.*

● Les **noms masculins** qui se terminent par le **son [war]** s'écrivent généralement **-oir** : *un tiroir, un entonnoir, un arrosoir.*

[!] Certains noms masculins s'écrivent **-oire** : *un laboratoire, l'observatoire, un réfectoire, le territoire, le conservatoire, un pourboire, un répertoire, un accessoire…*

Utiliser la règle pour bien orthographier

1 ✱ Écris *un* ou *une* devant chaque nom.

… foire ◆ … devoir ◆ … réfectoire ◆ … bouilloire ◆ … abreuvoir ◆ … rasoir ◆ … trajectoire ◆ … mâchoire ◆ … observatoire ◆ … soir ◆ … réservoir ◆ … laboratoire ◆ … baignoire ◆ … entonnoir ◆ … arrosoir

2 ✱ Complète les noms avec *-oir* ou *-oire*.

la gl… ◆ le territ… ◆ le peign… ◆ la traject… ◆ la pass… ◆ un coul… ◆ un pourb… ◆ une p… ◆ une hist… ◆ un perch… ◆ la vict… ◆ le mir… ◆ la mém… ◆ le désesp… ◆ un access… ◆ le trott… ◆ le conservat… ◆ la mange…

3 ✱ Recopie le nom qui ne devrait pas figurer dans chaque liste. Accompagne-le du déterminant qui convient.

a. Loire ◆ balançoire ◆ patinoire ◆ nageoire ◆ loir

b. accoudoir ◆ armoire ◆ pochoir ◆ miroir ◆ isoloir

c. conservatoire ◆ répertoire ◆ mâchoire ◆ interrogatoire ◆ auditoire

d. bougeoir ◆ accessoire ◆ hachoir ◆ tiroir ◆ tamanoir

4 ✳ **Réponds par *vrai* ou *faux*.**

a. Les noms masculins qui se terminent par le son [war] s'écrivent toujours *-oir*.

b. Les noms féminins qui se terminent par le son [war] s'écrivent toujours *-oire*.

c. Certains verbes à l'infinitif se terminent par *-oir* ou *-oire*.

5 ✳ **Complète les noms avec *-oir* ou *-oire*.**

> *Fais attention aux exceptions.*

a. Après son accident, il a perdu la mém… .

b. Les serviettes sont rangées dans l'arm… .

c. Mon père ne trouve plus son ras… .

d. Réunion des parents dans le réfect… .

e. Aurais-tu un mouch… ?

f. Après une heure d'interrogat…, le voleur a tout avoué.

6 ✳✳ **Complète les phrases avec des noms qui se terminent par le son [war].**

a. Le s…, avant de s'endormir, Naïmara aime que sa mère lui lise des his… .

b. La méchante sorcière utilisa son gri… pour préparer une potion magique.

c. Les footballeurs ont l'esp… d'obtenir une vic… contre l'équipe adverse.

d. Au bout du cou…, tournez à gauche : c'est là que se trouve le lab… du professeur Biologrit.

7 ✳✳ **Écris les noms en *-oir* ou en *-oire* correspondant aux définitions.**

a. En ville, les piétons marchent dessus.

b. La monnaie donnée pour un service.

c. Matière qui compose les défenses de l'éléphant.

d. Meuble dans lequel on peut ranger des vêtements ou d'autres choses.

e. Fruit juteux poussant sur un poirier.

f. Quand on fait le plein d'essence, on le remplit.

8 ✳✳✳ **Après avoir remis les lettres dans le bon ordre, emploie chaque nom trouvé dans une phrase.**

> MIRORI
>
> REFIO
>
> GLORIE
>
> BOUIROGE

Savoir écrire des mots de la même famille

9 ✳ **Pour chaque verbe, trouve un nom de la même famille qui se termine par *-oir* ou *-oire*.**

patiner ◆ baigner ◆ nager ◆ tirer ◆ plonger ◆ bouillir ◆ arroser ◆ désespérer ◆ manger ◆ observer ◆ abreuver ◆ égoutter ◆ mâcher

10 ✳✳ **Trouve un nom en *-oir* ou en *-oire* de la même famille que ces mots.**

a. une interrogation : un i…

b. un arrosage : un a…

c. préhistorique : la p…

d. victorieux : la v…

e. l'isolation : un i…

f. mémorable : la m…

À toi d'écrire !

11 ✳ **Écris une comptine en utilisant les mots en *-oir* ou en *-oire* que tu as étudiés dans cette leçon et d'autres que tu connais. Tu peux commencer ainsi :**

Connais-tu l'histoire
Du bon petit loir…

12 ✳✳ **Tu débarques sur une planète où tout est noir. Écris les questions que tu poses aux habitants et leurs réponses.**

> *Les habitants de cette planète utilisent beaucoup de mots avec le son [war].*

Les noms féminins terminés par les sons [e] et [te]

Le capitaine Cook raconte son expédition dans le Pacifique entre 1776 et 1779.

Je me suis levé très tôt ce matin, le soleil est à peine levé, nous sommes à quelques miles des côtes. Sur les trois îles qui nous font face, on peut compter sept volcans ! Ils doivent être encore en **activité**, une épaisse **fumée** rampe le long de leurs flancs pour s'évanouir dans les forêts qui recouvrent la grande **majorité** du territoire.

Il y a certainement des hommes sur ces îles, mais nous sommes trop loin, et la nuit est encore trop présente. Avec ma longue-vue, je passe et repasse sur l'étendue sombre de ces terres sans rien voir ; pas de feu, pas de sentier, pas de culture, pas de village, rien, aucun signe qui aurait annoncé une trace d'**humanité**.

Martin de Halleux, *L'Inconnu du Pacifique*, © Bayard Jeunesse.

▶ **Quel est le genre des noms en couleur ?**
▶ **La terminaison de ces noms vous aide-t-elle à connaître leur genre ?**
▶ **Trouvez d'autres noms qui se terminent par le son [te] et qui s'écrivent -té ou -tée.**

● **Les noms féminins** terminés par le **son [e]** s'écrivent **-ée** :
la fumée, une randonnée, une journée, une idée.

> ⚠ Il y a une exception : *une clé* (qui peut aussi s'écrire *clef*).

● **Les noms féminins** terminés par le **son [te]** s'écrivent **-té** :
l'activité, la majorité, l'humanité, l'obscurité.

> ⚠ Il y a des exceptions : *une dictée, une portée, une montée, une pâtée, une jetée* et les noms de contenus comme *une assiettée, une pelletée, une potée...*

Reconnaître les noms féminins se terminant par les sons [e] et [te]

1 ✳ **Recopie uniquement les noms féminins en ajoutant *la* ou *une*.**

été ◆ vérité ◆ musée ◆ publicité ◆ pré ◆ côté ◆ cheminée ◆ fermeté ◆ rivalité ◆ clé ◆ épée ◆ carré ◆ lycée ◆ gravité ◆ degré ◆ société ◆ pavé ◆ féminité ◆ assemblée ◆ député

2 ✳ **Dans chaque liste, recopie uniquement les noms féminins.**

a. sévérité ◆ cité ◆ café ◆ dictée ◆ marché
b. corvée ◆ intensité ◆ pâtée ◆ pâté ◆ thé
c. cavité ◆ canapé ◆ scarabée ◆ simplicité
d. soirée ◆ trophée ◆ rangée ◆ abbé ◆ jetée

Utiliser la règle pour orthographier

3 ✳ **Recopie uniquement les phrases qui sont justes.**

a. Tous les noms féminins qui se terminent par le son [te] s'écrivent *-té*.

b. En règle générale, les noms féminins qui se terminent par le son [te] s'écrivent *-té*, mais il existe des exceptions.

c. *-ée* est la terminaison des noms féminins qui se terminent par le son [e].

d. Les noms *gaie[te]* et *beau[te]* se terminent par *-tée*.

e. Les noms *je[te]* et *pâ[te]* se terminent par *-tée*.

4 ✳ **Complète les noms féminins avec *-té* ou *-tée*.**

la véri… ◆ l'originali… ◆ la dic… ◆ une remon… mécanique ◆ la légère… ◆ l'humidi… ◆ une por… de musique ◆ une po… ◆ la pure… ◆ une pelle… de sable

5 ✳ **Complète les noms avec *-é* ou *-ée*.**

> *Fais attention aux exceptions.*

a. La cl… est dans la serrure.

b. Il a eu une id… géniale !

c. Hier, notre chatte a eu une port… de cinq petits chatons.

d. La devise de la France est Libert…, Égalit…, Fraternit… .

e. Pour être en bonne sant…, il faut manger de façon équilibrée et avoir une activit… physique régulière.

f. Nous avançons à tâtons dans la pièce plongée dans une inquiétante obscurit… .

6 ✳✳ **Trouve le nom féminin qui correspond à cette charade.**

Mon premier est le pluriel de *mon* ou *ma*.

Mon deuxième est un synonyme de *pré*.

Mon troisième est le singulier de *ces*.

Mon quatrième est une boisson très appréciée des Anglais.

Mon tout est le contraire de la gentillesse.

7 ✳✳ **Complète les définitions. Emploie les noms que tu as trouvés dans des phrases.**

a. Nourriture pour un chien : la p… .

b. Objet utile pour ouvrir une porte : une c… .

c. Arme des chevaliers : une é… .

d. Le contraire de la propreté : la s… .

8 ✳✳ **Trouve des noms féminins en *-té* qui expriment le contraire des noms suivants.**

a. la facilité
b. l'honnêteté
c. la mobilité
d. la régularité
e. la supériorité
f. la possibilité
g. la clarté
h. la légalité

Orthographier des mots dérivés

> Beaucoup de mots en **-ée** ou en **-té** sont formés à partir d'un radical.
> *propre* ➜ *la propreté*

9 ✳ **Écris les noms qui correspondent à ces adjectifs. Tu peux t'aider d'un dictionnaire.**

a. fidèle
b. rapide
c. pauvre
d. facile
e. timide
f. immense
g. fragile
h. nouveau

10 ✳✳ **Forme les noms féminins en *-tée* exprimant un contenu à partir des noms représentés par les dessins.**

11 ✳✳ **Forme des noms féminins se terminant par le son [e] ou [te] à partir de ces verbes.**

a. monter
b. entrer
c. jeter
d. dicter
e. arriver
f. porter
g. penser
h. tourner

Les mots invariables

Marcel vient d'arriver dans la maison où il va passer tous ses étés.

Alors commencèrent les **plus** beaux jours de ma vie. La maison s'appelait La Bastide Neuve, **mais** elle était neuve **depuis bien longtemps**. C'était une ancienne ferme en ruine, restaurée trente ans **plus tôt** par un monsieur de la ville, qui vendait des toiles de tente, des serpillières et des balais.

P. Cézanne, *Châtaignier dans un jardin*

Marcel Pagnol, *La Gloire de mon père*, © Éditions de Fallois.

▶ Mettez la deuxième phrase au pluriel en commençant par *Les maisons*. Que remarquez-vous ?

▶ Quelle est la particularité des mots en couleur ?

● **Les mots invariables conservent toujours la même orthographe.** Ils ne s'accordent ni en genre ni en nombre. Il faut apprendre à les écrire.

ailleurs	bientôt	devant	parce que	quand
alors	chez	enfin	parfois	quelquefois
après	combien	entre	partout	soudain
assez	comme	hier	pendant	souvent
aujourd'hui	d'abord	jamais	peut-être	surtout
aussitôt	debout	là-bas	plutôt	tard
autour	dedans	longtemps	pourquoi	tôt
autrefois	dehors	maintenant	pourtant	toujours
avant	demain	malgré	près	trop
beaucoup	depuis	mieux	presque	vraiment

Reconnaître les mots invariables

1 ✶ Un mot qui n'est pas invariable s'est glissé dans les listes. Recopie chaque liste de mots invariables sans cet intrus.

a. dedans ◆ maintenant ◆ pourtant ◆ élégant

b. plutôt ◆ aussitôt ◆ tricot ◆ tôt ◆ bientôt

c. demain ◆ chien ◆ combien ◆ soudain ◆ chez

d. parfois ◆ autrefois ◆ quelquefois ◆ étroit

2 ✶ Recopie le mot invariable dans chaque liste.

a. pomme ◆ somme ◆ comme ◆ gomme

b. vautour ◆ contour ◆ détour ◆ retour ◆ autour

c. rebord ◆ d'abord ◆ nord ◆ record ◆ accord

d. mieux ◆ envieux ◆ curieux ◆ vieux ◆ anxieux

e. faiblissez ◆ reconnaissez ◆ passez ◆ assez

3 ✷✷ **Parmi les mots en gras, recopie ceux qui sont invariables.**

La **piste** est en pente **douce** et parsemée de sapins **entre** lesquels il faut slalomer. Le corps **légèrement** penché en **avant**, je **glisse** assez lentement **d'abord**, puis de plus en plus **vite**. **Malgré** mon **bonnet** de laine, j'entends le vent siffler à **mes** oreilles. C'est **vraiment excitant** : j'ai l'impression de voler !

Gudule, *L'Abominable Petite Fille des neiges*,
Hachette Jeunesse.

Utiliser les mots invariables

4 ✷ **Complète les phrases avec les mots invariables proposés.**

combien ◆ vraiment ◆ pourquoi ◆ parce que ◆ quelquefois ◆ debout ◆ aujourd'hui

a. Il n'y avait plus de place dans le train : j'ai fait tout le voyage … .

b. … y a-t-il de départements en France ?

c. …, tu n'auras pas cours de dessin … le professeur est souffrant.

d. Je ne comprends … pas … tu es fâché contre moi.

e. Pour le petit déjeuner, nous mangeons … des tartines beurrées.

Savoir écrire les mots invariables

5 ✷ **Écris les mots invariables qui expriment le contraire des mots suivants.**

jamais ◆ avec ◆ lentement ◆ derrière ◆ dedans ◆ tôt ◆ avant ◆ ici ◆ près

6 ✷✷ **Trouve un mot invariable pour chacune de ces définitions et emploie-le dans une phrase.**

a. En ce moment : … .

b. Pendant un long moment : … .

c. Suffisamment : … .

d. Pas tout à fait : … .

e. À l'extérieur : … .

f. À aucun moment : … .

7 ✷✷ **Écris un mot invariable synonyme pour chacun des mots suivants.**

parfois ◆ puis ◆ lorsque ◆ car ◆ tout à coup ◆ jadis ◆ fréquemment ◆ tout de suite ◆ finalement

8 ✷✷ **Trouve le mot invariable qui correspond à chaque charade, puis emploie-le dans une phrase.**

a. Mon premier est le contraire de *faux*.
Mon second ne dit pas la vérité.
Mon tout est un synonyme de *véritablement*.

b. Mon premier est le nombre qui vient après 1.
Mon second peut souffler très fort.
Mon tout n'est pas derrière.

c. Mon premier vaut 365 jours.
Mon second n'est pas épais.
Mon tout s'utilise pour conclure une histoire.

d. Mon premier n'est pas laid.
Mon second relie la tête au tronc.
Mon tout peut remplacer *plein*.

9 ✷✷✷ **Complète les proverbes avec des mots invariables.**

a. … la pluie, le beau temps.

b. On ne fait pas d'omelette … casser des œufs.

c. Il faut battre le fer … qu'il est chaud.

d. … vaut tard que … .

e. … de parler, tourne sept fois ta langue … ta bouche.

À toi d'écrire !

10 ✷ **Écris quelques règles de vie qui pourraient être affichées dans ta classe.**

> *Utilise des mots invariables comme* jamais, toujours, souvent, parfois, pendant, quelquefois…

Orthographe

RÉVISIONS

Savoir orthographier des noms qui se terminent par les sons [e] et [te]

1 ✳ Recopie uniquement les noms féminins en ajoutant *la* ou *une*.

blé ◆ volonté ◆ trophée ◆ assiettée ◆ montée ◆ lycée ◆ rez-de-chaussée ◆ vallée ◆ côté ◆ qualité

2 ✳ Complète les noms. Ce sont tous des exceptions à la règle des noms féminins terminés par le son [te].

a. Je n'ai fait aucune faute à ma d… !

b. Chaque matin, je donne de la p… à mon chien.

c. On écrit les notes de musique sur une p….

d. La promenade sur la j…, le long du port, était agréable.

3 ✳✳ Écris les noms qui correspondent à ces adjectifs. Le radical est parfois modifié.

léger ◆ féroce ◆ sale ◆ fier ◆ brutal ◆ libre

4 ✳✳✳ Complète les noms avec -é ou -ée.

Par une belle journ… ensoleillée, mon père proposa de faire une randonn… en montagne. Ma mère et moi trouvâmes que c'était une excellente id… et nous partîmes avec gaiet…. Après avoir laissé la voiture, nous commençâmes la mont…. Arrivés à destination, nous nous installâmes pour déjeuner et profiter de la beaut… et de la tranquillit… du paysage. C'est avec regret que nous quittâmes notre petit paradis mais il fallait redescendre avant l'arriv… de l'obscurit….

Connaître les différentes graphies du son [s]

5 ✳ Complète les mots avec s, ss ou sc.

un profe…eur ◆ lor…que ◆ une a…en…ion ◆ un …ientifique ◆ un pa…age ◆ la po…te

6 ✳ Complète les mots avec c ou ç.

avan…er ◆ an…ien ◆ un ma…on ◆ le rin…age ◆ une sour…e ◆ un re…u ◆ capri…ieux

7 ✳ Écris les nombres en lettres.

a. 90   **b.** 706   **c.** 1 263

8 ✳ Trouve les mots qui correspondent aux définitions.

Tous les mots contiennent le son [s].

a. Instrument avec des dents qui sert à couper du bois : une ….

b. Le contraire de *monter* : ….

c. Lieu dans lequel on pratique la natation : une ….

d. Appareil qui permet de monter les étages d'un immeuble : ….

9 ✳✳ Pour chaque verbe, trouve un nom de la même famille qui comporte le son [s].

féliciter ◆ améliorer ◆ respirer ◆ observer ◆ installer ◆ soustraire ◆ produire ◆ construire

Savoir orthographier des mots contenant un h

10 ✳ Recopie les mots en ajoutant un *h* si nécessaire.

un ★omard ◆ une ★ombre ◆ ★escalader ◆ ★ésiter ◆ un ★univers ◆ une ★umeur ◆ un ★ippocampe ◆ un ★ibis ◆ de l'★uile

11 ✳✳ Complète les phrases avec des mots qui comportent la lettre h.

a. Un lion s'est é… du zoo.

b. J'ai le nez qui coule et je n'arrête pas d'éternuer : j'ai attrapé un r….

c. Nicolas joue du violon dans un o….

d. J'ai bien appris ma leçon de g….

Trouver la lettre finale d'un mot

12 ✳ **Trouve la lettre finale en t'aidant des mots proposés.**

a. se reposer ➜ le repo…

b. patiente ➜ patien…

c. une bordure ➜ le bor…

d. la blancheur ➜ blan…

e. camper ➜ un cam…

f. longue ➜ lon…

13 ✳ **Forme le féminin des noms pour trouver la lettre finale au masculin.**

a. une Françai… ➜ un Françai…

b. une étudian… ➜ un étudian…

c. une marchan… ➜ un marchan…

d. une Danoi… ➜ un Danoi…

Savoir écrire des mots qui se terminent par les sons [j], [œr] et [war]

14 ✳ **Écris les noms de ce qui est représenté sur le dessin.**

15 ✳ **Complète avec -euil, -ueil ou -euille.**

un faut… ◆ un portef… ◆ un cerc… ◆ l'org… ◆ du chèvref… ◆ un chevr… ◆ un millef…

16 ✳ **Pour chaque mot, trouve un nom de la même famille qui se termine par le son [œr].**

skier ◆ maigre ◆ haut ◆ rond ◆ photocopier ◆ un plongeon ◆ un cambriolage ◆ laid

17 ✳✳ **Complète les noms. Ils se terminent tous par le son [war] ou le son [œr].**

a. Tracez un rectangle de longu… 6 cm et de larg… 4 cm.

b. Il y a une balanç… dans le jardin.

c. Le train est arrivé à Cannes à seize h… .

d. Nous écrivons les mots de vocabulaire dans un répert… .

Savoir écrire des mots invariables

18 ✳ **Recopie le mot invariable dans chaque liste.**

a. hurlement ◆ rassemblement ◆ vraiment ◆ changement

b. dalmatien ◆ combien ◆ électricien ◆ comédien

c. américain ◆ souterrain ◆ écrivain ◆ soudain

19 ✳ **Complète le texte avec les mots invariables proposés.**

aussitôt ◆ devant ◆ aussi ◆ tranquillement ◆ lorsqu'

Alice et Yann marchent … dans les feuilles mortes, …ils entendent du bruit : … eux, un cerf s'immobilise. Il semble … surpris qu'eux. L'animal regarde les deux enfants puis s'enfuit … .

20 ✳✳ **Trouve un synonyme pour chaque mot invariable.**

après ◆ autre part ◆ réellement ◆ à peu près

À toi d'écrire !

21 ✳ **Observe le dessin. Écris quelques phrases pour décrire ce que fait le personnage et ce qu'il lui arrive. Emploie les mots ci-dessous.**

laboratoire ◆
invention ◆
odeur ◆
horrible ◆
fumée ◆
quantité

Orthographe

a, à / son, sont

Martin, un jeune orphelin, travaille à l'hôtel des Quatre Saisons.

Ce jour-là, une mauvaise surprise l'attend : sa famille débarque à l'hôtel sans crier gare. Son oncle Richard Lerond, sa tante Hélène et Roger, son cousin, **sont** installés au beau milieu du salon des Antipodes, le bar de l'hôtel. L'oncle Richard est maigre et sec, la tante Hélène grosse et molle. L'oncle mordille un stylo, la tante transpire dans son tailleur du dimanche, Roger s'agite au fond d'un fauteuil Louis XV. Il **a** vingt-six ans. En principe, il vend des voitures d'occasion mais, en réalité, il traîne dans les bars.

Paul Thiès, Gilbert Raffin, *Un printemps vert panique*, © Éditions Rageot.

▸ Observez les mots en couleur dans le texte. Que remarquez-vous ?
▸ Quelle est la classe grammaticale des mots en orange ?
▸ Proposez un moyen de différencier *a* et *à*, *sont* et *son*.

● Il ne faut pas confondre **a** et **à** :
– **a** est le verbe (ou l'auxiliaire) **avoir** au présent à la 3ᵉ personne du singulier.
Il peut être remplacé par *avait* : *Il **a** (avait) vingt-six ans.*
– **à** est une **préposition** : *Sa famille débarque **à** l'hôtel sans crier gare.*

● Il ne faut pas confondre **sont** et **son** :
– **sont** est le verbe (ou l'auxiliaire) **être** au présent à la 3ᵉ personne du pluriel.
Il peut être remplacé par *étaient* : *Son oncle et sa tante **sont** (étaient) dans le salon.*
– **son** est un **déterminant possessif**. Il peut être remplacé par un autre déterminant possessif *(mon, ton, ses…)*. Il est placé **devant un nom commun** : *La tante transpire dans **son** (ses) tailleur(s).*

Distinguer la classe grammaticale des homonymes

1 ✳ Recopie les phrases et souligne les formes du verbe (ou de l'auxiliaire) *avoir*.

a. Elle a une corde à sauter neuve et elle a hâte de la montrer à sa sœur.

b. On a pris la planche à voile et on a couru vers la digue.

c. Elle a posté le courrier dans la boîte aux lettres à côté de chez elle.

d. À cette heure, il a sûrement porté la clé à la concierge.

e. Elle a bien travaillé, elle a envie de jouer à présent.

2 ✳ **Recopie uniquement les phrases qui sont justes.**

a. *a* et *sont* sont des formes verbales.

b. On peut remplacer *à* par *avait*.

c. *son* est un pronom personnel.

d. *à* est une préposition.

e. *sont* peut être remplacé par *étaient*.

3 ✳ **Recopie les phrases et entoure le mot qui pourrait être remplacé par *mon*.**

a. Dans son bureau, je cherche toujours où sont mes clés.

b. Ils sont allés chercher son fils à la gare.

c. Elles sont fatiguées d'entendre son violon.

d. Ces exercices de français ne sont pas difficiles pour son niveau.

e. Ils sont en colère car son travail n'est pas encore terminé.

4 ✳✳ **Recopie les phrases et entoure le déterminant possessif *son*.**

> **son** peut être aussi un nom : *le son d'une cloche, le son d'une voix.*

a. La cloche de l'église de son village faisait un drôle de son.

b. Son saxophone a un très beau son.

c. Ils sont en train d'enregistrer un disque avec son orchestre.

d. Ces musiciens sont étonnés par le son de son piano.

Utiliser la règle pour orthographier

5 ✳ **Complète les phrases avec *son* ou *sont*.**

a. Le château de Vaux-le-Vicomte et … parc … des lieux très appréciés des touristes.

b. … père les attendait quand ils … arrivés à la gare.

c. Ariel a déménagé. Hier, ses parents … venus visiter … nouvel appartement.

d. Ce … ses amis et ils … heureux de fêter … anniversaire avec lui.

e. Samia et … frère … déjà partis en vacances.

6 ✳ **Complète les phrases avec *a* ou *à*.**

a. … l'école, il … appris … lire et … écrire.

b. En partant, son frère lui … dit : « … demain ! »

c. Il … une chemise bleue … carreaux blancs.

d. Elle … l'air fâché. Que lui …-t-il dit ?

e. Elle … joué … la balle avec la fille … la queue de cheval.

7 ✳✳ **Complète les phrases avec *à* ou *a*, *son* ou *sont*.**

a. … professeur lui … parlé car il trouve que … travail laisse … désirer.

b. Ils … venus … pied depuis … atelier.

c. … père … eu beau insister, elle n'… pas répondu … ses questions.

d. … la surprise générale, … frère … réussi … terminer premier.

À toi d'écrire !

8 ✳ **Reconnais-tu ce personnage ? Décris-le en utilisant les verbes *être* et *avoir* au présent, le déterminant possessif *son* et la préposition *à*.**

9 ✳✳ **Relis le texte de la page 126. Imagine pourquoi la famille de Martin a décidé de lui rendre visite. Utilise le plus souvent possible *a* et *à*, *son* et *sont*.**

on, on n', ont

CHERCHONS

Les éléphants sont de grands mammifères herbivores. On les trouve en Afrique ou en Asie. Ils ont une trompe, des incisives très longues appelées défenses et une peau très épaisse. Pendant longtemps, des braconniers ont chassé les éléphants pour prendre leurs précieuses défenses en ivoire. Aujourd'hui, une convention internationale les protège. **On n'a plus le droit de chasser les éléphants.** On doit les protéger. **On n'imagine pas les savanes et les forêts privées de ces descendants du mammouth.**

▶ **Quel est le point commun des mots en vert ? Ont-ils la même orthographe ?**

▶ **Proposez une méthode pour ne pas les confondre à l'écrit.**

▶ **Les phrases en orange sont-elles à la forme affirmative ou à la forme négative ? Indiquez ce qui vous a permis de répondre.**

● Il ne faut pas confondre **ont, on** et **on n':**

– **ont** est le verbe (ou l'auxiliaire) **avoir** au présent à la 3e personne du pluriel. Il peut être remplacé par *avaient* :

*Des braconniers **ont** (avaient) chassé les éléphants.*

– **on** est un **pronom personnel** de la 3e personne du singulier. Il est toujours **sujet** d'un verbe conjugué. On peut le remplacer par *il* ou *elle* :

***On** (elle) doit protéger les éléphants.*

– **on n'** est le pronom personnel sujet **on** complété par une négation (**n'**). Il est employé dans une **phrase négative** et se situe toujours **devant un verbe commençant par une voyelle**. On peut le remplacer par *il n'* ou *elle n'* :

***On n'a** (il n'a) plus le droit de chasser les éléphants.*

Distinguer la classe grammaticale des homonymes

1 ✳ **Recopie les phrases dans lesquelles on peut remplacer l'un des mots par *avaient*.**

a. Ils ont une nouvelle télévision.

b. On est allé au marché et on a acheté du poisson frais.

c. Je ne pense pas qu'on a pris le bon chemin.

d. Elles ont fermé les volets de leur maison dès la tombée de la nuit.

e. Les élèves de maternelle ont réalisé de jolies guirlandes pour décorer la classe.

2 ✳ **Dans chaque phrase, entoure le mot qui pourrait être remplacé par** *il*.

a. Ils ont dit qu'on doit être prudent.

b. On a lu que certains chats ont six doigts à chaque patte.

c. On circule plus facilement à vélo depuis que des pistes cyclables ont été aménagées.

d. On ne devait plus faire de bruit quand les comédiens ont commencé à jouer.

e. Les élèves ont compris ce qu'on leur disait.

3 ✳ **Réponds par** *vrai* **ou** *faux*.

a. *ont* peut être remplacé par *avaient*.

b. *on* est le verbe *avoir* conjugué au présent à la 3ᵉ personne du singulier.

c. *on n'* s'emploie dans une phrase affirmative.

d. *on* peut être remplacé par *il* ou *elle*.

Comprendre les différents sens du pronom personnel on

4 ✳ **Recopie les phrases en remplaçant le pronom** *on* **par** *quelqu'un*, *un homme* **ou** *une femme*.

a. On nous a dit qu'il allait pleuvoir.

b. Dans la rue, on m'a expliqué comment aller à la mairie.

c. Je ne comprends pas pourquoi on m'a demandé d'attendre.

d. On a touché à mes affaires et on a lu mon courrier.

e. On marche à pas de loup dans le couloir.

5 ✳ ✳ **Réécris les phrases en remplaçant le pronom** *nous* **par le pronom** *on*.

a. Nous préparons la fête de Noël.

b. Samedi matin, nous avons acheté un grand sapin.

c. Nous le décorons avec des boules et des guirlandes rouges et bleues.

d. Nous avons invité toute la famille.

e. Nous passerons sûrement un bon moment tous ensemble.

Utiliser la règle pour orthographier

6 ✳ **Écris les phrases à la forme négative.**

a. On a faim et on a soif.

b. On a compris la nouvelle leçon de grammaire.

c. De notre chambre, on a une belle vue.

d. On attend le bus depuis longtemps.

7 ✳ **Complète les phrases avec** *on* **ou** *on n'*.

a. … étudie pas la Première Guerre mondiale en CM1.

b. En CM1, … apprend ce qui s'est passé pendant la Renaissance.

c. … oublie jamais de se laver les dents après manger.

d. La semaine prochaine, … ira voir un spectacle de cirque.

8 ✳ **Complète les phrases avec** *on* **ou** *ont*.

a. … part dès qu'… est prêt.

b. … démarre. Les vacances … commencé !

c. Les tortues … ce qu'… appelle une carapace.

d. … dit qu'ils … gagné mais … n'en est pas sûr.

À toi d'écrire !

9 ✳ **Invente une phrase avec :**

– *on* et *on n'* ;

– *on* et *ont* ;

– *on n'* et *ont*.

10 ✳ ✳ **Cherche des renseignements sur une espèce animale en voie de disparition (le tigre du Bengale, le gorille, le panda géant…). Puis décris l'animal et explique pourquoi cette espèce est en voie de disparition et ce que l'on fait pour la protéger.**

Emploie au moins une fois les homonymes de cette leçon.

Orthographe

ce, se / ces, ses

CHERCHONS

Les deux pages et la fille du seigneur franchissent en courant le pont-levis. Le portier fronce les sourcils, se disant que **ces** allées et venues cachent sûrement une bêtise. Puis il sourit, se rappelant sa propre enfance. Au bord du Chaudron de la sorcière, les trois amis **se** mettent à plat ventre sur l'humus pour observer la « découverte » extraordinaire de Jean. […] **Après avoir longuement observé la « découverte », Aliénor se laisse lentement glisser dans le trou.** Elle s'approche d'une masse grise dans l'herbe puis s'assoit sur **ses** talons. Devant elle, couché sur le flanc, un superbe loup agonise.

Arthur Ténor, *Les Chevaliers en herbe* (vol. 2), *Le Monstre aux yeux d'or*, © Gallimard Jeunesse.

▌ Les deux mots en orange ont la même prononciation mais s'écrivent différemment : proposez un moyen de les différencier.
▌ Relevez les mots qui suivent les mots en vert. À quelle classe grammaticale appartiennent-ils ?
▌ Dans la phrase en gras, remplacez *Aliénor* par *je*, puis par *tu*. Qu'observez-vous ?

● Il ne faut pas confondre **ce** et **se** :
– **ce** est un **déterminant démonstratif**. Il **accompagne un nom**. Il peut être remplacé par *ces* : *Ce* texte est d'Arthur Ténor. → *Ces* textes sont d'Arthur Ténor.
– **se** est un **pronom** de la 3ᵉ personne du singulier. Il est toujours **placé devant un verbe**. Il peut être remplacé par *me* ou *te* lorsque l'on change de personne :
Aliénor se laisse glisser. → *Je me laisse glisser.*

● Il ne faut pas confondre **ces** et **ses** :
– **ces** est un **déterminant démonstratif**. Il **accompagne un nom**. Il peut être remplacé par *ce, cette* ou *cet* : *ces* découvertes → *cette* découverte.
– **ses** est un **déterminant possessif**. Il **accompagne un nom**. Il peut être remplacé par *son* ou *sa* : *ses* talons → *son* talon.

Distinguer la classe grammaticale des homonymes

1 ✳ Classe les mots dans le tableau.

mots avec un déterminant démonstratif	mots avec un pronom

se baigner ◆ ce bain ◆ se regarder ◆ ces regards ◆ ce dérangement ◆ se déranger ◆ se reposer ◆ ce repos ◆ ces renseignements ◆ se renseigner ◆ se laver ◆ ce lavage

2 ✳ **Recopie uniquement les phrases qui sont justes.**

a. *se* peut être remplacé par *me* ou *te*.

b. On peut trouver *se* devant un nom.

c. *ce* et *ces* sont des déterminants possessifs.

d. *ses* accompagne un nom au pluriel.

e. *ce* et *ces* sont des déterminants démonstratifs.

3 ✳✳ **Recopie les phrases et entoure les déterminants possessifs.**

a. Lisa prépare ses exposés d'histoire grâce à ces livres empruntés à la bibliothèque.

b. Ses affaires ont été mises par erreur dans ces boîtes.

c. Ses amis sont ces garçons qui parlent devant le portail de l'école.

d. Ces jeunes filles sont ses enfants.

Distinguer ce et se

4 ✳ **Souligne et donne la classe du mot que ce ou se accompagne.**

Ce <u>garage</u> est près de chez moi. ➤ nom
Il se <u>situe</u> près de la gare. ➤ verbe

a. Ce véhicule n'est pas en bon état.

b. Pourtant, le garagiste se donne beaucoup de mal.

c. Il se réunit avec ses employés pour trouver la panne.

d. Ce soir, ils auront tout réparé.

Utiliser la règle pour orthographier

ce peut être utilisé dans certaines expressions : *ce que*, *ce qui*, *qu'est-ce que*, *qui est-ce* ou *ce sont*.

5 ✳ **Complète les phrases avec ce ou se.**

a. … matin, elle … prépare pour son examen.

b. Qui est-… qui … dévoue pour aller acheter le pain … matin ?

c. Il regarde … film pour … détendre.

d. … que tu dis me paraît très intéressant.

6 ✳✳ **Recopie le texte en le complétant avec ce ou se.**

… mardi-là, Roméo avait décidé de … concentrer sur sa leçon de sciences . … travail demandait peu d'efforts, mais depuis quelque temps, il … contentait de faire le minimum. Cette fois, il allait … rattraper, … qui ferait plaisir à ses parents.

Distinguer ses et ces

7 ✳✳ **Complète les phrases avec ces ou ses.**

a. Regardez comme … arbres sont hauts !

b. Lis bien … énoncés avant de commencer ton travail.

c. Nathan range … contrôles dans son tiroir.

d. … affaires ne m'appartiennent pas. Elles sont à Lou. Ce sont … cahiers et … livres.

8 ✳✳ **Mets les déterminants en gras au pluriel.**

> *N'oublie pas d'accorder le nom qui accompagne chaque déterminant.*

a. Mon frère a des trous à **sa** chaussette.

b. Nous voudrions acheter **ce** vélo.

c. Elle a annulé **son** concert.

d. Il n'a pas réussi **cette** épreuve.

e. J'ai déjà voyagé dans **cet** avion.

À toi d'écrire !

9 ✳ **Écris deux ou trois phrases en employant ce, se, ces et ses. Dicte-les ensuite à ton (ta) voisin(e) pour vérifier qu'il (elle) a bien compris la leçon.**

10 ✳✳ **Que vont faire Aliénor et ses deux amis ? Invente une suite au texte de la page 130. Utilise se, ce, ses et ces.**

Orthographe

c'est, s'est / c'était, s'était

Rosalie, qui venait d'entrer en septième*, s'est vite aperçue qu'il se passait quelque chose d'étrange dans sa classe. Quand elle faisait mal quelque chose, c'est une autre fille, Varvara, qui se faisait gronder. Et quand Varvara faisait quelque chose de défendu, c'était Rosalie qu'on punissait. Mais aussi, quand Rosalie faisait une dictée sans fautes, c'est Varvara que la maîtresse félicitait. Quand Varvara réussissait un problème, la maîtresse disait : « C'est bien, Rosalie. »

*Dans certaines écoles, la septième correspond à la classe de CM2.

Michel Vinaver, *Les Histoires de Rosalie*, © Flammarion Jeunesse.

▶ Quel est le point commun des mots en vert ? Qu'est-ce qui les différencie ?
▶ Lequel des deux mots peut être remplacé par *cela est* ?
▶ À quel temps est conjugué l'auxiliaire *être* dans le verbe souligné ? Remplacez le sujet par *je*.
▶ Observez les mots en orange. Qu'est-ce qui les différencie ?

● Il ne faut pas confondre **c'est/c'était** et **s'est/s'était** :

– **c'est** et **c'était** se composent du pronom **c'** et du verbe **être** au présent ou à l'imparfait. On peut les remplacer par *voici* ou **c'est** par *cela est* et **c'était** par *cela était* :

  C'est (Cela est) *bien, Rosalie.*   **C'était** (Cela était) *Rosalie qu'on punissait.*

– **s'est** et **s'était** se composent du pronom **s'** et de l'auxiliaire **être** au présent ou à l'imparfait. Ils font partie du verbe conjugué au passé composé ou au plus-que-parfait ; ils sont suivis par le participe passé de ce verbe. On peut remplacer le sujet de **s'est** ou **s'était** par *je* :

  Rosalie **s'est** *vite aperçue* (Je me suis vite aperçue) *qu'il se passait quelque chose d'étrange.*

Distinguer la classe grammaticale des homonymes

1 ✳ **Recopie uniquement les phrases au passé composé.**

a. Aujourd'hui c'est vendredi, nous allons à la piscine en bus.

b. Hier, Louis s'est foulé la cheville.

c. C'est agréable de se promener en forêt quand il fait beau.

d. Nadia s'est acheté un DVD.

2 ✳ **Dans chaque phrase, entoure le mot qui pourrait être remplacé par *cela est*.**

a. Je trouve que c'est difficile de répondre à cette question.

b. Jeanne pense que c'est en recopiant ses devoirs qu'elle s'est trompée de numéro d'exercice.

c. Paul s'est réveillé en retard ; c'est vraiment dommage car il a raté son train !

3 ✳ **Indique dans quelles phrases les mots en gras peuvent être remplacés par *je m'étais*.**

a. **Le nouvel élève s'était** senti perdu au milieu de tous les autres enfants.

b. **C'était** sa première rentrée scolaire dans cette école.

c. **Il s'était** promis de ne pas pleurer.

d. **C'était** bien difficile de se retenir.

4 ✳ **Recopie les phrases qui sont justes.**

a. *c'est* s'écrit *c'était* à l'imparfait.

b. La forme négative de *s'est* est *ce n'était pas*.

c. *s'était* est toujours accompagné d'un participe passé.

d. Pour ne pas confondre *c'est* et *s'est*, on peut conjuguer le verbe à la 1ʳᵉ personne du singulier.

Utiliser la règle pour orthographier

5 ✳ **Complète avec *c'est* ou *s'est*.**

a. Wang … acheté de nouvelles baskets.

b. … l'heure de la sieste : grand-père s'assoupit.

c. Mon grand frère a réussi son examen : … une bonne nouvelle !

d. Un petit singe … échappé du zoo.

6 ✳ **Complète avec *c'était* ou *s'était*.**

a. Samedi dernier, … l'anniversaire de ma sœur.

b. Après son voyage au Japon, Guillaume … mis à apprendre le japonais.

c. Pour le carnaval, il … déguisé en pirate.

d. Hier, … le premier jour du printemps.

e. Martin … installé dans un fauteuil pour lire des bandes dessinées.

Savoir utiliser les homonymes

7 ✳ **Transforme les phrases comme dans l'exemple.**

*J'ai retrouvé mon écharpe **dans le couloir**.*
> *C'est **dans le couloir** que j'ai retrouvé mon écharpe.*

a. Les élèves partent en classe de découverte **lundi prochain**.

b. Nous irons à Madrid **en train**.

c. Le plombier a débouché l'évier **avec une ventouse**.

d. Medhi a gagné le match de tennis **contre Sam**.

8 ✳ **Écris les verbes au passé composé.**

a. il s'exclame

b. il s'accroupit

c. il se lève

d. il s'évanouit

e. il s'efforce

f. il se décourage

9 ✳ **Récris les verbes en remplaçant le sujet par *il*.**

je m'étais baigné ◆ ils s'étaient perdus ◆ vous vous étiez éloignés ◆ tu t'étais endormi ◆ nous nous étions exclamés

À toi d'écrire !

10 ✳ **Raconte ta première rentrée scolaire. Emploie au moins deux fois chacun les homonymes *c'est* et *s'est*.**

11 ✳✳ **Raconte un moment que tu as beaucoup aimé depuis que tu vas à l'école. Emploie au moins deux fois *c'était* et *s'était*.**

ou, où / mais, mes

CHERCHONS

Afin d'échapper à son mari, la femme de la Barbe bleue est montée en haut de la tour **où** *se trouve sa sœur Anne.*

– Descends donc vite, cria la Barbe bleue, **ou** je monterai là-haut.

– Je m'en vais, répondait sa femme. Et puis elle criait :

– Anne, ma sœur Anne, ne vois-tu rien venir ?

– Je vois, répondit la sœur Anne, une grosse poussière qui vient de ce côté-ci…

– Sont-ce **mes** frères ?

– Hélas ! non, ma sœur, je vois un troupeau de moutons.

– Ne veux-tu pas descendre ? criait la Barbe bleue.

– Encore un petit moment, répondait sa femme. Et puis elle criait :

– Anne, ma sœur Anne, ne vois-tu rien venir ?

– Je vois, répondit-elle, deux cavaliers qui viennent de ce côté-ci, **mais** ils sont bien loin encore.

Charles Perrault, *La Barbe bleue.*

▶ Observez les mots en orange. Quel est leur point commun ? Qu'est-ce qui les différencie ?

▶ Observez les mots en vert. Quel est leur point commun ? Qu'est-ce qui les différencie ?

▶ Par quel mot pourriez-vous remplacer *ou* ? Par quel mot pourriez-vous remplacer *mes* ?

● Il ne faut pas confondre **ou** et **où** :

– **ou** relie deux mots ou deux groupes de mots. Il peut être remplacé par *ou bien* : *Descends* **ou** (ou bien) *je monterai là-haut.*

– **où** exprime le plus souvent **un lieu** : *Elle est montée en haut de la tour* **où** *se trouve sa sœur.*

● Il ne faut pas confondre **mais** et **mes** :

– **mais** est un **mot invariable** : *Je vois deux cavaliers* **mais** *ils sont encore loin.*

– **mes** est un **déterminant possessif.** Il peut être remplacé par un autre déterminant : *Sont-ce* **mes** (tes / les) *frères ?*

Distinguer la classe grammaticale des homonymes

1 ✳ **Indique dans quelles phrases les mots en gras peuvent être remplacés par *ou bien*.**

a. **Où** allez-vous aussi rapidement ?

b. Est-elle dans sa chambre **ou** dans le jardin ?

c. Vont-ils vivre en ville **ou** à la campagne ?

d. Tu reconnaîtras facilement la maison **où** j'habite car elle a un portail bleu.

e. Pour le goûter, voulez-vous une glace au chocolat **ou** à la vanille ?

2 ✳ **Indique dans quelles phrases les mots en gras peuvent être remplacés par *les*.**

a. J'ai enfin terminé d'apprendre **mes** leçons pour demain !

b. Ma sœur aime bien les chats **mais** elle ne supporte pas les chiens.

c. Elle a dit qu'elle viendrait me voir **mais** je n'y crois plus.

d. Lorsqu'il pleut, **mes** cheveux sont tout frisés.

e. Mes amis reviennent demain de vacances.

Utiliser la règle pour orthographier

3 ✳ **Réponds par *oui* ou *non*.**

a. *ou* peut-il marquer un choix ?

b. *où* est-il toujours au début d'une phrase ?

c. *mais* est-il un déterminant possessif ?

4 ✳ **Complète les phrases avec *ou* ou bien *où*.**

Je ne sais pas … tu m'emmènes : à la campagne … à la montagne, mais là … nous allons, j'espère que nous trouverons un étang … une piscine. Je voudrais nager la brasse … le crawl et je demanderai à un maître nageur … à un ami de m'apprendre.

5 ✳✳ **Recopie les phrases en ajoutant si nécessaire un accent sur *ou*.**

a. Ou est ma voiture ? Je ne sais plus **ou** je l'ai laissée.

b. Elle est là **ou** tu l'as garée : dans cette rue **ou** sur la place **ou** tu avais rendez-vous.

c. Au cas **ou** il ferait très froid, prends ton manteau **ou** ton anorak.

d. Ou pars-tu en vacances cette année ?
À la campagne **ou** à la mer ?

6 ✳✳ **Écris la question qui correspond à la partie de la réponse en gras.**

a. Je vais **à la piscine.**

b. Laura joue **dans le jardin.**

c. Brahim est parti **en classe de mer.**

7 ✳ **Complète avec *mes* ou *mais*.**

a. Je ne connais pas le nom de ces fleurs bleues … je les aime beaucoup.

b. Je me suis assise pour refaire … lacets et vérifier l'état de … chaussures.

c. … petits frères se disputent sans arrêt … ils pleurent lorsque … parents les séparent !

d. … qu'as-tu fait de … lunettes ? Je les avais posées sur … vêtements.

8 ✳✳ **Complète les phrases avec *mes* ou *mais*, *ou* ou bien *où*.**

a. Voici l'endroit … j'ai rendez-vous avec Arthur … je ne le vois pas arriver.

b. … parents sont entrés avec … frères dans le magasin … se trouvaient déjà quelques clients.

c. … tantes admirent le jardin entretenu par … soins … la pluie nous oblige à rentrer.

d. « … valises sont faites et je sais … je vais, s'exclama le jeune homme, … je ne vous dirai rien pour le moment ! »

e. Veux-tu … feutres … … crayons de couleur ?

À toi d'écrire !

9 ✳ **Invente une phrase avec chaque paire de mots.**

a. *où* et *mes*   **c.** *mes* et *mais*

b. *mais* et *ou*   **d.** *où* et *ou*

10 ✳✳ **Écris le dialogue entre la Barbe bleue et les deux frères qui viennent d'arriver au château.**

Utilise mes, mais, ou *et* où.

Orthographe

la, là, l'as, l'a

```
CHERCHONS
```

Le frère de Futékati a douze ans. Sa sœur et sa mère préparent sa fête d'anniversaire.

Ce matin, avec maman, j'ai préparé des kilos de gâteaux pour le goûter d'anniversaire. Il y en a de toutes les formes, des ronds, des cônes et des croissants. Il y en a au chocolat, aux amandes, à **la** noisette et à la noix de coco. […] Maintenant ça sent le miel et le chocolat dans tout l'appartement ! Et moi, je ne serai même pas **là** pour le goûter, parce que je dois aller à mon cours de danse. « On répétera le spectacle de Noël, a dit Madame Arabesque. Interdiction de manquer le cours, à moins d'avoir 40 de fièvre ! »

Béatrice Nicodème, *Le Concours de natation*, © Le Livre de Poche Jeunesse.

▶ Prononcez les mots en couleur. Que remarquez-vous ? Pouvez-vous faire la même remarque concernant leur orthographe ?

▶ Lequel de ces deux mots est un article défini féminin singulier ?

▶ Par quel mot pourriez-vous remplacer *là* ?

▶ *l'a* et *l'as* se prononcent de la même façon que les deux mots en couleur. Employez-les chacun dans une phrase.

● Il ne faut pas confondre **la**, **là**, **l'as** et **l'a** :

– **la** peut être un **article défini** placé devant un nom ou un adjectif, ou un **pronom personnel** placé devant un verbe. Il peut être remplacé par *les* :

*Futékati ouvre **la** (les) porte(s) du four, puis elle **la** (les) referme.*

– **là** est un **adverbe** qui exprime le plus souvent un **lieu**. Il peut être remplacé par *ici* : *Je ne serai même pas **là** (ici) pour le goûter.*

– **l'as** et **l'a** se composent du pronom personnel **l'** et d'**avoir** conjugué à la 2ᵉ ou à la 3ᵉ personne du singulier au présent. Ils peuvent être remplacés par *l'avais* ou *l'avait* :

*Cet ami, tu **l'as** (l'avais) invité.*   *Ce gâteau, elle **l'a** (l'avait) préparé pour son frère.*

Distinguer la classe grammaticale des homonymes

1 ＊ Indique dans quelles phrases les mots en gras peuvent être remplacés par *les*.

a. J'avais posé mes clés **là** et elles n'y sont plus.

b. Saïd a une nouvelle bicyclette, il **la** montre à ses grands-parents.

c. Attends-moi **là**, je reviens dans quelques minutes.

d. Ta robe est très jolie, où **l'as**-tu achetée ?

e. **La** chienne de nos voisins s'est enfuie ce matin.

2 ✳ **Indique dans quelles phrases les mots en gras peuvent être remplacé par *l'avait*.**

a. Bravo ! Ce problème, Antoine **l'a** résolu sans difficultés.

b. C'est **là** que nous avons retrouvé cette balle en mousse.

c. Madame Charby a acheté une nouvelle commode et **l'a** installée dans sa chambre.

d. L'école de ma petite sœur se trouve dans **la** rue Jacques Prévert.

3 ✳ **Recopie uniquement les phrases justes.**

a. *là* est un adjectif qualificatif.

b. *l'as* peut être remplacé par *l'avais*.

c. *la* est placé devant un nom, un adjectif ou un verbe.

d. *l'a* peut être remplacé par *les*.

Utiliser la règle pour orthographier

4 ✳ **Complète avec *la* ou *là*.**

a. Ma meilleure amie part en Australie, je ne vais pas … voir pendant plusieurs mois.

b. Cette magnifique maison qui est … a été vendue très rapidement.

c. On ne va pas rester … toute … journée, il n'y a rien à visiter !

d. As-tu appris … comptine « Il est passé par ici, il repassera par … » ?

e. C'est …, à … gare de Marseille, qu'ils ont perdu leur valise … semaine dernière.

5 ✳ **Complète avec *l'a* ou *l'as*.**

a. Où est ton compas ? …-tu dans ton cartable ?

b. Amélie n'a pas son manuel d'histoire mais heureusement sa voisine … .

c. Tu n'as plus de parapluie car tu … oublié dans le bus.

d. Abdel a trouvé un oiseau blessé : il … rapporté chez lui et il … soigné.

e. J'ai emprunté ce livre à la bibliothèque, est-ce que tu … déjà lu ?

6 ✳ **Complète avec *la* ou *l'a*.**

a. Elvire a appris la nouvelle poésie, elle … récite à sa mère.

b. Souad a acheté une revue et … lue dans le train.

c. Manon voulait faire de … balançoire mais son père ne … pas encore réparée.

d. Ma mère a vu … nouvelle exposition au musée municipal, elle … trouvée très intéressante.

7 ✳✳ **Complète avec *là*, *la*, *l'a* ou *l'as*.**

> On trouve **là** dans certaines expressions (*là-bas, là-haut, là-dessus…*).
> Il indique aussi un moment précis (*ce jour-là, en ce temps-là…*).

Depuis un quart d'heure, Ludovic parcourt … maison dans tous les sens à … recherche de sa casquette bleue. Il ne se rappelle plus où il … posée. Sa mère lui dit :

« Peut-être …-tu oubliée à l'école ?

– Non, je n'ai pas pu … laisser …-bas car je ne l'ai pas mise ce matin, répond Ludovic.

– Regarde dans ta chambre, tu vas bien finir par … retrouver. »

À toi d'écrire !

8 ✳ **Imagine que Futékati, le personnage du texte de la page 136, décide d'assister au goûter d'anniversaire de son frère. Que va-t-elle dire à sa mère ? Et à son professeur pour expliquer son absence ?**

Utilise les homonymes la, là, l'a *et* l'as.

Orthographe

RÉVISIONS

Reconnaître la classe grammaticale des homonymes

1 ✳ **Indique dans quelles phrases les mots en gras sont des formes verbales.**

a. Olivia **a** préparé le repas.

b. Fatou et **son** amie viennent déjeuner avec nous.

c. Ce matin, elles **sont** allées visiter le musée d'Orsay.

d. Cet après-midi, nous irons tous ensemble à la patinoire.

e. Yohan **a**-t-il envie de nous accompagner ?

f. Les patins **sont** rangés dans le placard de l'entrée.

2 ✳ **Recopie les phrases dans lesquelles on peut remplacer l'un des mots par** *avaient*.

a. Ont-ils envie de goûter ?

b. Je crois qu'ils ont déjà visité le Futuroscope.

c. Est-ce qu'on peut éviter de faire la queue ?

d. Kim et Lola ont enfin terminé leur puzzle.

e. En novembre, on doit tailler les haies et les arbustes.

3 ✳ **Indique dans quelles phrases les mots en gras peuvent être remplacés par** *les*.

a. J'ai encore oublié **mes** cahiers à la maison !

b. J'ai bien cherché dans mon cartable **mais** je n'ai rien trouvé.

c. Elle adore les mathématiques, **mais** elle préfère le français.

d. Où as-tu rangé **mes** affaires ?

e. **Mes** parents ne me permettent pas de regarder la télévision le soir.

4 ✳ **Indique dans quelles phrases les mots en gras peuvent être remplacés par** *cela était*.

a. **C'était** le moment que je préférais.

b. Le soleil **s'était** levé quelques minutes plus tôt.

c. La biche était sortie des fourrés et **s'était** approchée de la rivière.

d. Même si j'assistais à cette scène depuis plus d'une semaine, **c'était** toujours un moment magique.

e. Puis je me rendis compte que **c'était** l'heure de partir pour l'école.

5 ✳ **Indique dans quelles phrases les mots en gras peuvent être remplacés par** *les*.

a. Je ne retrouve plus **la** feuille que tu m'avais donnée.

b. Tu ne sais pas où tu **l'as** mise ?

c. La dernière fois que je l'ai vue, elle était posée sur **la** table.

d. Elle est peut-être simplement restée **là**.

e. Non, je me souviens ! Quand tu es arrivé, **la** porte a claqué…

f. Elle a dû s'envoler : fouillons toute **la** pièce !

6 ✳✳ **Recopie les phrases et souligne le déterminant possessif** *son*.

a. Son neveu aimerait devenir ingénieur du son.

b. Ils sont tous partis fêter son anniversaire.

c. Son frère aîné avait prévu des jeux et ils se sont bien amusés.

d. Tom et son ami jouent aux statues : au son du tambourin, ils sont immobiles.

e. Son professeur lui apprend à distinguer un son aigu d'un son grave.

Utiliser la règle pour orthographier

7 ✳ **Complète avec** *ou* **ou bien** *où*.

a. Nous ne savons pas … mène ce passage.

b. Maintenant, ça suffit : … tu manges, … tu vas te coucher !

c. Il sera prêt vers neuf … dix heures.

d. Mais … cet enfant a-t-il pu disparaître ? Je ne sais plus … le chercher.

e. Il se cache peut-être au fond du jardin … dans le grenier ?

8 ✳ **Complète avec** *mes* **ou** *mais*.

a. J'ai retrouvé … anciens rollers … je n'arrive pas à les enfiler : … pieds ont dû grandir !

b. La grêle a abîmé … fleurs … heureusement les pommiers ont résisté !

c. Ce soir, je ne quitte pas l'école avec … amis, … je vais à l'étude pour faire … devoirs.

d. La chatte de … voisins a eu des chatons, … je sais déjà que … parents refuseront d'en adopter un !

9 ✳ **Complète avec** *c'est* **ou** *s'est*.

a. … ce jour-là que Victor … cassé le bras.

b. Il … levé tôt ce matin : … bien la première fois !

c. … dans cette forêt que mon cousin … construit une cabane.

d. Mon frère … dépêché et il … encore trompé de sac : … toujours la même chose !

10 ✳ **Réécris les phrases de l'exercice 9 en remplaçant les mots que tu as écrits par** *c'était* **ou** *s'était*.

11 ✳ **Complète avec** *la* **ou** *là*.

a. Voici … cathédrale dont je t'ai parlé : nous … visiterons demain.

b. … nouvelle directrice est … ; j'aimerais bien … rencontrer.

c. Mais que fais-tu encore … ? Tu dois être à … gare dans vingt minutes !

d. Tu vois … maison …-bas ? On … louera pour nos prochaines vacances.

12 ✳✳ **Transforme les phrases comme dans l'exemple.**

Liam a acheté un DVD. ➤ *Liam l'a acheté.*

a. Tu as oublié ton parapluie.

b. Le professeur a écrit l'énoncé au tableau.

c. Victoria a mangé mon gâteau au chocolat.

d. As-tu aimé ce film ?

13 ✳✳ **Complète les phrases avec** *a* **ou** *à*, *on*, *ont* **ou** *on n'*, *son* **ou** *sont*.

a. Les vélos … disparu ! … ne sait pas où ils … . …-ils dans le garage ? … a pas encore regardé.

b. Mon père … terminé de charger la voiture et … est prêt … partir.

c. Marine … appris … lire … cinq ans.

d. Avec … chapeau, … frère … l'air fier.

14 ✳✳ **Complète avec** *ce, se, ces* **ou** *ses*.

a. … livres ne sont pas à toi !

b. … garçon travaille bien en classe : … parents … réjouissent de … bonnes notes.

c. Si tu veux acheter … nouvelles chaussures, va dans … magasin de la rue piétonne.

d. Il … hâte : il veut finir … livre … soir.

15 ✳✳ **Recopie les phrases et ajoute un accent sur les mots en gras si nécessaire.**

a. Il n'y **a** pas de fumée sans feu.

b. Quand le chat n'est pas **la**, les souris dansent.

c. Qui va **a la** chasse perd sa place.

d. Il faut que **la** porte soit ouverte **ou** fermée.

e. **Ou** tu iras, j'irai !

À toi d'écrire !

16 ✳ **Écris un texte dans lequel tu compareras le château du Moyen Âge (a) et celui de la Renaissance (b). Une fois ton texte terminé, souligne tous les homonymes.**

a

b

Le féminin des noms

CHERCHONS

▶ Indiquez le métier de chaque personnage. Comment se forme le nom féminin à partir du nom masculin ?

▶ Cherchez des noms masculins que vous pouvez mettre au féminin (des noms d'animaux, les membres d'une même famille…).

● Le **féminin d'un nom** se forme souvent en ajoutant un **e** à la fin :
un avocat ➜ *une avocate.*

● Certains noms ont une terminaison particulière. Parfois, on doit :

– **ajouter un accent grave** et un **e** final : *un boulanger* ➜ *une boulangère*

– **transformer** les lettres finales : *un chanteur* ➜ *une chanteuse,*
un facteur ➜ *une factrice, un ogre* ➜ *une ogresse*

– **changer** la consonne finale et ajouter un **e** : *un sportif* ➜ *une sportive*

– **doubler** la consonne finale et ajouter un **e** : *un musicien* ➜ *une musicienne*

⚠ Certains féminins sont différents du masculin : *un homme* ➜ *une femme.*

D'autres sont identiques : *un fleuriste* ➜ *une fleuriste.*

Mieux comprendre la notion de genre

1 ＊ **Indique le genre (masculin ou féminin) des noms en gras.**

La **classe** commença par un **exercice** d'écriture et se poursuivit par une **leçon** d'histoire. La maîtresse parla du XVᵉ siècle et particulièrement du **roi** Louis XI, un **roi** très cruel qui avait l'habitude d'enfermer ses **ennemis** dans des **cages** de fer. « Heureusement, dit-elle, les **temps** ont bien changé et à notre **époque** il ne peut plus être question d'enfermer quelqu'un dans une cage. »

Marcel Aymé, « Le problème »,
in Les Contes du chat perché, © Éditions Gallimard.

2 ✳ **Indique le genre (masculin ou féminin) de chaque nom.**

Certains noms peuvent être masculins et féminins.

infirmière ◆ élève ◆ stylo ◆ musée ◆ collégien ◆ acrobate ◆ amie ◆ tour ◆ paix ◆ artiste

3 ✳ **Réponds par *vrai* ou *faux*.**

a. Le plus souvent, pour écrire un nom au féminin, on ajoute un e à la fin du nom masculin.

b. Le féminin du nom *loup* est *loupe*.

c. Pour écrire le féminin de certains noms, on doit transformer les lettres finales du nom masculin.

d. Il existe des noms féminins qui sont identiques aux noms masculins.

4 ✳ **Associe chaque nom masculin au nom féminin correspondant.**

a. un empereur	**1.** une femme
b. un héros	**2.** une nièce
c. un neveu	**3.** une tante
d. un homme	**4.** une impératrice
e. un oncle	**5.** une héroïne

Utiliser la règle pour orthographier au féminin

5 ✳ **Écris les noms au féminin.**

a. un apprenti ◆ le marchand ◆ un ami ◆ un client

b. un menteur ◆ un danseur ◆ un chanteur ◆ un vendeur

c. un lion ◆ le champion ◆ le gardien ◆ un paysan

d. un veuf ◆ un fugitif ◆ un naïf ◆ un sportif

e. le prince ◆ le comte ◆ un âne ◆ le tigre

6 ✳ **Écris tous ces noms de métiers au féminin.**

Observe bien le déterminant.

un présentateur ◆ le caissier ◆ ce coiffeur ◆ un pharmacien ◆ notre président ◆ l'acteur ◆ un bibliothécaire ◆ l'intendant ◆ mon directeur ◆ cet illustrateur ◆ un accordéoniste

7 ✳✳ **Associe les noms des mâles et des femelles et emploie-les dans des phrases.**

Tu peux t'aider d'un dictionnaire.

un lièvre ◆ une brebis ◆ une louve ◆ un sanglier ◆ une laie ◆ un bouc ◆ une hase ◆ un loup ◆ une chèvre ◆ un bélier

8 ✳✳ **Retrouve le masculin de ces noms féminins.**

une chamelle ◆ une collégienne ◆ une lectrice ◆ cette vicomtesse ◆ sa grand-mère ◆ la cavalière ◆ une espionne ◆ la cycliste ◆ son épouse ◆ une travailleuse ◆ cette déesse ◆ une Marocaine

9 ✳✳ **Écris le nom masculin et le nom féminin issus de ces verbes.**

surveiller > un surveillant, une surveillante

a. dessiner	**d.** fleurir
b. traduire	**e.** danser
c. jardiner	**f.** garder

À toi d'écrire !

10 ✳ **Décris ce que tu vois dans ce restaurant. Puis réécris ta description avec des personnages féminins.**

Le pluriel des noms

CHERCHONS

CARTE D'IDENTITÉ

Nom français : hibou moyen-duc

Nom scientifique : *asio otus*

Taille : 36 **centimètres**

Poids : 200 à 400 **grammes**

Reproduction : portée de 3 à 5 **œufs** blancs

Alimentation : **rongeurs** (**souris**, **mulots**…) et oiseaux

Caractéristiques : Il a une excellente vue grâce à ses gros **yeux** ronds.
Les **hiboux** se différencient des **chouettes** par leurs **aigrettes**.

▶ Observez tous les noms au pluriel en gras. En général, par quelle lettre se terminent-ils ?
Relevez deux noms qui ont une terminaison différente.

▶ Quel est le singulier du nom *yeux* ? Que constatez-vous ?

▶ Relevez un nom qui s'écrit de la même façon au singulier et au pluriel.

● Le plus souvent, pour former le **pluriel d'un nom**, on ajoute un **s** au singulier.

une chouette → des chouettes   *un rongeur → des rongeurs*

● Les noms qui se terminent par **s**, **x** ou **z ne changent pas**.

une souris → des souris   *un nez → des nez*   *un prix → des prix*

● Sept noms en **-ou** se terminent en **-oux** au pluriel : *des hib**oux**, des jouj**oux**,
des p**oux**, des bij**oux**, des caill**oux**, des ch**oux**, des gen**oux**.*

● Certains noms ont un singulier et un pluriel très différents.

un œil → des yeux   *un monsieur → des messieurs*

un aïeul → des aïeux   *un ciel → des cieux*

Reconnaître les noms au pluriel

1 ✱ **Associe chaque nom à son pluriel
et ajoute le déterminant qui convient.**

a. son discours

b. le pays

c. ce mot

d. cette fleur

e. un os

f. une fée

1. … os

2. … mots

3. … fées

4. … pays

5. … discours

6. … fleurs

2 ✱ **Recopie les phrases et souligne
les noms qui sont au pluriel.**

a. Tes frères ont laissé tes livres sur le tapis.

b. Ce roi et ses fils vivent dans un palais.

c. En attendant les mariés, les invités se
rassemblent sur le parvis de la cathédrale.

d. Le lapin a mangé le radis et les carottes.

e. Ce cadenas a été cassé par les enfants.

f. Avec toutes ces cerises, nous pouvons
préparer un énorme clafoutis !

Distinguer le genre et le nombre des noms

3 ✳ **Classe ces noms d'animaux dans le tableau en ajoutant un déterminant.**

> *Certains noms peuvent aller dans deux cases différentes.*

	masculin	féminin
singulier		
pluriel		

paon ◆ crocodiles ◆ hérisson ◆ tortues ◆ hiboux ◆ éléphants ◆ abeilles ◆ papillons ◆ souris ◆ araignée ◆ guépard ◆ tigresses ◆ antilope ◆ lynx ◆ chevreuils ◆ perdrix ◆ ibis

4 ✳✳ **Classe les noms dans le tableau.**

> *Il y a parfois plusieurs possibilités.*

le, l', un	la, l', une	les, des

taxi ◆ yeux ◆ choix ◆ amie ◆ jour ◆ gaz ◆ journée ◆ drap ◆ avis ◆ savons ◆ étoile ◆ élèves ◆ concours ◆ avion ◆ feuilles ◆ fleur ◆ messieurs ◆ croix

Utiliser la règle pour orthographier au pluriel

5 ✳ **Ajoute un *x* ou un *s*.**

a. des caillou…
b. les cou….
c. des caribou…
d. ces hibou…
e. les verrou…
f. mes joujou…
g. des chou…
h. les sou…
i. ses genou…
j. des trou…
k. mes bijou…
l. les pou…

6 ✳✳ **Écris les noms au pluriel. Observe bien le déterminant.**

son chien ◆ un mois ◆ ce pain ◆ un prix ◆ la voix ◆ un dentiste ◆ ton pied ◆ notre cousine ◆ un nez ◆ mon aïeul ◆ ma joue ◆ l'œuf ◆ cette année ◆ votre dictionnaire ◆ ce puits

7 ✳✳ **Écris les noms au singulier et souligne l'intrus dans chaque liste.**

a. des avis ◆ des champs ◆ des poids ◆ des temps
b. des loups ◆ des sports ◆ des paniers ◆ des paradis
c. des choix ◆ des creux ◆ des lieux ◆ des époux
d. des noix ◆ des croix ◆ des rois ◆ des bois

8 ✳✳ **Recopie les phrases en mettant les noms en gras au pluriel.**

> *Fais les transformations et les accords nécessaires.*

a. L'enfant joue avec un **joujou**.
b. Ce **cycliste** a du mal à grimper la **côte**.
c. Le **kangourou** est un **mammifère** d'Australie.
d. Chaque soir, la princesse dépose son **bijou** dans un petit coffre.
e. Le **prix** de cet **article** a beaucoup augmenté depuis l'année dernière.

9 ✳✳ **Emploie dans des phrases les noms qui correspondent aux définitions. Ils sont tous au pluriel.**

a. Organes du corps humain qui permettent de voir.
b. Le Petit Poucet en a semé sur le chemin entre sa maison et la forêt.
c. Il en faut douze pour faire une année complète.
d. On les plante dans les murs pour accrocher des tableaux.
e. C'est le masculin de *mesdames*.
f. Ces petits insectes se nichent dans les cheveux.

À toi d'écrire !

10 ✳ **Tu dois aller seul(e) au supermarché. Écris tout ce que tu aimerais acheter. Ensuite, réécris cette liste en mettant tous les noms au pluriel.**

Le pluriel des noms terminés en -*au*, -*eau*, -*eu*

CHERCHONS

Les Esquimaux vivent dans les régions polaires. Pour se nourrir, ils chassent et pêchent. En été, ils habitent dans des tentes fabriquées avec des peaux de phoque. En hiver, ils partent vers les lieux de chasse sur des traîneaux tirés par des chiens ou sur des motoneiges. Ils y restent jusqu'à ce que la chasse soit terminée. Lors de leurs déplacements, pour se protéger des tempêtes de neige, ils construisent des igloos avec de gros morceaux de glace découpés à la scie.

▶ Relevez les noms au pluriel et classez-les en deux ensembles : ceux qui ont un pluriel en -*s* et ceux qui ont un pluriel en -*x*.

▶ Observez l'ensemble des noms qui font leur pluriel en -*x*. Par quelles lettres se terminent-ils lorsqu'ils sont au singulier ?

● Les noms qui se terminent au singulier par **-au**, **-eau** et **-eu** prennent un **x** au pluriel.

un Esquimau → *des Esquimaux*   *une peau* → *des peaux*
un traîneau → *des traîneaux*   *un lieu* → *des lieux*

⚠ Il y a des exceptions : *un landau* → *des landaus*
un bleu → *des bleus*
un lieu (le poisson) → *des lieus*
un pneu → *des pneus*
un émeu → *des émeus*

Connaître le pluriel des noms en -*au*, -*eau*, -*eu*

1 ✳ Classe les mots dans le tableau.

noms qui font leur pluriel en -*x*	noms qui font leur pluriel en -*s*

un dieu ◆ un bateau ◆ un landau ◆ un bleu ◆ un émeu ◆ un tableau ◆ un cheveu ◆ un tuyau ◆ un préau ◆ un noyau ◆ un ruisseau ◆ un agneau ◆ un adieu ◆ un vœu ◆ un poteau

2 ✳ Écris les noms au pluriel.

un aveu ◆ un tableau ◆ un essieu ◆ un boyau ◆ un lieu *(le poisson)* ◆ un lieu *(l'endroit)* ◆ un joyau ◆ un neveu ◆ un radeau ◆ un pneu ◆ un seau ◆ un milieu ◆ un anneau

3 ✳ **Associe chaque dessin à un nom puis écris-le au pluriel.**

a.

b.

c.

d.

1. un lieu
2. un émeu
3. un corbeau
4. un chameau

4 ✳ **Recopie les phrases qui sont vraies.**
a. Pour écrire au pluriel des noms singuliers qui se terminent par -eau, il faut ajouter un s.
b. Tous les noms qui se terminent par -au s'écrivent -aux au pluriel sauf landau.
c. Le pluriel du nom pneu est pneux.
d. Le pluriel du nom feu est feux.

5 ✳ **Recopie le pluriel correctement orthographié de chaque nom en gras.**
a. un **cerceau** ➜ des cerceau ◆ des cerceaus ◆ des cerceaux
b. un **lieu** (le poisson) ➜ des lieu ◆ des lieus ◆ des lieux
c. un **lieu** (le synonyme de endroit) ➜ des lieu ◆ des lieus ◆ des lieux
d. un **noyau** ➜ des noyau ◆ des noyaus ◆ des noyaux

6 ✳✳ **Recopie chaque phrase avec le nom entre parenthèses correctement orthographié.**
a. Les (tuyaus ◆ tuyaux) d'arrosage sont rangés dans la cabane au fond du jardin.
b. Savez-vous dans quel magasin je pourrais trouver des (landaus ◆ landaux) de bonne qualité pour mon futur bébé ?

c. Zeus et Poséidon étaient des (dieus ◆ dieux) dans l'Antiquité grecque.
d. Les (roseaus ◆ roseaux) sont des plantes qui poussent au bord des étangs.

7 ✳✳ **Trouve le nom du petit de chaque femelle puis écris-le au pluriel.**

> Tu peux t'aider d'un dictionnaire.

la brebis ◆ la baleine ◆ la louve ◆ l'éléphante ◆ la souris ◆ la pigeonne ◆ la pintade ◆ la chèvre

8 ✳✳ **Écris les noms correspondant aux définitions.**
a. Les cartes, les dés, les billes sont des j… .
b. Ils apparaissent sur la peau après un choc et ils sont souvent violets : les b… .
c. On les trouve au centre des fruits : les n… .
d. On s'en sert pour peindre : les p… .

9 ✳✳ **Complète les noms. Ils sont tous au pluriel.**
a. Il faut que j'aille chez le garagiste pour changer les pn… usés de ma voiture.
b. On peut fabriquer des cordes d'instruments de musique avec des boy… d'animaux.
c. Les fars bretons sont des gât… délicieux dans lesquels on met des prun… .
d. On étudie l'histoire des Hébr… en sixième.

À toi d'écrire !

10 ✳ **Décris ce que tu vois en quelques phrases. Ensuite réécris toutes les phrases en mettant les noms au pluriel.**

Le pluriel des noms terminés en *-al*, *-ail*

CHERCHONS

Les animaux les plus nombreux dans les savanes sont les grands herbivores : gnous, zèbres, antilopes, buffles, girafes et éléphants. Ces derniers consomment au moins 150 kg de végétaux par jour. Ils doivent donc se déplacer rapidement afin de trouver la nourriture nécessaire à leur survie.

La Découverte de la Terre, coll. « Encyclopédie des jeunes Larousse », © Larousse.

▸ Relevez les noms au pluriel et classez-les en deux groupes selon leur lettre finale.
▸ Quel est le singulier de *animaux* et *végétaux* ? Trouvez d'autres noms qui ont un pluriel identique à ces deux noms.

● Les noms en **-al** se terminent en **-aux** au pluriel.
un animal ➡ *des animaux*　　　　*un végétal* ➡ *des végétaux*

[!] Il y a des exceptions : *des bals, des carnavals, des chacals, des étals, des festivals, des récitals, des régals, des narvals...*

● La plupart des noms en **-ail** prennent un **s** au pluriel : *un éventail* ➡ *des éventails*
Mais certains noms en **-ail** se terminent en **-aux** au pluriel :
un émail ➡ *des émaux*　　　*un corail* ➡ *des coraux*　　　*un travail* ➡ *des travaux*
un soupirail ➡ *des soupiraux*　　*un vitrail* ➡ *des vitraux*　　*un ventail* ➡ *des ventaux*

Connaître des noms en -al et en -ail qui se terminent en -aux au pluriel

1 ✳ Recopie uniquement les noms qui se terminent en *-aux* au pluriel.
le tribunal ◆ un régal ◆ le soupirail ◆ l'hôpital ◆ le vitrail ◆ l'amiral ◆ un détail ◆ un bal ◆ le total ◆ le minéral ◆ l'étal ◆ le carnaval ◆ le corail ◆ le général ◆ le canal

2 ✳✳ Recopie chaque liste sans l'intrus ; explique pourquoi ce nom est un intrus.
a. littoral ◆ métal ◆ végétal ◆ bal ◆ animal
b. chandail ◆ émail ◆ travail ◆ corail ◆ soupirail
c. cardinal ◆ rival ◆ général ◆ vitrail ◆ rail
d. cheval ◆ festival ◆ vassal ◆ bocal ◆ capital

Connaître des noms en -al et en -ail qui se terminent par -s au pluriel

3 ✳ Complète les définitions avec les mots proposés, puis écris chaque nom au pluriel.
un gouvernail ◆ un chandail ◆ un festival ◆ le carnaval ◆ un récital

a. C'est un concert donné par un seul chanteur ou par un musicien : ... .

b. C'est un mot de la famille de *fête* : … .

c. Ce jour-là, on se déguise et on mange des crêpes et des beignets : … .

d. Il sert à diriger un bateau : … .

e. C'est un synonyme de *pull-over* : … .

4 ✳ **Associe chaque dessin au nom correspondant puis écris ce nom au pluriel.**

a.

1. un portail

b.

2. un éventail

c.

3. un narval

**Utiliser la règle
pour orthographier les noms**

5 ✳ **Réponds par *vrai* ou *faux*.**

a. La plupart des noms en *-ail* se terminent en *-aux* au pluriel.

b. La plupart des noms en *-al* se terminent en *-aux* au pluriel.

c. Les noms *corail* et *vitrail* ont la même terminaison au pluriel.

d. Les noms *végétal* et *carnaval* ont la même terminaison au pluriel.

6 ✳ **Écris les noms au pluriel.**

un détail ◆ un corail ◆ un régal ◆ un bal ◆ un animal ◆ un travail ◆ un étal ◆ un bail ◆ un total ◆ un cheval ◆ un chacal ◆ un métal

7 ✳ **Écris les noms au singulier.**

des cristaux ◆ des chandails ◆ des carnavals ◆ des canaux ◆ des vitraux ◆ des portails ◆ des émaux ◆ des littoraux ◆ des généraux ◆ des rivaux

8 ✳✳ **Écris les noms entre parenthèses au pluriel.**

a. Les plantes et les fleurs sont des *(végétal)*.

b. Les *(travail)* de réparation de votre maison seront bientôt terminés.

c. Ma tante a installé deux *(épouvantail)* dans son potager afin de faire fuir les oiseaux.

d. Les *(narval)* vivent dans les mers arctiques.

e. Les *(cardinal)* élisent le pape à Rome.

f. Peux-tu citer quelques *(métal)* et *(minéral)* ?

9 ✳✳✳ **Écris les groupes nominaux en gras au pluriel.**

> *Fais les transformations et les accords nécessaires.*

a. **Le chacal** est un animal carnivore qui vit en Afrique et en Asie.

b. Je dois refaire **le total** de cette addition car il est faux.

c. **Le soupirail** apporte un peu de lumière et d'air dans la cave.

d. **Le tribunal** est un lieu où l'on rend la justice.

e. Ma cousine a signé **un bail** de deux ans.

f. Sais-tu si **le corail** est **un végétal** ou **un animal** ?

À toi d'écrire !

10 ✳ **Écris quelques phrases pour décrire l'image.**

Le féminin des adjectifs

Nous mourions tous d'envie de voir enfin la tête de notre **nouvelle** maîtresse. Depuis une semaine, nous ne parlions que d'elle. Personne ne savait à quoi ressemblerait ce mystérieux personnage venu d'une autre ville. Notre **ancienne** maîtresse était enceinte. Elle nous avait quittés pour aller dorloter son **gros** bedon **rond**. Soudain, la porte s'est ouverte et une **vieille** dame très **grande** et très **maigre** est apparue.

Dominique Demers, *La Nouvelle Maîtresse*, © Gallimard Jeunesse.

▶ Quelle est la classe grammaticale des mots en orange ? Quel est leur genre ?

▶ Dans la dernière phrase, remplacez *dame* par *monsieur*. Quelles transformations observez-vous ?

▶ Écrivez les adjectifs en vert au féminin et observez comment se forme ce féminin.

● Pour former le **féminin d'un adjectif**, on ajoute le plus souvent un **e** à l'adjectif masculin : *grand → grande, rond → ronde.*

● Les adjectifs qui se terminent par un **e** au masculin **ne changent pas** au féminin : *un monsieur maigre → une dame maigre.*

Cas particuliers :

● La consonne finale est changée :
– elle est **doublée** : *ancien → ancienne, gros → grosse*
– le **f** devient **-ve** : *vif → vive*
– le **x** devient **-se, -ce** ou **-sse** : *mystérieux → mystérieuse, doux → douce, roux → rousse*
– le **-et** devient **-ète** ou **-ette** : *discret → discrète, coquet → coquette*
– le **-er** devient **-ère** : *léger → légère, entier → entière*

● Certains adjectifs ont une terminaison très différente au masculin et au féminin : *nouveau → nouvelle   frais → fraîche   public → publique*

Distinguer le masculin et le féminin

① ✳ **Recopie les adjectifs féminins.**

a. fière ◆ sotte ◆ bel ◆ fier ◆ belle ◆ sot

b. muette ◆ habituel ◆ joli ◆ habituelle ◆ muet ◆ jolie

c. peureux ◆ craintive ◆ discret ◆ peureuse ◆ discrète ◆ craintif

d. frais ◆ grec ◆ vieille ◆ fraîche ◆ vieux ◆ grecque

2 ✴ **Classe les adjectifs dans le tableau.**

> *Certains adjectifs peuvent aller dans les deux colonnes.*

masculin	féminin

national ◆ agile ◆ naturelle ◆ valable ◆ vraie ◆ riche ◆ froide ◆ utile ◆ joyeux ◆ blonde ◆ doux ◆ long ◆ affreuse ◆ roux ◆ japonaise ◆ muette ◆ mou ◆ immense ◆ affreux ◆ dernière ◆ faux ◆ poli

3 ✴✴ **Relève les adjectifs puis écris l'adjectif féminin ou masculin correspondant.**

> *Il y a 6 adjectifs féminins et 4 adjectifs masculins.*

Pendant la récréation du matin, une longue Rolls-Royce grise décrivit une jolie courbe et vint s'arrêter devant l'entrée principale du collège. De la voiture sauta un petit garçon qui portait un chandail vert et une culotte de velours ; il fut suivi quelques instants plus tard par une charmante jeune femme aux yeux bleus et aux cheveux blonds ; enfin, du siège à côté du chauffeur, descendit le général sir Malcolm Melville.

Anthony Buckeridge, Bennett et sa cabane,
trad. O. Séchan, © Le Livre de Poche Jeunesse.

4 ✴✴ **Retrouve les adjectifs qui correspondent aux noms. Puis écris-les au masculin et au féminin.**

hauteur ➤ haut, haute

hauteur ◆ fraîcheur ◆ beauté ◆ peur ◆ patience ◆ courage ◆ rapidité ◆ fierté ◆ longueur ◆ nouveauté ◆ discrétion ◆ activité ◆ matin ◆ lenteur ◆ inquiétude ◆ fidélité

Utiliser la règle pour former des adjectifs au féminin

5 ✴ **Écris les adjectifs au féminin puis classe-les dans le tableau.**

neuf ◆ raide ◆ mignon ◆ brillant ◆ cruel ◆ absent ◆ heureux ◆ dur ◆ magique ◆ doux

même terminaison	*pauvre*
consonne doublée + e	*bonne*
consonne finale modifiée + e	*joyeuse*
ajout d'un e	*grande*

6 ✴ **Écris les adjectifs au féminin.**

brutal ◆ agité ◆ calme ◆ différent ◆ creux ◆ clair ◆ sévère ◆ tranquille ◆ franc ◆ gras ◆ salé ◆ épais ◆ transparent ◆ combatif ◆ secret

7 ✴ **Accorde chaque adjectif avec le nom qu'il qualifie.**

a. Quelle mauvais… nouvelle !

b. J'ai fait une gros… tache d'encre.

c. La chienne rou… de Monsieur Lopez s'appelle Mélodie.

d. Cette jeun… fille semble bien nerveu… .

e. Ma sœur cadet… est très discr… .

8 ✴✴ **Recopie les phrases en remplaçant le nom en gras par le nom entre parenthèses. Accorde les adjectifs.**

a. Hier, il y a eu un fort **orage** sur la ville. *(tempête)*

b. Un **vent** léger accompagne notre promenade au bord de la mer. *(brise)*

c. Le **pavillon** de mes grands-parents est très ancien. *(maison)*

d. Un nouveau **collège** public ouvrira ses portes à la rentrée prochaine. *(école)*

À toi d'écrire !

9 ✴ **Relis la dernière phrase du texte de la page 148, puis écris la suite du portrait de la nouvelle maîtresse.**

> *Utilise des adjectifs au féminin.*

Le pluriel des adjectifs

Sophie et le Bon Gros Géant observent les géants.
Ils étaient tout simplement **colossaux**, beaucoup plus
hauts et **larges** que le Bon Gros Géant sur la main
duquel Sophie était toujours assise. Et ils étaient si **laids** !
Nombre d'entre eux avaient de **gros** ventres.
Et tous avaient de **longs** bras et de **grands** pieds.

Roald Dahl, *Le Bon Gros Géant*, illustration de Quentin Blake,
trad. C. Fabien, © Gallimard Jeunesse, © Roald Dahl Nominee Ltd.

▶ Observez les adjectifs en couleur. Sont-ils au singulier ou au pluriel ?

▶ Relevez l'adjectif qui n'a pas la même terminaison que les autres.

▶ Mettez la première phrase du texte au singulier en commençant par *Il était*. Que constatez-vous ?

▶ Comment écrivez-vous l'adjectif *gros* au singulier ?

● Pour former le **pluriel d'un adjectif**, on ajoute le plus souvent un **s** :
un long bras ➜ *de longs bras.*

● Il y a des **exceptions** :

– les adjectifs qui se terminent par **s** ou par **x ne changent pas** au pluriel :
*un **gros** ventre* ➜ *des **gros** ventres*

– les adjectifs qui se terminent par **-eau** font leur pluriel en **-eaux** :
*un **beau** rêve* ➜ *de **beaux** rêves*

– la plupart des adjectifs qui se terminent par **-al** font leur pluriel en **-aux** :
*un géant coloss**al*** ➜ *des géants coloss**aux**.* **Sauf :** *banals, bancals, fatals, finals, glacials, natals, navals.*

Reconnaître le genre et le nombre des adjectifs

1 ✳ Indique le genre (masculin ou féminin) et le nombre (singulier ou pluriel) des adjectifs en gras.

Le meeting **aérien** annuel des sorcières n'est pas une **simple** démonstration de vol. C'est le **grand** événement **social** de l'année pour les sorcières. Elles viennent de tous les horizons pour retrouver leurs amies, partager les **dernières** nouvelles, acheter de **nouveaux** livres de sorts ou s'échanger des sortilèges. [...] Des stands proposent les tout **derniers** modèles en matière de chaudrons, capes et chapeaux. Les capes éveillent chez Corentine un **vif** intérêt.

Maeve Friel, *Corentine
la petite sorcière, Leçon de vol* (vol. 1),
© Magnard Jeunesse.

2 ✶ Complète chaque adjectif avec un déterminant et un nom.

Observe bien le genre et le nombre des adjectifs.

verts ◆ égaux ◆ amusantes ◆ anciennes ◆ jolie ◆ original ◆ extraordinaires ◆ sérieuses ◆ sympathiques ◆ pleine ◆ gentils

3 ✶ Réponds par *vrai* ou *faux*.

a. Les adjectifs s'accordent toujours avec le nom qu'ils accompagnent.

b. *glacial* et *final* se terminent par *-aux* au pluriel.

c. Certains adjectifs ont la même orthographe au singulier et au pluriel.

d. Tous les adjectifs en *-al* font leur pluriel en *-aux*.

Mémoriser les exceptions

4 ✶ Écris les groupes nominaux au pluriel.

un âne peureux ➤ *des ânes peureux*

a. un loup gris

b. un bâtiment nouveau

c. un résultat final

d. un livre spécial

e. un meuble bancal

5 ✶✶ Écris les adjectifs au masculin pluriel, puis au féminin pluriel.

loyal ◆ beau ◆ malicieux ◆ natal ◆ heureux ◆ national ◆ banal ◆ royal ◆ naval ◆ brutal

Utiliser la règle pour accorder les adjectifs au pluriel

6 ✶ Accorde les adjectifs.

a. des journaux quotidien…

b. des sports dangereu…

c. des problèmes famili…

d. les ancien… habitants

e. des jours glaci…

f. des sauveteurs courageu…

g. des parcs région…

7 ✶✶ Écris les groupes nominaux en gras au pluriel.

a. J'ai rencontré **un jeune garçon joyeux**.

b. Il a trouvé **une belle bille neuve**.

c. Le voisin a **un gros chien effrayant**.

d. Nous avons cueilli **une jolie fleur sauvage**.

e. Elle avait suivi **un chemin étroit et désert**.

8 ✶✶ Réécris les groupes nominaux en remplaçant le nom en gras par les noms proposés entre parenthèses.

a. des **garçons** emmitouflés et pressés *(fille ◆ homme ◆ femmes)*

b. un intéressant **journal** illustré et hebdomadaire *(magazines ◆ revue)*

c. une ancienne **voiture** polluante et abîmée *(véhicule ◆ automobiles ◆ autocars)*

d. un nouveau **passe-temps** amusant et calme *(occupation ◆ jeux)*

e. une **nuit** pluvieuse et glaciale *(jours ◆ journées ◆ lundi)*

À toi d'écrire !

9 ✶ Décris cette scène en utilisant des adjectifs qualificatifs.

10 ✶✶ Relis le texte de la page 150 et imagine que les géants aperçoivent Sophie et le Bon Gros Géant. Que se passe-t-il ?

Utilise au moins 5 adjectifs au pluriel.

Les accords dans le groupe nominal

Un jour, j'avais huit ans, **une belle** <u>étrangère</u> est arrivée dans notre cirque.
Elle s'appelait Pépita… C'était **une merveilleuse** <u>écuyère</u>,
et tout le monde au cirque, artistes et spectateurs,
tout le monde est tombé amoureux d'elle.
Pépita avait une voix de petit oiseau et **des** <u>yeux</u> **très noirs**
où dansaient **deux minuscules** <u>croissants</u> de lune.
Pour **la première** <u>fois</u>, j'ai eu un rêve, **un vrai** <u>rêve</u>. Je
voulais lui ressembler, moi qui ne ressemblais à personne.

Jo Hoestlandt, *Miranda, reine du cirque*, © Bayard Jeunesse.

▶ Observez les groupes nominaux en orange. Quels sont le genre et le nombre des noms communs soulignés ?

▶ Indiquez le genre et le nombre du déterminant et de l'adjectif qualificatif qui accompagnent chaque nom commun souligné.

▶ Écrivez au masculin pluriel le groupe nominal *une belle étrangère*.

● Le **groupe nominal** (GN) se compose d'un **nom principal**, d'un **déterminant** et d'un ou de plusieurs **adjectif(s)**.

● Le **déterminant et l'adjectif** (ou les adjectifs) **s'accordent en genre** (masculin/féminin) **et en nombre** (singulier/pluriel) **avec le nom principal** auquel ils se rapportent.

un <u>écuyer</u> *merveilleux* (masculin singulier)   *une* <u>écuyère</u> *merveilleuse* (féminin singulier)
des <u>écuyers</u> *merveilleux* (masculin pluriel)   *des* <u>écuyères</u> *merveilleuses* (féminin pluriel)

Reconnaître le genre et le nombre d'un groupe nominal

1 ✳ Classe les groupes nominaux dans le tableau.

masculin singulier	féminin singulier	masculin pluriel	féminin pluriel

une robe neuve ◆ des meubles anciens ◆ un événement heureux ◆ des filles coquettes ◆ des faux bijoux ◆ une histoire intéressante ◆ des valises pleines ◆ un gros carton ◆ des animaux domestiques ◆ une rue étroite ◆ des glaces délicieuses ◆ des coussins bleus

2 ＊ **Complète les groupes nominaux avec *un*, *une* ou *des*.**

> Les articles **les** et **des** précèdent aussi bien les noms masculins pluriels que les noms féminins pluriels : ***les** filles, **les** garçons ; **des** femmes, **des** hommes.*

a. … nouveaux élèves

b. … liste incomplète

c. … exercices difficiles

d. … roman palpitant

e. … tables blanches

f. … animaux marins

Accorder selon le genre et le nombre dans le groupe nominal

3 ＊ **Écris chacun des adjectifs de ces groupes nominaux au masculin pluriel.**

a. la voisine aimable → les voisins …

b. une histoire secrète → des messages …

c. la monnaie nationale → les drapeaux …

d. une bande dessinée muette → des films …

e. l'eau fraîche → les jus de fruits …

4 ＊ **Écris chacun des adjectifs de ces groupes nominaux au féminin pluriel.**

a. un homme étranger → des femmes …

b. le parc régional → les forêts …

c. un bijou brillant → des bagues …

d. un élève poli → des élèves …

e. le vieux canapé → les … cannes à pêche

5 ＊＊ **Réécris les groupes nominaux en suivant les indications données entre parenthèses.**

a. un conducteur prudent *(féminin pluriel)*

b. une sœur jalouse *(masculin pluriel)*

c. des lapines noires *(masculin singulier)*

d. un ouvrier malheureux *(féminin singulier)*

e. une jument agressive *(masculin pluriel)*

6 ＊＊ **Recopie le texte en plaçant les adjectifs proposés au bon endroit.**

grands ◆ hauts ◆ grosses ◆ nouvelle ◆ ouverte ◆ petits ◆ épaisses

Notre … maîtresse n'avait pas de … souliers à talons … comme les autres. Elle portait de … chaussures de cuir à semelles … . […] Nous ouvrions tous des yeux … comme des planètes et plusieurs avaient la bouche … .

Dominique Demers, *La Nouvelle Maîtresse*, © Gallimard Jeunesse.

7 ＊＊＊ **Recopie les groupes nominaux en gras et accorde les noms et les adjectifs entre parenthèses.**

Zachary, pour faire une farce, se présenta à table avec son faux nez et **ses *(faux) (lunette)*.** L'oncle Elliot se présenta avec son vrai nez et **ses *(vrai) (lunette)*.** Emma se présenta avec **des *(main) (douteux)*.**

– Il faut laver le dos de **tes *(main)*** aussi, Emma, lui fit observer tante Évelyne. […]

– Au fait, qu'est-ce qu'on mange ? demanda Zachary.

– **Des *(quantité)* de *(bon) (chose) (excellent)*** pour la santé, dit gaiement tante Évelyne.

Patricia Maclachlan, *Sept baisers sans respirer*, trad. R.-M. Vassallo, © Flammarion Jeunesse.

8 ＊＊＊ **Recopie le texte en accordant les noms et les adjectifs entre parenthèses.**

Sur le seuil se dressait une *(grand)* silhouette *(ténébreux)*. J'étouffai un cri. La silhouette s'avança dans la pièce d'une démarche *(maladroit)* et *(pesant)*, et je pus la distinguer un peu mieux.

C'était une momie. Une momie qui dardait sur moi ses *(œil) (noir)*, du fond de deux *(cavité) (découpé)* dans ses *(vieux) (bandelette) (poussiéreux)*.

Robert Laurence Stine, *La Malédiction de la momie*, © J'aime lire n° 279 (avril 2000).

À toi d'écrire !

9 ＊ **Relis le texte de l'exercice 7 et imagine le repas qu'a préparé tante Évelyne.**

> *Utilise des groupes nominaux avec des adjectifs.*

L'accord du verbe avec son sujet

Quand on dit que les abeilles **récoltent** du miel, ce n'est pas tout à fait exact. Une abeille **récolte** du nectar qu'elle rapporte à la ruche en toutes petites quantités car les dimensions de son estomac à miel ne **dépassent** pas la taille d'une tête d'épingle. Le nombre de fleurs visitées pour remplir son estomac en une seule fois **dépasse** le millier.

Les abeilles produisent donc du miel, mais aussi de la cire pour construire les alvéoles de la ruche et de la gelée royale pour nourrir les jeunes reines.

▌ Observez les verbes en orange. Pourquoi changent-ils de forme ?

▌ Avec quel nom les verbes *récoltent* et *récolte* s'accordent-ils ?

▌ Dans la dernière phrase, remplacez le verbe *produisent* par *produit*. Quelle observation pouvez-vous faire ?

● Le verbe **s'accorde toujours** avec le sujet.

    Une abeille récolte du nectar.   *Les abeilles récoltent du miel.*

sujet au singulier verbe au singulier   sujet au pluriel verbe au pluriel

● Lorsque le sujet est un groupe nominal composé de plusieurs mots, **le verbe s'accorde avec le nom principal** (le noyau) de ce groupe nominal.

    *Les **ouvrières** de la ruche **butinent** les fleurs des champs.*

noyau du GN au pluriel   verbe au pluriel

    *L'**estomac** des abeilles **est** très petit.*

noyau du GN au singulier   verbe au singulier

● Lorsque le sujet se compose de plusieurs noms au singulier, **le verbe se met au pluriel.**

    *Une **abeille** et une **mouche** récoltent le nectar de cette fleur.*

        2 noms   verbe au pluriel

● **Plusieurs verbes** peuvent s'accorder avec **un même sujet.**

    *Les **abeilles** butinent les fleurs, récoltent le nectar et font du miel.*

sujet au pluriel

                  verbes au pluriel

Reconnaître les sujets singuliers ou pluriels

> Le sujet peut être placé après le verbe. On dit alors qu'il est **inversé**.
> *Au loin volent des centaines d'abeilles.*
> verbe au pluriel   sujet au pluriel

1 ✳ Classe les sujets dans le tableau.

sujet au singulier	sujet au pluriel

a. Chaque ruche contient des dizaines de milliers d'abeilles.

b. Une abeille et deux mouches boivent le même nectar.

c. Dans chaque ruche vivent des milliers d'abeilles.

d. Toutes les abeilles de la ruche travaillent du matin au soir.

e. Aimes-tu le miel ?

2 ✳ Complète les phrases avec les sujets proposés.

les apiculteurs ◆ cet insecte ◆ le jardinier ◆ les abeilles

a. … fabriquent du miel.

b. … installent des ruches.

c. … installe une ruche dans son jardin.

d. … fabrique les alvéoles où la reine pondra.

3 ✳ Souligne le nom noyau de chaque groupe nominal en gras puis relie-le par une flèche au verbe auquel il s'accorde.

a. Les élèves de la classe de CM1 partent en classe de découverte au mois de mars.

b. Le voisin de mes grands-parents a fait construire une piscine dans son jardin.

c. Le vestiaire des vainqueurs de la Coupe du monde est envahi par les journalistes.

d. La nouvelle voiture que mes parents ont achetée est rouge.

4 ✳✳ Recopie les phrases en choisissant la forme verbale correcte.

a. La foule des touristes *(observait ◆ observaient)* le déchargement du chalutier.

b. Les enfants du voisin *(viendra ◆ viendront)* pique-niquer avec nous demain.

c. La voiture des pompiers *(s'arrêta ◆ s'arrêtèrent)* devant l'immeuble.

Distinguer le sujet de plusieurs verbes

5 ✳ Souligne les verbes et entoure leur sujet.

a. Ces oiseaux migrateurs partent à l'automne et reviennent au printemps.

b. Ce chien s'est échappé et a traversé la route.

c. Il a téléphoné à son père et lui a demandé de l'aide pour demain.

d. Dans cette vieille maison, près de chez Rachel, vit et travaille un sculpteur.

Accorder les verbes avec le sujet

6 ✳ Mets les sujets en gras au pluriel et accorde les verbes.

a. Le nouveau reste dans un coin de la cour et regarde les autres jouer.

b. Ce garçon est italien et ne parle pas très bien le français.

c. Le voisin a invité James à dîner.

d. Sa sœur téléphone de Londres, **elle** viendra bientôt en France.

À toi d'écrire !

7 ✳ Décris cette scène en utilisant les sujets proposés. Tu peux aussi en ajouter.

un apiculteur ◆ un groupe d'enfants et la maîtresse ◆ quelques abeilles de la ruche

L'accord du participe passé

CHERCHONS

Nous nous sommes tous **levés** tard. Ce n'était pas plus mal. Parce que Mamie *s'est aperçue* que les sels de bain avaient **disparu**…

– Enfin, où ont-ils bien **pu** passer ?

Elle *a demandé* à Papy s'il s'en était servi. Il a répondu qu'il n'en mettait qu'une pincée à chaque fois, parce qu'il n'avait pas envie d'empester la lavande.

– Sofia, rassure-moi : tu n'as pas tout versé dans ton bain ? Ça ne peut pas être ton père. Il ne prend que des douches.

– Je… J'en ai peut-être pris un peu, ai-je bredouillé en décampant aussitôt.

Jacqueline Wilson, *Ma chère momie*, trad. O. de Broca,
© Gallimard Jeunesse pour la traduction.

▶ Observez les participes passés en orange. Avec quels auxiliaires sont-ils employés ? Comment expliquez-vous que *levés* ne se termine pas comme les deux autres ?

▶ Observez les deux verbes en vert. Comment expliquez-vous qu'*aperçue* se termine par un **e** et pas *demandé* ?

● Si le verbe est conjugué avec l'auxiliaire **avoir**, le participe passé ne **s'accorde jamais** avec le sujet.

Elle a demandé à Papy.   *Les sels de bain ont disparu.*

● Si le verbe est conjugué avec l'auxiliaire **être**, le participe passé s'accorde **en genre et en nombre** avec le sujet.

Mamie s'est aperçue de la disparition des sels de bain.

Reconnaître le participe passé

1 ❋ **Relève les participes passés de ce texte.**

J'étais en train d'examiner le lutin quand il s'est réveillé. Il m'a aperçu, il a bondi sur ses pieds. […]

– N'ayez pas peur, lui ai-je dit aussitôt.

Le petit bonhomme a retrouvé ses esprits :

– Permettez-moi de me présenter : je suis Pixie de Séguret.

– Moi, je m'appelle Adrien. Est-ce que vous habitez ici ?

– Oh, non ! j'appartiens au petit peuple des Massaliotes, nous vivons sous la garrigue.

– Et comment vous êtes-vous retrouvé dans la cave de mon grand-père ?

– Eh bien, je suis ici pour accomplir une mission de la plus haute importance.

Arnaud Alméras, *Bon appétit Pixie !*,
© Bayard Jeunesse.

Écrire les participes passés conjugués avec l'auxiliaire avoir

2 ✳ **Conjugue les verbes entre parenthèses au passé composé.**

a. Le bébé *(dormir)* toute la nuit.

b. Est-ce qu'ils *(composer)* cette chanson ?

c. Nous *(repeindre)* le portail.

d. Tu *(terminer)* ton travail.

3 ✳✳ **Conjugue les verbes en gras au passé composé.**

a. Vous **faites** vos courses au supermarché.

b. Nous **applaudissons** les musiciens.

c. Elle **apprend** sa poésie.

d. Tu **joues** au football avec ton frère.

Écrire les participes passés conjugués avec l'auxiliaire être

4 ✳ **Accorde les participes passés.**

a. Nous sommes parti… il y a deux jours.

b. Vous êtes rentré… tard.

c. Elle est revenu… à l'école hier.

d. Mes amis sont retourné… chez eux.

5 ✳✳ **Conjugue les verbes en gras au passé composé.**

a. La neige **tombe** à gros flocons.

b. Soudain, une araignée **apparaît**.

c. Elles **sortaient** se promener avant le dîner.

d. Mes grands-parents **arriveront** jeudi.

Accorder ou non le participe passé

6 ✳ **Complète les phrases avec les sujets proposés.**

Les amies de ma sœur ◆ Sami et Emmanuel ◆ Diane et toi ◆ Toi et moi

a. … êtes sortis dans la cour.

b. … sont descendues en courant.

c. … avons eu la grippe.

d. … se sont trompés de chemin.

7 ✳ **Complète les phrases avec les participes passés proposés.**

rentré ◆ rentrée ◆ rentrés ◆ rentrées

a. Il est … par la porte de derrière.

b. Les joueurs sont … sur le terrain de football.

c. Ma mère a … tous ses géraniums.

d. Elle est enfin … de l'école.

e. Elles ont … leur matériel de plongée.

f. Les vaches sont … dans l'étable : le fermier peut commencer la traite.

8 ✳✳ **Recopie les phrases en choisissant le participe passé qui convient.**

a. Avez-vous *(regardé ◆ regardés)* le journal télévisé ?

b. Hier, Sarah et Marie se sont *(promenées ◆ promenée)* et ont *(cueillies ◆ cueilli)* des framboises et des mûres.

c. Youssef et Carla sont *(venus ◆ venu)* dîner et m'ont *(raconté ◆ racontés)* leur dernier voyage en Argentine.

À toi d'écrire !

9 ✳ **Invente une suite au texte de l'exercice 1 page 156. Quelle mission Pixie doit-il accomplir ? Écris ton texte au passé composé en utilisant les auxiliaires *être* et *avoir*.**

10 ✳✳ **Relis le texte de la page 156. Imagine pourquoi Sofia a utilisé tous les sels de bain. Écris la lettre qu'elle pourrait écrire à sa mamie pour s'excuser.**

Écris ton texte au passé composé.

Orthographe

Participe passé en -é ou infinitif en -er ?

▶ Pourquoi les mots de la même couleur ne s'écrivent-ils pas de la même façon ?

▶ Remplacez le verbe en gras par un verbe synonyme du 1er groupe. Comment l'écrivez-vous dans la phrase ?

▶ Proposez une méthode pour ne pas confondre à l'écrit l'infinitif d'un verbe en -er et son participe passé.

Les dangers de l'électricité en présence d'eau

Il ne faut jamais **utiliser** d'appareils électriques les mains mouillées ou les pieds dans l'eau. L'eau est conductrice. S'il y a un défaut électrique dans l'appareil qui est **utilisé**, vous courez le risque d'être électrocuté. Avant le bain, il ne faut pas **mettre** un poste de radio branché sur une prise de courant sur le bord de la baignoire : il risque de tomber dans l'eau et de vous électrocuter.

● Le participe passé et l'infinitif d'un verbe en -er se terminent par le **son [e]** mais **ils n'ont pas la même terminaison** : -er pour l'**infinitif**, -é pour le **participe passé**.

Il ne faut pas utiliser un appareil qui est branché en présence d'eau.
    verbe à l'infinitif   participe passé

● Pour savoir s'il faut écrire le participe passé ou l'infinitif, on peut remplacer le verbe par un verbe ne se terminant pas par -er. Ainsi, on peut entendre la lettre finale.

*Il ne faut pas **poser** de radio sur la baignoire.* ➡ *Il ne faut pas **mettre** de radio sur la baignoire.*
*J'ai **posé** la radio sur l'étagère.* ➡ *J'ai **mis** la radio sur l'étagère.*

Différencier l'infinitif et le participe passé

1 ＊ Remplace le participe passé ou le verbe à l'infinitif en gras par l'une des formes proposées entre parenthèses.

a. Il doit **dire** son poème. *(récité ◆ réciter)*

b. Il a **dit** son poème. *(récité ◆ réciter)*

c. Le jour du 1er mai, Mathias a **vendu** des brins de muguet. *(acheter ◆ acheté)*

d. Le jour du 1er mai, Mathias va **vendre** des brins de muguet. *(acheter ◆ acheté)*

e. Tu dois **apprendre** ta leçon de géographie. *(réviser ◆ révisé)*

f. Tu as **appris** ta leçon de géographie. *(réviser ◆ révisé)*

2 ✳ **Recopie uniquement les phrases au passé composé. Puis souligne l'auxiliaire et le participe passé.**

a. Baptiste va effacer le tableau.

b. Cécile a gonflé les ballons.

c. Nous avons terminé l'exercice de français que le professeur nous a donné.

d. Elles vont bientôt aller en récréation.

e. Vous avez déjà mangé tout le pain que j'ai acheté ce matin !

3 ✳ **Écris toutes les phrases possibles.**

Cet homme va •

Tu es • • plonger dans l'eau.

Ma sœur et moi avons • • allé au cinéma.

Les enfants l'ont vu • • préparé le dîner.

Mattéo est •

4 ✳✳ **Remplace le verbe *mettre* par l'un des synonymes proposés.**

coller ◆ ranger ◆ enfiler ◆ installer ◆ accrocher

> *Si* mettre *est à l'infinitif, écris le verbe à l'infinitif. Si* mettre *est au participe passé, écris le verbe au participe passé.*

a. J'ai **mis** mon manteau dans l'armoire.

b. Il faut **mettre** ce tableau magnifique au-dessus de la cheminée.

c. Pense à **mettre** un timbre sur ta carte postale !

d. Vous avez **mis** votre pull-over à l'envers.

e. Nous avons **mis** le piano dans un coin de la salle à manger.

Écrire le participe passé ou l'infinitif

5 ✳ **Choisis la forme verbale qui convient : infinitif ou participe passé.**

a. La maîtresse a (confié ◆ confier) la clé de la classe à un élève.

b. Il a (fermé ◆ fermer) la porte et il est parti (joué ◆ jouer).

c. L'élève a (oublié ◆ oublier) la clé dans la cour.

d. La maîtresse n'a pas pu (rentré ◆ rentrer) dans la classe !

6 ✳ **Complète les phrases avec les verbes ou les participes passés proposés.**

corriger ◆ retourner ◆ presser ◆ coucher ◆ préparé ◆ terminé

a. Une fois ton travail …, il faudra le faire … par ton professeur.

b. Ce matin, j'ai … le petit déjeuner pour toute la famille : j'ai dû … sept oranges !

c. Il est tôt : est-ce que je peux … me … ?

7 ✳✳ **Complète les verbes avec -é ou -er.**

On est partis, papa, maman et moi, assez tôt le matin dans la voiture, et papa chantait, et puis il s'est arrêt… de chant… à cause de toutes les autres voitures qu'il y avait sur la route. On ne pouvait pas avanc… . Et puis papa a rat… le feu rouge où il devait tourn…, mais il a dit que ce n'était pas grave, qu'il rattraperait son chemin au carrefour suivant.

Sempé et Goscinny, *Le Petit Nicolas et les copains*, © IMAV Éditions.

8 ✳✳ **Écris deux phrases avec chaque verbe comme dans l'exemple.**

allumer **>** *Il faut allumer le projecteur.*
Le projecteur est allumé.

exposer ◆ attacher ◆ réveiller ◆ gagner ◆ balayer ◆ commencer

À toi d'écrire !

9 ✳ **Relis le texte de l'exercice 7 et écris la suite. Où peuvent bien aller Nicolas et ses parents ? Vont-ils arriver à destination ?**

> *Utilise des verbes et des participes passés du 1er groupe.*

10 ✳✳ **Raconte en quelques phrases une sortie (en famille ou avec l'école) qui t'a plu (au zoo, au musée, en forêt, en ville, dans un parc…) en utilisant des verbes et des participes passés du 1er groupe.**

Orthographe

Orthographe

RÉVISIONS

● L'élément qui détermine **l'accord du déterminant et de l'adjectif** dans le **groupe nominal** est le **nom noyau** de ce groupe.

le petit <u>chien</u> noir   le**s** petit**s** <u>chien**s**</u> noir**s**

nom noyau singulier   nom noyau pluriel

● **Le verbe s'accorde toujours avec le sujet**, même si le sujet est loin du verbe ou placé après.

<u>Les élèves</u> part**ent** en classe de nature.   Quand part**ent**-<u>ils</u> en classe de nature ?

sujet   verbe   verbe   sujet inversé

● **Le participe passé s'accorde** toujours en genre et en nombre avec le sujet lorsqu'il est employé **avec l'auxiliaire être**.

<u>Violette et Lilas</u> sont all**ées** au cinéma.

sujet féminin pluriel   participe passé féminin pluriel

Orthographier au féminin et au pluriel

1 ✳ Écris le nom des femelles de chaque animal.

a.

un tigre

c.

un chameau

b.

un loup

d.

un lion

2 ✳ Récris les phrases en mettant les noms en gras au féminin.

a. Le **roi** avait un **fils**.

b. Mon **oncle** a nourri le **chien** du **voisin**.

c. Le **jongleur** s'entraîne avec le **magicien** et le **trapéziste**.

d. Le **cavalier** caresse son **cheval**.

3 ✳✳ Écris les noms au pluriel

un corail ◆ un signal ◆ un œil ◆ un choix ◆ un genou ◆ un landau ◆ un poteau ◆ un bambou ◆ une souris ◆ la peau ◆ un chacal ◆ un tuyau

4 ✳✳ Remplace les mots en gras par ceux proposés entre parenthèses. Accorde l'adjectif comme il convient.

a. **un mur** peint (une façade)

b. **un garçon** roux (une fille)

c. **un parc** public (une place)

d. **un** vieux **pantalon** (une chemise)

e. **un chien** craintif (une chienne)

f. **un air** brésilien (une chanson)

Faire les accords dans un groupe nominal

5 ✳ Écris les adjectifs de ces groupes nominaux au masculin pluriel.

a. une élève sportive ➜ des garçons …

b. une liste complète ➜ des hôtels …

c. une personne ambitieuse ➜ des projets …

d. une rencontre amicale ➜ des échanges …

6 ✲ **Écris les adjectifs de ces groupes nominaux au féminin pluriel.**

a. un temps glacial ➜ des températures …
b. un homme inquiet ➜ des femmes …
c. un plat italien ➜ des recettes …
d. un regard vif ➜ des réactions …

Accorder le verbe avec le sujet

7 ✲ **Complète les phrases avec les verbes proposés.**

joue ◆ pense ◆ attendons ◆ parlent ◆ sont ◆ réparent

a. Ma sœur, mon frère et moi … nos parents à la fin de la séance de cinéma.
b. Son père et ses oncles … l'abri de jardin.
c. Cette troupe de comédiens … chaque soir la même pièce.
d. …-elles allemand ?
e. Je … souvent à mes amis qui … en voyage.

8 ✲ **Conjugue les verbes à l'imparfait en les accordant avec les sujets en gras.**

a. Là se *(terminer)* toujours **nos promenades**.
b. Plusieurs de mes amis *(venir)* me voir chaque après-midi.
c. Aucun de nos cousins ne *(pouvoir)* nous accueillir pendant les vacances.
d. Pourquoi *(être)*-**vous** en colère hier ?

9 ✲✲ **Conjugue les verbes entre parenthèses au présent.**

> *Repère les sujets et accorde les verbes.*

a. Les acteurs *(apprendre)* leur texte, *(répéter)* puis *(jouer)* sans aucune hésitation.
b. L'un des rôles *(être)* très court mais *(demander)* beaucoup d'expérience.
c. Pour ce film, des cascadeurs *(sauter)* du haut d'un toit, *(s'agripper)* à la gouttière, *(glisser)* le long et *(atterrir)* dans la rue.
d. Le metteur en scène n'*(être)* pas satisfait et les *(faire)* recommencer.

Accorder le participe passé

10 ✲ **Écris les participes passés des verbes entre parenthèses et accorde-les si nécessaire.**

a. Les élèves sont *(aller)* à la gare et ont *(accueillir)* leurs correspondants.
b. Vous avez *(nettoyer)* le jardin que les mauvaises herbes ont *(envahir)*.
c. Lucie a *(défaire)* ses valises lorsqu'elle est *(arriver)* à l'hôtel.

11 ✲✲ **Conjugue les verbes entre parenthèses au passé composé. Accorde les participes passés si nécessaire.**

Les Grecs *(raser)* complètement la ville de Troie. Ensuite, les troupes *(rentrer)* chez elles. Ulysse *(mettre)* plus de dix ans à rejoindre son île d'Ithaque. En route, toutes sortes d'aventures extraordinaires lui *(arriver)*. Pendant ce temps, sa femme Pénélope l'*(attendre)* et elle lui *(rester)* fidèle.

Distinguer l'infinitif du participe passé des verbes du 1ᵉʳ groupe

12 ✲✲ **Complète les verbes avec -é ou -er. Accorde le participe passé si nécessaire.**

Ce soir-là, j'ai guett… le retour de Sam. Il avait les traits tirés et les yeux rouges comme s'il avait pleur… .
– Je vais te faire une tasse de thé, ai-je dit.
Il a paru surpris.
– Je sais faire du très bon thé. Grand-Mamy m'a montr… . Et je ferai bien attention à ne pas me brûl… avec la bouilloire. […]
J'ai prépar… le thé toute seule. Maman est rest… derrière moi pour me surveill… mais j'ai refus… son aide. J'ai port… sa tasse à Sam sans en renvers… une goutte.

Jacqueline Wilson, *Lulu Bouche-Cousue*, trad. O. de Broca, © Gallimard Jeunesse pour la traduction.

Chercher un mot dans le dictionnaire

frein

frein n. m. ❶ Mécanisme qui, dans un véhicule, permet de ralentir ou de stopper la marche. ❷ *Mettre un frein à quelque chose*, c'est l'empêcher de progresser, de prendre de l'importance. *Il faut mettre un frein à nos dépenses.* SYN. limiter. ◆ **Ronger son** frein : être obligé d'attendre qu'une situation désagréable cesse. ◆ **Sans** frein : sans limites, démesuré. *Une ambition sans frein.* SYN. sans bornes.

freinage n. m. L'action de freiner. *Il y a des traces de freinage sur la route.*

frénétiquement adv. Avec frénésie. *Applaudir frénétiquement.*

fréquemment adv. De manière fréquente, répétée. *Cela arrive fréquemment.* SYN. souvent. CONTR. rarement.

fréquence n. f. ❶ Nombre de fois où quelque chose se produit dans un temps donné. *Quelle est la fréquence des trains sur cette ligne?* ❷ En physique, nombre de vibrations par unité de temps. *La fréquence d'un son.*

Dictionnaire Larousse Super Major, © Larousse 2013.

▶ Que peut-on chercher dans un dictionnaire ?

▶ Quelles sont les trois premières lettres des mots de cette page ?

▶ Comment les mots sont-ils rangés après ces premières lettres communes ?

▶ Relevez le mot en vert en haut de la page. Où est-il de nouveau écrit ? À quoi sert-il ?

⬤ Dans le dictionnaire, les mots sont classés suivant l'**ordre alphabétique**. Pour chercher un mot, il faut regarder l'ordre des lettres : *frénétiquement* est placé avant *fréquemment* car les trois premières lettres sont identiques mais le *n* est avant le *q*.

⬤ Les **mots repères** qui se situent en haut de page sont utiles pour trouver un mot.

Connaître l'ordre alphabétique

❶ ✷ Écris les noms des différentes parties du voilier dans l'ordre alphabétique.

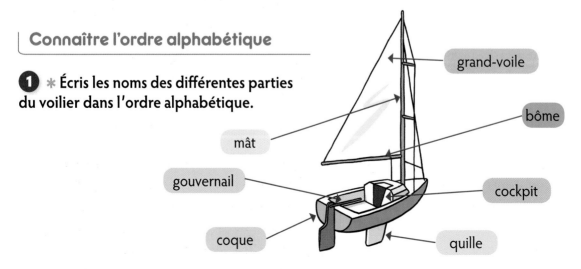

grand-voile

bôme

mât

gouvernail

cockpit

coque

quille

2 ✳ **Classe chaque liste de mots par ordre alphabétique.**

a. article ◆ arriver ◆ ascendant ◆ avalanche ◆ aquarelle ◆ attente ◆ astuce

b. capter ◆ capot ◆ captivant ◆ capitale ◆ capillaire ◆ capable ◆ cape ◆ cap

c. institut ◆ instruction ◆ instrumentiste ◆ instinct ◆ instituer ◆ instinctivement

3 ✳ **Recopie chaque liste en écrivant les mots en gras à leur place dans l'ordre alphabétique.**

a **poire** ➜ pointure ◆ poireau ◆ poirier

b. **fauvette** ➜ fautif ◆ fauve ◆ faux ◆ faveur

c. **champêtre** ➜ chamois ◆ champ ◆ champagne ◆ champignon ◆ champion

4 ✳ **Recopie les mots qui sont placés avant *dessin* dans le dictionnaire.**

dessert ◆ dessinateur ◆ écriture ◆ dessein ◆ dessiner ◆ desseller ◆ détail ◆ cube

5 ✳ **Recopie les mots qui sont placés après *martien* dans le dictionnaire.**

menu ◆ marron ◆ marquis ◆ outil ◆ martial ◆ martinet ◆ massage ◆ mappemonde

6 ✳ **Dans chacune de ces listes, un mot n'est pas dans l'ordre alphabétique. Recopie chaque liste sans l'intrus.**

a. dictée ◆ dicter ◆ diction ◆ dictateur ◆ dictionnaire ◆ dicton

b. signalement ◆ signaler ◆ signalisation ◆ signataire ◆ signature ◆ siège

c. barbier ◆ barbecue ◆ barboter ◆ barboteuse ◆ barbouillage ◆ barbouiller

7 ✳✳ **Ajoute deux mots de ton choix pour compléter chaque liste en respectant l'ordre alphabétique.**

a. esquimau ◆ intonation ◆ … ◆ …

b. navette ◆ … ◆ … ◆ nécessaire

c. rouge ◆ … ◆ … ◆ rougir

Utiliser les mots repères

8 ✳ **a. Dans le dictionnaire, entre quels mots se situe le nom de ton animal préféré ?
b. Écris le mot repère de la page où il est placé.**

9 ✳ **Cherche dans un dictionnaire entre quels mots repères se trouvent les mots en gras.**

a. **gélatine** se trouve entre … et … .

b. **carnet** se trouve entre … et … .

c. **réveillon** se trouve entre … et … .

10 ✳✳ **Recopie les mots situés entre les mots repères *ventre* et *vernir*.**

venue ◆ ventiler ◆ verre ◆ verbe ◆ ver ◆ vers ◆ ventral ◆ verdâtre ◆ vermillon ◆ vernissage ◆ véreux ◆ vermisseau ◆ venir

11 ✳✳ **Indique si ces mots se trouvent sur la page des mots repères *crayon* et *crinière*, sur une autre page avant ou plus loin.**

crabe ◆ crocodile ◆ aigle ◆ crêperie ◆ cygne

Savoir chercher dans un dictionnaire

12 ✳ **Recopie uniquement les mots que tu peux trouver écrits de cette manière dans le dictionnaire.**

> Dans le dictionnaire, les verbes sont à l'infinitif, les noms au singulier et les adjectifs au masculin singulier.

a. partons
b. chameaux
c. petit
d. palais
e. grignoter
f. lettre
g. salades
h. heureuses

13 ✳ **Indique sous quelle forme sont écrits les mots suivants dans le dictionnaire.**

bâtissez > bâtir

chevaux ◆ gagnent ◆ principaux ◆ polie ◆ institutrice ◆ capricieuses ◆ noms

Vocabulaire

Lire un article de dictionnaire

CHERCHONS

adhérer v. (CONJUG. 9) ❶ Rester fortement attaché à quelque chose comme avec de la colle. *Le plâtre adhère bien sur le ciment mais très mal sur le bois.* SYN. coller, tenir. ❷ *Adhérer à une idée, à une doctrine,* c'est les faire siennes, en devenir partisan. SYN. se rallier, se ranger. CONTR. rejeter. ❸ *Adhérer à un parti, à une association,* c'est en devenir membre, adhérent. SYN. s'affilier, s'inscrire.

adhésif, -ive adj. *Un ruban, un pansement adhésifs* ont une face recouverte d'une substance qui leur permet d'adhérer, de coller. *Fermer un paquet avec du ruban adhésif.* ◆ **adhésif** n. m. Ruban adhésif. *Est-ce que tu as de l'adhésif pour fermer ce paquet?*

Dictionnaire Larousse Super Major, © Larousse 2013.

❿ À quelles classes grammaticales appartient le mot *adhésif*?
❿ Que signifie l'abréviation *n. m.*?
❿ Quelle est la classe grammaticale du mot *adhérer*? Relevez un synonyme et un contraire de ce mot.
❿ Que signifient les numéros ❶, ❷ et ❸ dans la définition du mot *adhérer*?
❿ Pourquoi certaines phrases sont-elles écrites en italique?

⚫ On peut utiliser le dictionnaire pour :
– **chercher** ou **vérifier l'orthographe** d'un mot ;
– trouver des renseignements sur le **sens** d'un mot inconnu ;
– avoir des informations sur la **classe grammaticale** d'un mot ;
– chercher des **mots de la même famille**, des **synonymes** ou des **contraires** ;
– chercher l'**origine** (l'étymologie) d'un mot.

⚫ Il faut bien connaître les **abréviations** utilisées dans les articles de dictionnaire.
*Par exemple, **adj.** signifie **adjectif** et **v.** signifie **verbe**.*

Connaître les abréviations du dictionnaire

❶ ＊ À l'aide d'un dictionnaire, écris la (ou les) classe(s) grammaticale(s) des mots suivants.

a. froid
b. orner
c. crinoline
d. sourire
e. vinicole
f. général
g. chacun
h. yole

❷ ＊ Écris la signification de ces abréviations.

Regarde au début de ton dictionnaire. Tu y trouveras la liste des abréviations utilisées.

a. n. f.
b. n. m.
c. prép.
d. syn.
e. contr.
f. conjug.
g. adj.
h. pron.
i. invar.
j. plur.

3 ✳ À l'aide d'un dictionnaire, classe les noms dans le tableau.

noms de genre masculin	noms de genre féminin

obélisque ◆ atmosphère ◆ porte-monnaie ◆ litige ◆ arabesque ◆ hémisphère ◆ moustiquaire

4 ✳ ✳ Cherche dans un dictionnaire deux mots qui correspondent à chaque classe grammaticale.

a. n. m. **b.** n. f. **c.** v. **d.** adj.

Utiliser le dictionnaire pour vérifier l'orthographe d'un mot

5 ✳ ✳ À l'aide d'un dictionnaire, écris le nom de chaque objet illustré.

Savoir lire un article de dictionnaire

6 ✳ Lis cet article de dictionnaire puis réponds aux questions.

> **rude** adj. ❶ Pénible à supporter. *L'hiver a été rude, cette année.* SYN. froid, rigoureux. CONTR. clément, doux. *C'est un métier très rude.* SYN. épuisant. ❷ Dur au toucher. *La peau rude du rhinocéros.* SYN. rêche, rugueux. CONTR. doux. ❸ Qui manque de raffinement. *C'est un garçon aux manières rudes.* SYN. fruste.

Dictionnaire Larousse Super Major, © Larousse 2013.

a. Quelle est la classe grammaticale du mot *rude* ?
b. Combien de sens a-t-il ?
c. Quelle est la définition du sens ❸ ?

d. Quels exemples donne-t-on pour le sens ❶ ?
e. Quels sont les synonymes du sens ❷ ?
f. Quels sont les contraires du sens ❶ ?

Utiliser le dictionnaire pour connaître le sens d'un mot

7 ✳ ✳ Ces mots ont plusieurs sens. Cherches-en deux pour chacun d'eux puis écris une phrase pour chaque sens.

libre ◆ défendre ◆ compter ◆ figure

8 ✳ ✳ Cherche les mots en gras dans un dictionnaire. Recopie la définition correspondant au sens de la phrase.

Face à face, les deux adversaires s'observent un instant à travers les fentes de leur heaume. Les chevaux piaffent d'impatience, la foule **retient** son souffle. Soudain, le **signal** donné, c'est l'affrontement. Les deux champions **lancent** leur destrier. Pendant quelques secondes, dans un silence de mort, on n'entend plus que le cliquetis des armes et le **martèlement** des **sabots**.

Henriette Bichonnier, *Émilie et le crayon magique,*
© Le Livre de Poche Jeunesse.

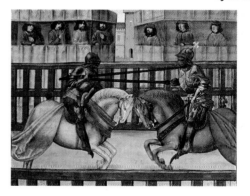

À toi d'écrire !

9 ✳ Écris un article de dictionnaire sur un mot que tu aimes particulièrement. Note sa classe grammaticale, son genre, sa définition, une phrase d'exemple, un synonyme et un contraire.

> *Tu ne dois pas utiliser ton dictionnaire.*

Les mots de la même famille

CHERCHONS

L'artisan venait de délayer de la **teinture** jaune dans une grande cuve pleine d'eau et il était sorti de la pièce pour aller chercher le tissu qu'il souhaitait **teindre**. Renard pénétra dans la cour, persuadé de trouver quelque chose pour calmer sa faim. Il monta sur le rebord de la fenêtre qui était ouverte et observa quelques instants. N'apercevant personne dans la pièce, il sauta **rapidement** à l'intérieur. Dans sa hâte, il ne put éviter la cuve où il atterrit sans le vouloir. La cuve était profonde et Renard dut se débattre pour éviter la noyade. Sur ces entrefaites, le **teinturier** revint.

Jean Muzi, « Renard change de couleur », *in Dix-neuf fables de renard*, Flammarion.

▶ Relevez la partie commune (le radical) des mots en violet. Trouvez d'autres mots appartenant à la même famille.

▶ Quel est le radical du mot en orange ? Citez un autre mot ayant le même radical.

● On peut regrouper en familles les mots qui ont :
– un **radical** (ou racine) **identique** : *teinture, teindre, teinturier, teinte…*
– un **radical de même origine** : *mer, amerrir, marin, maritime*

● Il y a des familles nombreuses, comme celle du mot **terre**, qui comprennent un grand nombre d'éléments : des **noms communs** (*terrain, terrasse, enterrement*), des **adjectifs** (*terrestre, terrien…*) et des **verbes** (*atterrir, déterrer, se terrer…*).

Reconnaître les mots d'une même famille

Pour tous les exercices de cette leçon, tu peux t'aider d'un dictionnaire.

❶ * Écris le radical commun aux mots de chaque liste.
a. la blancheur ◆ blanche ◆ un blanchissage ◆ blanchir ◆ une blanchisserie ◆ blanchâtre

b. enfiler ◆ une filature ◆ filiforme ◆ un filet ◆ un défilé ◆ effilé

c. un prélavage ◆ un laveur ◆ une laverie ◆ un lavoir ◆ délaver ◆ lavable

❷ * Souligne le radical commun aux mots de chaque famille.

a. un dérèglement ◆ un réglage ◆ réglementaire

b. emporter ◆ une exportation ◆ un transport

c. une éclaircie ◆ clairement ◆ un éclaircissement

3 ✳ **Dans chaque liste, un mot n'appartient pas à la même famille que les autres. Recopie les listes sans l'intrus.**

a. inhabitable ◆ une habitation ◆ un habitant ◆ habiller ◆ habiter

b. agrandir ◆ la grandeur ◆ engranger ◆ grandement ◆ grandiose

c. une vente ◆ une ventilation ◆ un ventilateur ◆ éventé ◆ ventiler

d. un comptoir ◆ un compteur ◆ décompter ◆ un comte ◆ la comptabilité

4 ✳✳ **Recopie les mots en les regroupant par famille.**

> *Il y a trois familles de mots.*

action ◆ nominalement ◆ rang ◆ déranger ◆ renommée ◆ acteur ◆ surnom ◆ activement ◆ rangée ◆ nommer ◆ rangement ◆ réactif ◆ arranger ◆ désactiver ◆ nomination

Trouver des mots de la même famille

5 ✳ **Retrouve les mots de la famille de *terre* qui correspondent aux définitions.**

a. Mettre dans la terre. *(verbe)*

b. Qui vit sur la Terre. *(nom)*

c. Ce que fait l'avion lorsqu'il se pose sur la piste. *(verbe)*

d. Sorte de plate-forme devant une maison ou à côté. *(nom)*

e. Habitation du lapin ou du renard. *(nom)*

f. Sortir quelque chose de terre. *(verbe)*

6 ✳ **Complète les phrases par des mots de la famille de *lait*.**

> *Attention, le radical peut changer !*

a. Les vaches qu'on élève pour leur lait sont des vaches … .

b. La crème fraîche et le fromage sont des produits … .

c. Tous les mammifères … leurs petits.

d. Une … est une usine dans laquelle on traite le lait pour le conserver.

e. La nuit, dans le ciel, on voit une grande traînée blanche faite d'une multitude d'étoiles, c'est la Voie … .

7 ✳✳ **Trouve six mots de la famille de *mont*.**

8 ✳✳ **Trouve au moins deux noms de la même famille que chacun de ces verbes.**

a. planter **d.** explorer

b. commander **e.** jardiner

c. observer **f.** libérer

9 ✳✳✳ **Trouve un adjectif qualificatif de la même famille que chacun de ces noms.**

a. le monde **d.** un accident

b. la lenteur **e.** l'hiver

c. la chaleur **f.** la joie

10 ✳✳✳ **Écris le nom qui correspond à chaque verbe.**

> *Fais bien attention à l'orthographe.*

a. travailler **d.** employer

b. réveiller **e.** aboyer

c. fusiller **f.** balayer

À toi d'écrire !

11 ✳ **En utilisant des mots de la famille de *prison* et de *libre*, raconte l'histoire d'un oiseau qui s'échappe de sa cage.**

12 ✳✳ **Décris trois métiers de ton choix (peintre, écrivain, dentiste, pâtissier…). Essaie d'utiliser le plus possible de mots de la même famille.**

*Un **fleuriste** prépare des compositions **florales** et vend des **fleurs**.*

Vocabulaire

Les préfixes

Il ne fallut pas longtemps à Thomas pour **rejoindre** la ferme. Il avait finalement préféré hâter le pas plutôt que de risquer de se **retrouver** tout seul sur le chemin, perdu en pleine obscurité. Mais arrivé devant la maison silencieuse, il ne sut pas quoi faire. Il n'osait s'approcher de la porte **entrouverte**. […] S'enhardissant, il s'avança et poussa la porte de la maison. Celle-ci ouvrait directement sur une vaste pièce, dans laquelle on ne voyait pas grand-chose, à part que tout était dans un désordre indescriptible. « Pire qu'à la maison ! » se dit Thomas.

Hélène Montardre, *La Nuit du rendez-vous*, Magnard Jeunesse.

❱ **Identifiez le radical des mots en violet. Quelles syllabes n'appartiennent pas à ce radical ? Où sont-elles situées dans les mots ?**

❱ **Quel sens a le préfixe *re-* dans les deux verbes à l'infinitif ?**

❱ **À quoi sert le préfixe *dés-* dans *désordre* ? Trouvez un autre préfixe dans le texte qui a permis d'écrire le contraire d'un mot.**

⬤ On ajoute **un préfixe devant le radical** d'un mot pour former un mot nouveau. *Entrouvert* est un **mot dérivé** de *ouvert* : entr/ouvert.

préfixe radical

⬤ Les préfixes modifient ou précisent le sens du radical :
– **re-** exprime la répétition : *re*joindre, *re*trouver
– **dés-** et **in-** expriment le contraire : le *dés*ordre, *in*descriptible
– **anti-** veut dire *contre* : *anti*brouillard
– **pré-** veut dire *avant* : la *pré*histoire
– **tri-** veut dire *trois* : un *tri*angle
– **hémi-** veut dire *demi* : un *hémi*sphère
– **chrono-** exprime le temps : un *chrono*mètre

Reconnaître les mots formés avec un préfixe

1 ＊ **Dans chaque liste, trouve le mot qui n'est pas formé d'un radical et d'un préfixe.**
a. impureté ◆ impossibilité ◆ imperfection ◆ importance

b. prévoir ◆ préoccuper ◆ préférer ◆ pressentir
c. individuel ◆ indirect ◆ injuste ◆ incertain
d. survêtement ◆ surpopulation ◆ sureau ◆ surcharge

168

2 ✳ **Classe les verbes dans le tableau.**

verbes avec un préfixe	verbes sans préfixe

revenir ◆ refuser ◆ engloutir ◆ endormir ◆ détacher ◆ détruire ◆ développer ◆ détenir ◆ arranger ◆ arrêter ◆ soulever

3 ✳✳ **Recopie les mots formés d'un radical et d'un préfixe.**

Au bout d'un moment, l'oncle Elliot et Zachary revinrent de leur petit trot matinal. Zachary portait la laisse de Captain, et oncle Elliot portait Captain. Il déposa le chien sur le plancher, et Captain s'en retourna sans hâte vers son recoin favori où il s'étendit aussitôt. Oncle Elliot s'allongea sur le canapé.

Patricia Maclachlan, *Sept baisers sans respirer*, trad. R.-M. Vassallo, Flammarion Jeunesse.

Différencier le radical et le préfixe

4 ✳ **Recopie les mots en séparant le préfixe et le radical.**

préhistoire ➤ *pré-histoire*

déplacer ◆ antivol ◆ le désespoir ◆ inhabituel ◆ un trident ◆ un téléski ◆ extraordinaire ◆ maladroit ◆ exposer ◆ prévoir ◆ transporter

Connaître des préfixes

5 ✳✳ **Recopie uniquement les mots dont le préfixe indique une quantité.**

> *Tu peux t'aider d'un dictionnaire.*

un tricycle ◆ un carnivore ◆ un monoski ◆ un polygone ◆ un malentendu ◆ bicolore ◆ un quadrilatère ◆ un triangle ◆ un prématuré ◆ un bimensuel ◆ trilingue

Utiliser des préfixes

6 ✳ **Choisis le préfixe qui convient à chaque liste : im-, ir-, télé-, para ou multi-.**

mobile ◆ pair ➤ *im- : immobile, impair*

a. sol ◆ chute ◆ tonnerre ◆ pluie
b. média ◆ plier ◆ coque ◆ national
c. commande ◆ cabine ◆ vision ◆ spectateur
d. responsable ◆ remplaçable ◆ régulier ◆ réel

7 ✳✳ **Transforme les phrases en écrivant le contraire des mots en gras grâce à l'ajout d'un préfixe.**

C'est utile. ➤ *C'est **in**utile.*

a. Ils ont **monté** mes meubles **adroitement**.
b. Il est **obéissant**, **poli** et **agréable** !
c. Je t'avais **conseillé** cette région **connue**, car l'air y est **respirable**.

8 ✳✳ **Complète chaque définition par un verbe dérivé de *dire*.**

prédire ◆ contredire ◆ médire ◆ redire

a. Dire du mal de quelqu'un : … .
b. Dire l'avenir : … .
c. Répéter quelque chose : … .
d. Dire l'inverse : … .

9 ✳✳✳ **Complète les phrases par un verbe dérivé de *porter*.**

a. Peux-tu me … le livre que j'ai oublié chez toi ?
b. Dans ce restaurant, on peut soit déjeuner sur place, soit … son repas.
c. Elle s'est blessée, il a fallu la … à l'hôpital.
d. Je dois annuler notre rendez-vous. Pourriez-vous le … à lundi ?

À toi d'écrire !

10 ✳ **Invente une suite au texte de l'exercice 3 en utilisant les mots suivants.**

maladroit ◆ sursauter ◆ endormi ◆ raccrocher

> *Tu peux commencer ainsi :* **C'est alors que le téléphone sonna.**

Les suffixes

CHERCHONS

Les élèves d'une classe de CM1 ont fait des **propositions** pour économiser l'énergie et éviter la **pollution** :

Utiliser des cahiers en papier recyclable.

Éviter l'utilisation des produits jetables comme les lingettes.

Aller à l'école à pied, à vélo ou sur sa trottinette.

Ne pas acheter des gâteaux avec trop d'emballage.

❱ Identifiez le radical des mots en violet. Quelles syllabes n'appartiennent pas à ce radical ? Où sont-elles situées dans le mot ?

❱ Quel est le sens du suffixe *-ette* dans le mot *lingette* ?

❱ Changez la fin des mots en violet pour obtenir d'autres mots de la même famille.

● On ajoute **un suffixe après le radical** d'un mot pour former un mot nouveau. *Lingette* est un **mot dérivé** de *linge* : *ling / ette*.
radical suffixe

● Il existe de nombreux suffixes : *pollu / tion, emball / age, jet / able...*

● Un mot peut comporter un préfixe et un suffixe : *re / cycl / able*.
préfixe radical suffixe

Reconnaître les mots formés avec un suffixe

1 ✳ Dans chaque liste, trouve le mot qui n'est pas formé d'un radical et d'un suffixe. Recopie les listes sans l'intrus.

a. accélération ◆ soustraction ◆ condition

b. nuage ◆ affichage ◆ arrosage

c. acceptable ◆ définissable ◆ cartable

d. délicatesse ◆ paresse ◆ gentillesse

e. chanteur ◆ coiffeur ◆ intérieur

2 ✳ Classe les mots dans le tableau.

mots avec un suffixe	mots sans suffixe

gardien ◆ rien ◆ ancien ◆ comédien ◆ alsacien ◆ combien ◆ chien ◆ terrien ◆ bien ◆ quotidien ◆ mathématicien ◆ australien

Différencier le radical et le suffixe

3 ✳ **Recopie les mots en gras. Souligne leur radical et entoure leur suffixe.**

L'**opération** Poisson rouge ne se déroula pas **exactement** selon le plan prévu. Peu après la fin de l'étude du soir, Bennett se dirigea vers la piscine couverte, portant avec précaution l'aquarium de César. Mortimer l'attendait là depuis quelques instants, avec son filet à papillons et la clef. **Furtivement**, les deux garçons pénétrèrent dans le bâtiment.

César ne donnait plus aucun signe d'**agitation**. Il restait **parfaitement** immobile au fond de son aquarium. Seul, un léger **battement** de **nageoires** montrait qu'il ne dormait pas.

Anthony Buckeridge, *Bennett et sa cabane*, trad. O. Séchan, © Le Livre de Poche Jeunesse.

4 ✳✳ **Supprime le suffixe pour retrouver le nom d'origine.**

Fais attention aux modifications du radical !

le collégien ◆ la muraille ◆ le glaçon ◆ le dentifrice ◆ le chanteur ◆ la bordure ◆ le travailleur ◆ la roseraie ◆ un fleuriste ◆ la crémerie ◆ le plumage ◆ le commerçant

Connaître des suffixes

5 ✳ **Recopie les mots. Souligne en bleu les mots dont le suffixe désigne une action et en vert les mots dont le suffixe indique un nom de métier.**

un fermier ◆ un hurlement ◆ le coloriage ◆ un cardiologue ◆ un professeur ◆ une punition ◆ un assemblage ◆ une directrice ◆ un changement

6 ✳ **Écris le nom du petit de chaque animal.**

Fais attention aux modifications du radical !
Tu peux t'aider d'un dictionnaire.

le chat ◆ le loup ◆ le lion ◆ l'âne ◆ la souris ◆ le canard ◆ le renard ◆ l'oie

Utiliser des suffixes

7 ✳ **Écris les noms dérivés de ces verbes. Utilise les suffixes -*oire*, -*age*, -*ation* et -*ure*.**

réparer ◆ mâcher ◆ laver ◆ rayer ◆ déclarer ◆ dépanner ◆ coiffer ◆ vacciner ◆ manger ◆ parachuter ◆ déchirer ◆ balancer ◆ afficher ◆ bouillir ◆ brûler ◆ éclabousser

8 ✳ **Complète avec un mot de la même famille terminé par le suffixe -*ment*.**

nerveux > nerveuse > nerveusement
a. fou > folle > …
b. doux > douce > …
c. frais > fraîche > …
d. long > longue > …

Décomposer un mot

9 ✳✳✳ **Recopie les mots. Souligne leur radical, puis entoure leur préfixe et leur suffixe.**

inhabitable ◆ déformation ◆ triangulaire ◆ indirectement ◆ prolongation ◆ préchauffage

10 ✳ **Décris ce que tu vois sur ce dessin en utilisant des mots formés d'un radical et d'un suffixe.**

11 ✳✳ **Ajoute un suffixe à chaque mot. Puis écris un texte en utilisant les mots que tu viens de former.**

déménager ◆ camion ◆ cuisine ◆ Marseille

Vocabulaire

● Dans le dictionnaire, les mots sont classés dans l'**ordre alphabétique**. Les verbes sont à l'infinitif, les noms au singulier et les adjectifs au masculin singulier.

Les **mots repères** qui se situent en haut de page sont utiles pour trouver un mot.

Le dictionnaire donne des renseignements sur un mot : son orthographe, sa classe grammaticale, son origine mais aussi ses différents sens, les synonymes et les contraires.

● Les mots qui ont un **radical** identique ou de même origine sont regroupés en **familles**. À partir de ce radical, on peut créer de nouveaux mots en ajoutant un **préfixe** ou un **suffixe**.

Connaître l'ordre alphabétique

1 ✳ **Classe chaque liste de mots par ordre alphabétique.**

a. charmant ◆ chargement ◆ charge ◆ charitable ◆ chariot ◆ charme ◆ charnière

b. habiller ◆ habituel ◆ habile ◆ habitant ◆ habitude ◆ habit ◆ haine

c. monde ◆ monarchie ◆ molosse ◆ monnaie ◆ mondial ◆ mon ◆ momie

Utiliser les mots repères

2 ✳✳ **Recopie les mots situés entre les mots repères *farfouiller* et *faute*.**

fascicule ◆ fausser ◆ farfadet ◆ farine ◆ fauteuil ◆ faubourg ◆ farceur ◆ fauve ◆ farouche ◆ fatigue ◆ farandole ◆ faveur ◆ faucon ◆ fatal

Savoir chercher dans un dictionnaire

3 ✳ **Recopie uniquement les mots que tu peux trouver écrits de cette manière dans le dictionnaire.**

gros ◆ assistance ◆ déformez ◆ chaude ◆ fêtes ◆ embuscade ◆ hiberner ◆ éolienne ◆ journaux

Savoir lire un article de dictionnaire

4 ✳ **Lis cet article de dictionnaire et réponds aux questions.**

1 commode adj. ❶ Facile à utiliser, maniable, bien adapté à son emploi. *Son agenda est très commode.* SYN. pratique. ❷ Facile à faire. *C'est très commode d'aller chez lui, il habite à côté!* CONTR. compliqué. ❸ *Une personne qui n'est pas commode* a un caractère difficile, elle est peu aimable. *Thomas n'est vraiment pas commode, quel ours!*

2 commode n. f. Meuble bas à tiroirs dans lequel on range du linge.

Dictionnaire Larousse Super Major, © Larousse 2013.

a. Combien de sens a l'adjectif *commode* ?

b. Quelle est la définition du sens ❷ ?

c. Quel exemple donne-t-on pour le sens ❸ ?

d. Quel est le synonyme du sens ❶ ?

e. Quel est le contraire du sens ❷ ?

f. Quelle est la définition du nom *commode* ?

Utiliser le dictionnaire pour connaître le sens d'un mot

5 ✳✳ Ces mots ont plusieurs sens. Cherches-en deux pour chacun d'eux puis écris une phrase pour chaque sens.

a. face
b. carte
c. éclair
d. arête
e. bouton
f. accord

Reconnaître les mots d'une même famille

6 ✳ Écris le radical commun aux mots de chaque liste.

a. utilement ◆ utiliser ◆ utilisation ◆ utilité ◆ inutilisable
b. alourdir ◆ lourdement ◆ alourdissement ◆ lourdaud ◆ lourdeur
c. refroidissement ◆ froideur ◆ refroidir ◆ froidement ◆ froidure
d. encolure ◆ collier ◆ décolleté ◆ collet ◆ collerette

7 ✳✳ Dans chaque liste, un mot n'appartient pas à la même famille que les autres. Recopie les listes sans l'intrus.

a. gardien ◆ garderie ◆ gardon ◆ garder ◆ gardiennage
b. doux ◆ doucement ◆ douceur ◆ doucher ◆ adoucir
c. limitation ◆ illimité ◆ limer ◆ limite ◆ délimiter
d. déplaisant ◆ plaisanterie ◆ plaisanter ◆ plaisantin ◆ plainte
e. rectiligne ◆ ligne ◆ aligner ◆ aliment ◆ alignement

Reconnaître les mots formés avec un préfixe

8 ✳ Recopie uniquement les mots formés avec un préfixe.

entrapercevoir ◆ bimoteur ◆ bijou ◆ centimètre ◆ incroyable ◆ index ◆ malentendu ◆ refaire ◆ résultat ◆ retomber ◆ tricolore ◆ tristesse

Reconnaître les mots formés avec un suffixe

9 ✳ Recopie uniquement les mots formés avec un suffixe.

jardinage ◆ ménage ◆ promenade ◆ liste ◆ cultivateur ◆ délicatesse ◆ moment ◆ feuillage ◆ éternuement ◆ explication ◆ garagiste ◆ lotion ◆ documentaliste

10 ✳✳ Écris le nom de ces petits d'animaux.

a.

b.

c.

d.

Utiliser des préfixes

11 ✳ Indique le contraire des verbes suivants en utilisant les préfixes *dé-*, *dés-* ou *dis-*.

paraître ◆ régler ◆ favoriser ◆ obéir ◆ coller ◆ organiser ◆ qualifier ◆ boucher ◆ habiller

Utiliser des suffixes

12 ✳✳ Sers-toi de suffixes pour trouver le nom des habitants des pays suivants.

Suède ◆ Algérie ◆ Italie ◆ Sénégal ◆ Hongrie ◆ Norvège ◆ Maroc ◆ France ◆ Japon ◆ Pérou

Décomposer un mot

13 ✳✳✳ Recopie les mots en séparant le préfixe, le radical et le suffixe.

parachutage ◆ bicyclette ◆ antipelliculaire ◆ préhistorique ◆ rechargeable ◆ infranchissable ◆ disqualification ◆ retardement

Vocabulaire

Les noms génériques et les noms particuliers

CHERCHONS

▶ Écrivez les noms des objets qui correspondent aux dessins.

▶ Classez ces noms en trois ensembles.

▶ Associez l'un de ces noms génériques à chaque ensemble : *des meubles, des jouets, des instruments de musique, des tissus, des appareils ménagers, des vêtements.*

● Un **nom générique** a un **sens général**. Il englobe toute une **catégorie** d'êtres vivants ou d'objets.

nom générique	noms particuliers
légume	haricot, brocoli, épinard, petit pois…
fleur	rose, œillet, iris, tulipe, violette…

● Les noms génériques et les noms particuliers permettent d'éviter des répétitions.

Distinguer les noms génériques et les noms particuliers

1 ✳ **Dans chaque liste, recopie le nom générique.**

a. un dentiste ◆ un métier ◆ un électricien

b. un arbre ◆ un marronnier ◆ un peuplier

c. un rubis ◆ une émeraude ◆ une pierre précieuse

d. l'athlétisme ◆ la boxe ◆ le sport

2 ✳ **Dans chaque liste, recopie les noms particuliers.**

a. un commerçant ◆ un boulanger ◆ un fleuriste

b. septembre ◆ un mois ◆ mars

c. une framboise ◆ une poire ◆ un fruit

d. un marteau ◆ un outil ◆ une scie

3 ✳✳ **Classe les noms en gras dans le tableau.**

noms génériques	noms particuliers

a. Au temps des Celtes, la Gaule est un pays riche. Les Gaulois cultivent des **céréales** (**blé, orge, millet, avoine**), des **légumes** (**lentilles**), des **plantes** (**chanvre, lin**) avec lesquelles ils fabriquent tissus et cordages.

Histoire, cycle 3, Magnard.

b. À partir du XIᵉ siècle, les paysans ont amélioré leurs **techniques** et inventé de nouveaux outils, tels que la **charrue**, le **collier d'épaule**, le **moulin à eau et à vent**…

Histoire, cycle 3, © Hatier.

Employer des noms génériques

4 ✳ **Trouve un nom générique pour regrouper les noms de chaque liste.**

a. Loire ◆ Garonne ◆ Seine ◆ Rhône ◆ Rhin

b. Alpes ◆ Pyrénées ◆ Vosges ◆ Jura ◆ Massif central

c. Rouen ◆ Nancy ◆ Avignon ◆ Dax ◆ Nice

5 ✳ **Écris les noms génériques qui correspondent aux dessins.**

a.

b.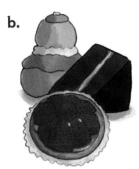

6 ✳ **Le nom générique a été supprimé dans ce texte. Retrouve-le.**

Il était une fois une petite fille nommée Jeannette qui fêtait son anniversaire. On lui avait offert des quantités de … : une petite bicyclette rouge, une paire de patins à roulettes, une corde à sauter et de beaux livres d'images.

Joan Aiken, « Des farfadets sur le buffet »,
in Les Perles de la pluie, Hachette Jeunesse.

7 ✳✳ **Remplace les mots en gras par un nom générique pour éviter les répétitions.**

a. *finir*, *grandir* et *bondir* se terminent par un *t* à la 3ᵉ personne du singulier au présent de l'indicatif car **finir**, **grandir et bondir** appartiennent au 2ᵉ groupe.

b. Ma grand-mère possède un chat, un chien et un lapin. **Son chien, son chat et son lapin** cohabitent très bien ensemble.

c. Henri IV, Louis XIII, Louis XIV, Louis XV et Louis XVI appartiennent à la dynastie des Bourbons. **Henri IV, Louis XIII, Louis XIV, Louis XV et Louis XVI** ont régné sur le royaume de France pendant deux cents ans.

8 ✳✳ **Recopie chaque définition et entoure le nom générique.**

a. mousson : vent chaud et humide, venant de la mer, qui apporte de fortes pluies.

b. péniche : long bateau à fond plat utilisé pour le transport de marchandises.

c. oie : gros oiseau à long cou, au bec large, aux pattes palmées et aux plumes blanches ou grises.

d. lutin : petit personnage imaginaire, espiègle et malicieux.

Employer des noms particuliers

9 ✳ **Pour chaque nom générique, trouve quatre noms particuliers.**

a. des personnages historiques

b. des pays d'Afrique

c. des couleurs

d. des légumes

10 ✳✳ **Complète chaque phrase avec les noms particuliers qui conviennent.**

Tu peux t'aider d'un dictionnaire.

a. Chacune de nos mains comprend cinq doigts : le …, l'…, le …, l'… et l'… .

b. Un adulte peut avoir au maximum 32 dents. Il y a les …, les …, les … et les … .

c. Le système solaire compte huit planètes : …, …, …, …, …, …, …, … .

d. Pour résoudre un problème, on peut utiliser quatre opérations : l'…, la …, la … et la … .

À toi d'écrire !

11 ✳ **Choisis quatre noms particuliers et écris leur définition. Chaque définition doit commencer par un nom générique.**

Aide-toi de l'exercice 8.

Vocabulaire

Vocabulaire

Les synonymes

CHERCHONS

Texte 1

Par une belle soirée du mois de septembre 1886, la famille Keller était réunie au salon. Le capitaine lisait distraitement son journal. Il finit par le poser à côté de lui et regarda par-dessus ses lunettes sa fille aînée Helen qui, pelotonnée dans un fauteuil, serrait contre son cœur une grande poupée de chiffon.

Lorena A. Hickok, *L'Histoire d'Helen Keller*, trad. R. Rosenthal, Pocket Jeunesse.

Texte 2

Par un magnifique soir du mois de septembre 1886, la famille Keller était rassemblée au salon. Le capitaine parcourait distraitement son journal. Il finit par le mettre à côté de lui et observa par-dessus ses lorgnons sa fille aînée Helen qui, blottie dans un siège, serrait contre son cœur une grande poupée de tissu.

▶ Relevez les mots qui ont changé entre les deux textes. Ces mots modifient-ils complètement le sens du texte 1 ?

▶ Trouvez d'autres adjectifs qui ont un sens voisin de *belle* et d'autres verbes qui ont un sens voisin de *regarder*.

● Des mots **synonymes** sont des mots qui ont le **même sens** ou un **sens voisin**. Ils appartiennent à la même classe grammaticale.
*une **belle soirée** → un **magnifique soir***

● L'utilisation des synonymes permet d'éviter les répétitions et d'enrichir un texte.

Reconnaître les synonymes

① ✳ Classe les adjectifs qualificatifs dans le tableau.

synonymes de *courageux*	synonymes d'*extraordinaire*

exceptionnel ◆ brave ◆ hardi ◆ fantastique ◆ merveilleux ◆ vaillant ◆ étonnant ◆ héroïque ◆ téméraire ◆ fabuleux ◆ formidable

② ✳ Dans chaque liste, un adjectif n'est pas synonyme des autres. Recopie les listes sans l'intrus.

a. facile ◆ gentil ◆ simple ◆ aisé ◆ commode

b. méchant ◆ mauvais ◆ cruel ◆ sensible ◆ malintentionné

c. laid ◆ horrible ◆ hideux ◆ affreux ◆ beau

d. calme ◆ agité ◆ tranquille ◆ posé ◆ paisible

e. gros ◆ énorme ◆ ventru ◆ corpulent ◆ filiforme

f. drôle ◆ amusant ◆ distrayant ◆ ennuyeux ◆ divertissant

3 ✳ **Reconstitue les paires de noms synonymes.**

un étendard   un récit   un abri
un marin   un adversaire
un concurrent   une histoire
un navigateur   un drapeau   un refuge

Utiliser des synonymes

4 ✳ **Remplace chaque verbe en gras par un synonyme.**

a. **Faire** la vaisselle.

b. **Peler** une orange.

c. **Mettre** des bottes.

5 ✳ **Remplace le verbe *donner* en gras par l'un des synonymes proposés.**
communiquer ◆ accorder ◆ céder ◆ distribuer

Conjugue les verbes correctement.

a. Mes parents me **donnent** la permission d'aller au cinéma.
b. Chaque matin, la maîtresse **donne** les cahiers du jour aux élèves.
c. Demain, le guide vous **donnera** toutes les informations utiles.
d. Dans le bus, nous **donnons** toujours notre place aux personnes âgées.

6 ✳ **Choisis le synonyme de l'adjectif qualificatif en gras qui convient le mieux. Tu peux le déplacer.**
a. Ce chien est **calme**. *(tranquille ◆ décontracté)*
b. Avez-vous vu ce **beau** temps ? *(superbe ◆ joli)*
c. Quel **grand** succès ! *(haut ◆ remarquable)*
d. Le résultat de ta multiplication est **bon**. *(délicieux ◆ juste)*

7 ✳✳ **Écris cinq synonymes du nom *travail*.**

Tu peux t'aider d'un dictionnaire.

8 ✳✳ **Remplace le verbe *dire* en gras par l'un des synonymes proposés.**
explique ◆ demande ◆ s'exclame ◆ propose ◆ répond
Max et Soraya se rencontrent dans la rue.
« Bonjour ! dit Max.
– Quelle surprise ! **dit** Soraya. Cela fait longtemps que nous ne nous sommes pas vus.
– J'étais parti en Espagne pour mon travail, **dit** le jeune homme.
– Habites-tu par ici maintenant ? **dit** Soraya.
– Oui, j'ai emménagé hier rue Dufour, lui **dit** Max.
– Si tu veux, je te ferai visiter le quartier », **dit** la jeune femme.

À toi d'écrire !

9 ✳ **Réécris le programme de construction de cette figure en remplaçant les mots en gras par des verbes synonymes.**
● **Fais** un carré ABCD. Chaque côté doit **faire** 5 cm.
● **Fais** un point au milieu du côté [AB].
● **Fais** un trait pour relier ce point au point D.

10 ✳✳ **Écris une suite au texte 1 de la page 176. Une fois ton texte terminé, relis-le. Si tu as fait des répétitions, remplace-les par des synonymes.**

Les contraires

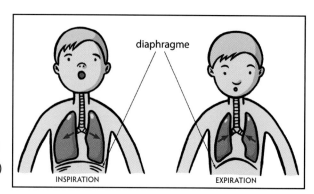

diaphragme

INSPIRATION · EXPIRATION

CHERCHONS

Les mouvements respiratoires sont de deux types :

– l'**inspiration** est le mouvement qui fait **entrer** l'air dans les poumons. Le diaphragme (un muscle qui sépare le thorax de l'abdomen) **se contracte** et s'abaisse. Dans le même temps, les côtes **se soulèvent**. Cela provoque l'**augmentation** de la cage thoracique et donc celle des poumons : l'air **entre** alors dans les poumons ;

– l'expiration est le mouvement qui fait sortir une partie de l'air contenu dans les poumons. Le diaphragme se relâche et remonte. Les côtes s'abaissent. Cela entraîne une diminution du volume de la cage thoracique et donc des poumons : l'air sort alors des poumons.

Sciences, cycle 3, Magnard.

▶ Relevez dans le texte les contraires des mots en violet.
▶ À quelle classe grammaticale appartiennent les mots *augmentation* et *entrer* ?
À quelle classe grammaticale appartiennent leurs contraires ?
▶ *Se décontracter* est un autre contraire du verbe *se contracter*. Comment est-il formé ?

● Les mots **contraires** sont des **mots de sens opposés**. Ils appartiennent à la même classe grammaticale. Les contraires s'appellent aussi des **antonymes**.

● Il y a deux sortes de contraires :
– des mots différents : *augmentation / diminution, entrer / sortir*
– des mots formés à l'aide d'un préfixe comme **in- (im-, il-, ir-), dé- (des-)** ou **mal-** : *prudence / **im**prudence, se contracter / se **dé**contracter, réel / **ir**réel*

Retrouver les contraires

1 ✳ Associe par paire chaque nom et son contraire.

le bien · le premier · un ennemi · un allié · le bruit · l'entrée · la saleté · le mal · la sortie · le dernier · le silence · la propreté

2 ✳ Recopie chaque verbe en gras et son contraire.

a. finir → débuter ◆ terminer
b. bouger → remuer ◆ s'immobiliser
c. autoriser → accorder ◆ interdire
d. construire → détruire ◆ bâtir
e. réussir → parvenir ◆ échouer
f. aimer → adorer ◆ détester

3 ✶✶ Écris une phrase de légende pour le second dessin de chaque vignette.

a.

Il monte. …

c.

C'est le jour. …

b.

Il est heureux. …

d.

C'est un nain. …

4 ✶✶ Recopie en bleu les synonymes du mot en gras et en vert son contraire.

a. grand ➜ haut ◆ petit ◆ élevé

b. lourd ➜ pesant ◆ léger ◆ écrasant

c. avancer ➜ reculer ◆ progresser ◆ approcher

d. victoire ➜ triomphe ◆ succès ◆ défaite

e. lentement ➜ doucement ◆ rapidement ◆ tranquillement

Utiliser les préfixes pour former des contraires

5 ✶ Trouve le contraire des adjectifs en gras à l'aide des préfixes *il-*, *ir-*, *im-* ou *in-*.

a. une chaleur **supportable**

b. des ressources **limitées**

c. une écriture **régulière**

d. une consigne **compréhensible**

e. un nombre **pair**

6 ✶✶ Trouve le contraire des noms à l'aide des préfixes *in-*, *im-*, *il-*, *ir-*, *dé-* ou *dés-*.

la politesse ◆ l'obéissance ◆ le respect ◆ le placement ◆ la justice ◆ la légalité ◆ la patience ◆ un avantage

Utiliser les contraires

7 ✶ Retrouve le proverbe ou l'expression dont le mot en gras a été remplacé par son contraire.

a. L'argent ne fait pas le **malheur**.

b. Il faut battre le fer quand il est **froid**.

c. Il ne faut pas **acheter** la peau de l'ours avant de l'avoir tué.

d. Il faut que **vieillesse** se passe.

8 ✶ Réécris les phrases en remplaçant les verbes en gras par leur contraire.

a. Elle **ignore** où il est allé.

b. Il **dépense** tout son argent de poche.

c. J'ai **emprunté** le dictionnaire à Célia.

d. Tout le monde **parle**.

9 ✶✶✶ Ce début de conte a été changé. Rétablis-le en trouvant le contraire des mots en gras.

Il était une fois un roi qui avait trois fils. Deux étaient **idiots** mais le troisième paraissait **intelligent**. Le roi, en **rajeunissant**, voyait ses forces **augmenter**. Quand il sentit sa fin **lointaine**, il fit appeler ses fils qui vinrent aussitôt.

À toi d'écrire !

10 ✶ Fais ton « antiportrait » : dis tout le contraire de ce que tu es, de ce que tu aimes ou de ce que tu n'aimes pas.

11 ✶✶ Nine rêve qu'elle est emprisonnée au pays des contraires. Pour retrouver la liberté, elle doit répondre aux questions du roi en utilisant un mot contraire commençant par un préfixe. Continue le dialogue entre les deux personnages.

Le roi : Es-tu **capable** de voler au-dessus des nuages ?

Nine : J'en suis **incapable** car je ne suis pas un oiseau.

Vocabulaire

Le sens d'un mot d'après le contexte

CHERCHONS

▶ Sur l'affiche, de quel type d'ampoule s'agit-il :
un petit tube de verre contenant un médicament,
un appareil qui sert à éclairer ou une petite cloque
sous la peau ?

▶ Par quel synonyme pourriez-vous remplacer
le mot *pièce* ?

▶ Employez chaque mot dans une phrase
où il aura un autre sens que sur l'affiche :
une pièce, la veille, les dents.

PROTÉGEONS NOTRE PLANÈTE !

**Fais un geste
pour
la planète !**

● Choisis des ampoules
basse consommation.

● Éteins la lumière
quand tu sors d'une pièce.

● Éteins les appareils électriques au lieu
de les mettre en veille.

● Prends des douches
plutôt que des bains.

● Ferme le robinet quand
tu te laves les dents.

● Un mot peut avoir **des sens différents en fonction du contexte** dans
lequel on l'emploie. Le contexte est l'ensemble des mots et des phrases
qui précèdent ou suivent ce mot.

> une **ampoule** →
> *Je prends une **ampoule** de vitamines tous les matins.*
> *J'ai une **ampoule** à la main qui me fait très mal.*
> *L'**ampoule** du salon est grillée, il faut la changer.*

● Le contexte peut également permettre de **comprendre un mot inconnu.**

*Accoudé au **parapet** du pont, Tom regardait les bateaux.* → C'est le contexte (les mots
accoudé et *pont*) qui nous permet de comprendre que ***parapet*** signifie ***mur.***

Connaître les différents sens d'un mot

1 ＊ Remplace le verbe *battre* en gras
par l'un des synonymes proposés.

indiquer ◆ vaincre ◆ taper ◆ mélanger

a. L'équipe de France a réussi à **battre** celle du
Portugal deux buts à un.

b. Il faut **battre** les cartes du jeu des 7 familles
avant de les distribuer.

c. Battre un camarade est interdit.

d. La baguette du chef d'orchestre lui sert à
battre la mesure.

2 ＊ Il manque le même mot dans
ces phrases. Trouve-le.

a. Tous les matins, Soltana se coiffe devant la …
de la salle de bains.

b. Mes parfums de … préférés sont la framboise
et la vanille.

c. Les Esquimaux doivent briser la … de
la banquise pour pêcher.

d. Malgré sa colère, il resta de … et ne prononça
aucune parole.

3 ✷✷ **Écris le mot correspondant à chaque série de définitions.**

Elle peut être de pain ou appartenir au chef d'orchestre. > *la baguette*

a. Elle peut être de savon ou contenir du texte dans une bande dessinée.

b. Elle brille dans le ciel. De mer, elle a cinq branches.

c. Synonyme de durée. En conjugaison, ils peuvent être simples ou composés.

d. Si elles sont vertes, on les mange. Si elles sont de contact, elles remplacent les lunettes.

4 ✷✷✷ **Trouve deux sens différents pour chacun des mots suivants. Puis écris une phrase avec chaque sens.**

a. une course
b. une feuille
c. une note
d. une pile

Comprendre le sens d'un mot d'après le contexte

5 ✷ **Remplace chaque adjectif en gras par l'un des contraires proposés.**

petite ◆ humide ◆ foncée ◆ mouillé ◆ maigre ◆ compliquée

> *Fais bien attention au contexte.*

a. Son explication était très **claire**.

b. Elle porte une robe **claire**.

c. Mon voisin a une **grosse** voiture.

d. Ce chat est trop **gros**.

e. Il fait un temps **sec**.

f. Le linge est **sec**.

6 ✷✷ **Pour chaque mot en gras, recopie la définition qui convient en fonction du contexte.**

L'Espagne et le Portugal se partagent une péninsule presque carrée appelée péninsule Ibérique et qui est séparée du reste de l'Europe par la haute **chaîne** des Pyrénées, difficile à traverser. Le centre de la péninsule est occupé par un haut **plateau** appelé Meseta, parcouru de **crêtes** montagneuses et creusé de profondes vallées.

Le Nouvel Atlas du monde, Nathan.

a. chaîne : ensemble d'anneaux reliés l'un à l'autre ◆ ensemble de montagnes.

b. plateau : terrain plat élevé ◆ objet plat utile pour poser des choses dessus et les transporter.

c. crêtes : morceaux de chair rouge situés sur la tête d'un coq ◆ sommets des montagnes.

7 ✷✷ **Trouve le sens des mots en gras en t'aidant du contexte. Choisis parmi les mots proposés et recopie les mots du texte qui t'ont aidé à trouver.**

a. En ce temps-là, les loups se combattaient férocement. Au cours d'une de ces **rixes**, deux loups s'affrontèrent.

→ des banquets ◆ des combats ◆ des fêtes

b. Le calendrier mongol comprend un cycle de douze ans. Chaque année porte le nom d'un animal. Le nom des onze premières fut facile à trouver, mais pour la douzième, un **litige** éclata entre le chameau et le rat.

→ un incendie ◆ un rire ◆ une dispute

c. Dans un petit village de l'Inde noyé sous la chaleur et la poussière, vivait un homme très **prospère** qui avait tout ce qu'il voulait.

→ heureux ◆ riche ◆ pauvre

8 ✷✷ **Trouve le sens des verbes en gras en t'aidant du contexte. Donne un mot de sens voisin.**

a. Si tu leur désobéis encore, tes parents vont te **réprimander**.

b. Lorsque tu auras mélangé la pâte, **incorpore** les œufs un à un.

c. Ce matin, Élisa était très fière d'**exhiber** sa nouvelle robe.

d. Lorsque mon chien est content, sa queue **oscille** de gauche à droite.

e. Je ne prête plus rien à mon petit frère : il **détériore** tout ce qu'il touche !

Les niveaux de langage

Roba, *Boule et Bill*, tome 26, « Faut rigoler ! », © Roba - Studio Boule et Bill 2013.

▶ Donnez des synonymes de *vise* et *costard*. Quelle différence voyez-vous entre les synonymes que vous avez trouvés et ces deux mots ?

▶ Relevez l'expression qui signifie *aussitôt*.

▶ Utilisez-vous toujours le même langage lorsque vous parlez à vos parents, à vos amis, à votre professeur ? Donnez un exemple.

● **La façon de s'exprimer varie** avec la personne à qui l'on s'adresse (un copain ou un adulte), la situation dans laquelle on se trouve (la cour de récréation ou le cabinet du médecin) et si l'on s'exprime à l'oral ou à l'écrit.

● On distingue plusieurs niveaux de langage :
– le **niveau familier** (langage parlé) : *Vise-moi le costard de Bill !*
– le **niveau courant** (vocabulaire ordinaire et phrase simple mais correcte) : *Regarde le costume de Bill !*
– le **niveau soutenu** (vocabulaire riche et construction de phrase élaborée) : *Aurais-tu l'obligeance d'observer la tenue vestimentaire de Bill ?*

Reconnaître les différents niveaux de langage

1 ✳ Classe les mots dans le tableau selon leur niveau de langage.

familier	courant	soutenu

la maison ◆ se vêtir ◆ manger ◆ la demeure ◆ amusant ◆ s'habiller ◆ bouffer ◆ la baraque ◆ rigolo ◆ se fringuer ◆ se sustenter ◆ distrayant

2 ✳ Regroupe les verbes synonymes et souligne celui qui appartient au langage familier.

se grouiller ◆ dormir ◆ casser ◆ se marrer ◆ bosser ◆ se dépêcher ◆ piger ◆ dérober ◆ roupiller ◆ comprendre ◆ piquer ◆ bousiller ◆ rire ◆ travailler

3 ✳ Regroupe les noms synonymes et souligne celui qui appartient au langage courant.

un bouquin ◆ une balade ◆ une dégringolade ◆ des chaussures ◆ un mensonge ◆ le cinoche ◆ un livre ◆ le cinéma ◆ des godasses ◆ une chute ◆ une promenade ◆ un bobard

4 ✳ Recopie les phrases. Puis souligne les mots ou les expressions qui appartiennent au langage familier.

a. J'espère que c'est bientôt l'heure de la récré.

b. Je file ! Le prof m'attend.

c. Dégage ! C'est ma place !

d. Ta sœur est vraiment un drôle de numéro.

5 ✳✳ Recopie uniquement les phrases qui appartiennent au langage courant.

a. J'ai beaucoup travaillé.

b. Je déteste tous les sodas, je ne bois que de la flotte.

c. J'ai galéré pour finir mon exercice de maths.

d. J'espère avoir une bonne note au contrôle de géographie !

e. Mon petit frère m'a encore piqué mes jouets.

f. Mon meilleur ami parle couramment l'anglais.

Passer du langage familier au langage courant

6 ✳ Remplace chaque nom par un mot de sens proche en langage courant.

a. des pompes

b. un bonbec

c. une bagnole

d. la bouffe

e. un frangin

f. un flic

g. le chouchou

h. un gamin

7 ✳✳ Réécris les phrases suivantes en langage courant.

a. Ce type est complètement givré !

b. J'ai un coup de pompe !

c. T'as vu comment il est sapé ?

d. Toi, t'es mon super pote.

8 ✳✳ Remplace les mots en gras par un synonyme appartenant au langage courant.

– Écoutez-moi bien, les **mecs**, c'est **vachement** important… Si je vous demandais de **me filer un coup de main**, comme ça, sans réfléchir, demain samedi et **p'têt'**même bien dimanche aussi… Pour un **truc hyper** sérieux… Comme qui dirait une question de vie ou de mort… Vous le feriez ? Flottement chez Youssef et Jonathan. Ils n'ont jamais vu David parler si gravement.

– Ben… dit Youssef.

– Heu… dit Jonathan.

– Ben heu quoi ? On est **potes** ou pas ?

Jean-Hugues Oppel, *David a du flair*, Flammarion, Castor Poche.

À toi d'écrire !

9 ✳ Relis les deux vignettes de la page 182, puis écris le dialogue entre les deux chiens en langage courant.

10 ✳✳ Les personnages se racontent leur journée. Écris leur conversation en utilisant le niveau de langage qui convient.

Tu peux choisir le même sujet pour les deux conversations.

Vocabulaire

Vocabulaire

RÉVISIONS

● Un **nom générique** a un **sens général**. Il désigne une **catégorie** de **noms particuliers** d'êtres vivants, d'objets ou d'activités.

> *Le handball, le judo, le badminton sont des noms particuliers regroupés sous le nom générique **sport**.*

● Des mots **synonymes** ont le **même sens** ou un **sens voisin**.

penser → réfléchir   *le début → le commencement*   *paisible → calme*

● Des **antonymes** (des **contraires**) ont un **sens opposé**.

parler / se taire   *la montée / la descente*   *plein / vide*

● Un mot peut avoir **plusieurs sens selon le contexte** dans lequel il est employé.

*une **règle***
> *Aujourd'hui, nous avons appris une nouvelle **règle** d'orthographe.*
>
> *J'ai tracé un segment de droite avec ma **règle**.*

● On distingue trois **niveaux de langage** en fonction de la personne à laquelle on s'adresse et de la situation dans laquelle on se trouve :
– le **langage familier** : *Grouille-toi !*
– le **langage courant** : *Dépêche-toi !*
– le **langage soutenu** : *Hâte-toi !*

Employer des noms génériques et des noms particuliers

1 ✶ Trouve un nom générique pour regrouper les noms de chaque liste.

a. des bottes ◆ des baskets ◆ des sandales ◆ des espadrilles

b. un camembert ◆ un yaourt ◆ une crème au chocolat ◆ un petit-suisse

c. une vipère ◆ une couleuvre ◆ un python ◆ un boa

2 ✶ Pour chaque nom générique, trouve trois noms particuliers.

a. des arbres fruitiers
b. des pays de l'Union européenne
c. des figures géométriques

3 ✶✶ Complète chaque définition avec un nom générique.

> Tu peux t'aider d'un dictionnaire.

a. épinard : … dont on mange les feuilles vertes, cuites ou crues.
b. tambour : … sur lequel on frappe avec des baguettes.
c. passoire : … qui sert à égoutter.

Reconnaître et utiliser des synonymes

4 ✶ Reconstitue les paires de verbes synonymes.

gouverner   envelopper
emballer
se dresser
se lever   déranger   gêner
diriger

184

5 ＊ Dans chaque liste, un mot n'est pas synonyme des autres. Recopie les listes sans l'intrus.

a. une résidence ◆ une habitation ◆ un logis ◆ un salon

b. fragile ◆ fort ◆ robuste ◆ puissant

c. simplement ◆ difficilement ◆ clairement ◆ aisément

6 ＊＊ Remplace les mots en gras par les synonymes proposés.

partir ◆ avala ◆ parler ◆ revint ◆ demeure ◆ énormes

Emma **retourna** à la cuisine ; elle **engloutit** quatre autres tartines et deux **grosses** pommes, tout en rêvant à un perroquet. Elle avait entendu dire que les perroquets savent rire et **bavarder**. Rire et bavarder ! Personne n'avait donc envie de rire et bavarder avec elle, dans cette **maison** ? Eh bien, puisque c'était comme ça, elle n'avait plus qu'à **s'en aller**, voilà.

Patricia Maclachlan, *Sept baisers sans respirer*, trad. R.-M. Vassallo, © Flammarion Jeunesse.

Retrouver les contraires

7 ＊ Associe un mot de la liste 1 avec un mot de sens contraire de la liste 2.

Liste 1 : se réveiller ◆ dessous ◆ usé ◆ la vérité ◆ accélérer ◆ la laideur

Liste 2 : ralentir ◆ neuf ◆ s'endormir ◆ la beauté ◆ le mensonge ◆ dessus

Utiliser les préfixes pour former des contraires

8 ＊＊ Trouve le contraire des mots à l'aide des préfixes *dé-, dés-, il-, im-, in-, ir-* ou *mal-*.

honnête ◆ obéir ◆ la pureté ◆ logique ◆ la discrétion ◆ couvrir ◆ la régularité

Connaître les différents sens d'un mot

9 ＊ Il manque le même mot dans ces phrases. Trouve-le.

a. Le triangle est une figure à trois … .

b. De quel … vas-tu ? À droite ou à gauche ?

c. Mon petit frère est très capricieux, c'est son mauvais … .

d. Assia habite à … de chez moi.

10 ＊ Cherche dans un dictionnaire combien de sens a le mot *opération*. Puis choisis l'un de ces sens et emploie-le dans une phrase.

Comprendre le sens d'un mot d'après le contexte

11 ＊＊ Indique le sens de chaque nom en gras en t'aidant des mots proposés.

a. Pietro a un **problème** : il a perdu ses lunettes.

b. Ce **problème** de mathématiques est vraiment difficile à résoudre.

➜ un exercice ◆ un souci

c. On trace un **cercle** avec un compas.

d. Lily retrouve son **cercle** d'amis le samedi.

➜ une figure géométrique ◆ un groupe

e. À la fin de la partie, j'ai joué l'as de **carreau** et j'ai gagné.

f. En jouant au football, nous avons cassé un **carreau** de la maison.

➜ une vitre ◆ une carte à jouer

Passer du langage familier au langage courant

12 ＊＊ Réécris les phrases suivantes en langage courant.

a. Mon frangin est un môme très froussard.

b. Grouille-toi ! Il commence à flotter.

c. Je regarde pas le film à la télé c'soir car j'suis trop crevé.

La mer

Les deux enfants habitaient une petite ville au bord de la mer. Le soir, après l'école, ils partaient vers le port. Thibaud avait toujours aimé regarder les bateaux revenir de la pêche. Des centaines de mouettes les accompagnaient en poussant des cris perçants. Les hommes s'interpellaient tout en déchargeant les caisses pleines de poissons. Leurs rudes manières et leurs voix fortes effrayaient un peu Émilie. Elle avait toujours vécu dans une grande ville, loin de la mer. Elle respirait avec un peu de dégoût l'odeur âcre de ce mélange de poissons, d'algues et d'eau de mer.

Véronique Nitsch, *Une mère sur mesure*, Flammarion, Castor Poche.

▸ Relevez les mots qui évoquent le thème de la mer. Parmi ces mots, citez un élément de la flore et deux éléments de la faune.

▸ De quel métier est-il question dans le texte ?

Connaître des mots pour décrire les paysages marins

Tu peux t'aider d'un dictionnaire pour les exercices de cette leçon.

1 ✳ Associe un nom au numéro correspondant sur le dessin.
a. une falaise ◆ **b.** le phare ◆ **c.** une île ◆ **d.** le port ◆ **e.** la plage ◆ **f.** des écueils

2 ✳ Classe les noms en gras selon l'élément auquel ils se rapportent : l'eau, l'air ou la terre.
L'**ouragan** se déchaînait, ce soir-là, sur la **lande**. Un **vent** aigre, qui venait du **large**, jetait son haleine glacée sur la terre couverte d'une **herbe** rase. Seuls les **tamaris** pliaient sous la **bise**, en geignant comme âmes en peine. Au bas de la **falaise**, les **vagues** venaient mourir sur une **plage** de **sable** fin. La **marée** montait, la grande marée d'équinoxe qui engendre la tempête, et, d'un moment à l'autre, les **rochers** s'avançant dans la mer seraient recouverts par les **flots**.

Josette Gontier, *Le cavalier qui venait de la mer*, Le Livre de Poche, Hachette.

3 ✶ **Classe les mots dans la colonne qui convient.**

une mer calme	une mer agitée

une mer plate ♦ une mer démontée ♦ une mer d'huile ♦ une tempête ♦ une forte houle ♦ des vaguelettes ♦ un raz de marée

4 ✶✶ **Parmi ces mots, recopie ceux qui décrivent un paysage marin.**

un pic ♦ un rivage ♦ un champ ♦ une colline ♦ une jetée ♦ une crique ♦ une dune ♦ un col ♦ un pré ♦ un récif ♦ une vallée ♦ une baie

Décrire des activités liées à la mer

5 ✶ **Complète les phrases avec les verbes proposés.**

débarquent ♦ s'est échoué ♦ naviguent ♦ ont embarqué ♦ accoste ♦ a largué

a. Les passagers … sur le paquebot puis celui-ci … les amarres et a quitté le port.

b. Un bateau … au large des côtes italiennes.

c. Un magnifique yacht … dans le port.

d. Les marins … une importante cargaison de fruits exotiques sur les quais du port.

e. L'été, de nombreux bateaux de plaisance … sur la mer Méditerranée.

6 ✶ **Complète les définitions avec le nom de métier correspondant.**

architecte naval ♦ ostréiculteur ♦ maître nageur ♦ océanographe

a. Il élève des huîtres : c'est un … .

b. Il dessine des plans de bateaux : c'est un … .

c. Il étudie les eaux des océans, des mers et les fonds marins : c'est un … .

d. Il surveille les plages : c'est un … .

7 ✶ **Complète les phrases avec les mots proposés.**

coquillages ♦ marée noire ♦ pêche à pied ♦ stations balnéaires ♦ littoral ♦ crustacés

a. Pendant l'été, les touristes déferlent sur les plages des … .

b. Le pétrolier qui a fait naufrage près des côtes bretonnes a provoqué une … .

c. Le … a été aménagé pour favoriser les activités de pêche, de commerce et de tourisme.

d. À marée basse, les vacanciers partent à la … pour ramasser des … et des … .

À toi d'écrire !

8 ✶ **Compare ces deux bateaux et explique en quelques lignes ce qui les différencie.**

un voilier >

un cargo >

9 ✶✶ **Cherche des informations sur Jean Bart, un célèbre corsaire, puis écris un court résumé de sa vie et de ce qu'il a fait.**

Vocabulaire

RÉPERTOIRE

les flots	le rivage	la marée basse	embarquer
une forte houle	le littoral	une marée noire	naviguer
une mer démontée	une baie	un bateau de plaisance	accoster
une mer d'huile	une falaise		débarquer
le large	un récif	un ostréiculteur	échouer

La montagne

Une station touristique de haute montagne
Les premières stations ont été créées au
XIXe siècle dans les fonds de vallée près des
villages, pour faire notamment de l'alpinisme
comme à Chamonix. Le développement du ski
a favorisé l'installation de stations en altitude
au pied des pistes, comme Courchevel ou
La Plagne. Ces stations de sports d'hiver ont été construites pour loger, distraire
les touristes et leur faciliter l'accès aux pistes grâce aux remontées mécaniques.

Géographie, cycle 3, Magnard.

▶ Relevez dans le texte deux activités sportives que l'on peut pratiquer à la montagne.
▶ Cherchez dans un dictionnaire deux autres sens du mot en violet.
▶ Trouvez dans le texte les mots qui correspondent aux définitions suivantes :
  – *système qui permet de remonter les pentes sans effort* ;
  – *relief creusé par un cours d'eau entre deux montagnes ou deux collines.*
▶ Que voit-on sur la photographie : un téléski, un télésiège ou une télécabine ?

Connaître et utiliser des mots pour décrire des paysages

1 * Associe un nom au numéro correspondant sur le dessin.
a. une vallée ◆ **b.** un col ◆ **c.** un pic ◆ **d.** un versant ◆ **e.** un glacier ◆ **f.** une crête

2 * Complète les phrases avec des mots de la famille de *neige*.
neigeuses ◆ enneigement ◆ enneigés ◆ déneiger
a. La neige est tombée pendant la nuit : les toits en pente des chalets sont tout … .
b. Les skieurs sont mécontents car l'… des pistes n'est pas très important.
c. Il va falloir … les routes pour que les automobilistes circulent plus facilement.
d. Avec leur luge, les enfants glissent sur les pentes … .

3 ✳✳ **Complète les phrases avec les adjectifs proposés.**

rocheuse ◆ escarpé ◆ abruptes ◆ culminant

a. Le pic d'Aneto est le point … de la chaîne des Pyrénées.

b. Les skieurs slaloment sur les pentes … .

c. Les alpinistes s'encordent pour escalader la paroi … .

d. Les randonneurs s'engagent sur un sentier étroit et … .

Connaître des mots pour décrire la faune et la flore

4 ✳ **Classe les mots dans le tableau.**

> *Tu peux t'aider d'un dictionnaire.*

noms d'animaux	noms d'arbres	noms de fleurs

un ours brun ◆ un sapin ◆ une marmotte ◆ un aigle royal ◆ une gentiane ◆ un chamois ◆ un edelweiss ◆ un épicéa ◆ un mélèze

5 ✳✳ **Lis le texte et réponds aux questions.**

À l'approche de l'automne, les marmottes aménagent un terrier d'hiver. Elles s'y installent confortablement et s'endorment pendant 6 mois, jusqu'au mois d'avril. C'est ce qu'on appelle l'hibernation.

a. Comment s'appelle le lieu d'habitation de la marmotte ?

b. Relève le nom qui indique que la marmotte vit au ralenti en hiver. Cherche un verbe de la même famille.

c. Explique l'expression de sens figuré « dormir comme une marmotte ».

Décrire des activités humaines

6 ✳✳ **Recopie le nom des activités que l'on peut pratiquer en été à la montagne.**

le ski de fond ◆ le parapente ◆ le VTT ◆ la luge ◆ le snowboard ◆ la randonnée ◆ l'escalade

7 ✳✳ **Complète les phrases avec les mots proposés.**

troupeaux ◆ torrents ◆ guides ◆ avalanche ◆ alpages ◆ ascensions ◆ barrages

a. Quand l'hiver se termine, les éleveurs emmènent leurs … dans les …, de vastes prairies situées près des sommets.

b. Dans les stations, les drapeaux à carreaux noirs et jaunes annoncent une possible … .

c. Lors de la fonte des neiges, l'eau vive des … se déverse dans les … construits pour produire de l'énergie hydroélectrique.

d. Les … de haute montagne accompagnent les vacanciers dans des excursions ou des … .

À toi d'écrire !

8 ✳ **Explique en quelques phrases à quoi peut servir un canon à neige dans une station de sports d'hiver.**

9 ✳✳ **Cherche des informations sur Courchevel. Puis rédige un texte pour présenter cette station et ce que peuvent y faire les touristes en hiver et en été.**

Vocabulaire

RÉPERTOIRE

une avalanche	un pic	culminant	déneiger
l'enneigement	un versant	escarpé	hiberner
l'alpinisme	les alpages	abrupt	escalader
l'hibernation	un chalet	enneigé	slalomer

La campagne

CHERCHONS

Le bocage est un paysage fermé par des haies. Celles-ci délimitent des champs et des prés, répartis autour de fermes dispersées. Les haies sont formées de bosquets et de buissons qui abritent de nombreux animaux (oiseaux, hérissons, petits rongeurs…).

En fonction du relief et du climat, les agriculteurs produisent des céréales, des fruits, des légumes qui poussent dans les champs. Les prés peuvent être occupés par des vaches, des moutons ou des chevaux.

◗ Quels adjectifs pourriez-vous utiliser pour décrire ce paysage : *campagnard*, *urbain*, *champêtre*, *maritime*, *agricole*, *rural* ?

◗ Relevez dans le texte les mots qui évoquent la campagne.

◗ Expliquez la différence entre un champ et un pré.

Décrire un paysage de campagne

❶ ✳ **Recopie les mots du poème qui correspondent aux définitions.**

Le pays

C'est un petit pays qui se cache parmi
ses bois et ses collines ;
il est paisible, il va sa vie
sans se presser sous ses noyers ;
il a de beaux vergers et de beaux champs de blé,
des champs de trèfle et de luzerne,
roses et jaunes dans les prés,
par grands carrés mal arrangés ;
il monte vers les bois, il s'abandonne aux pentes
vers les vallons étroits où coulent des ruisseaux
et, la nuit, leurs musiques d'eau
sont là comme un autre silence.

Charles-Ferdinand Ramuz, *Vers*, Éditions Mermod.

a. Arbre produisant des noix.
b. Terrain recouvert d'herbe.
c. Petite vallée.
d. Plantes pour nourrir les vaches. *(2 mots)*
e. Petite hauteur de forme arrondie.
f. Petit cours d'eau peu profond.
g. Lieu planté d'arbres fruitiers.

❷ ✳ **Recopie les mots que tu pourrais utiliser pour décrire une forêt.**

un buisson ◆ un arbre ◆ un arbuste ◆ le chemin ◆ la végétation ◆ une route ◆ un immeuble ◆ les fougères ◆ un fourré ◆ un sous-bois ◆ une cabane ◆ un rocher ◆ une clairière ◆ l'orée ◆ un poteau ◆ une plage

❸ ✳✳ **Recopie les mots qui ont le même sens que le nom *prairie*.**

Tu peux t'aider d'un dictionnaire.

un pâturage ◆ un champ ◆ une cour ◆ un herbage ◆ un marais ◆ une clairière ◆ un pré ◆ une lisière ◆ un jardin

4 ✶✶ **Complète le texte avec les mots proposés.**

arbustes ◆ colza ◆ printemps ◆ croissance ◆ reverdissent ◆ bourgeons ◆ fleurs

Selon le calendrier, le … commence le 20 mars. À cette date, le jour et la nuit auront la même durée. Après le long sommeil hivernal, la nature se réveille. La sève recommence à monter dans les branches des arbres et des … ; elle fait gonfler les … . Les premières … apparaissent sur les haies et dans les prés. Les champs cultivés … : les plants du blé et du … d'hiver ont repris leur … .

René Mettler, *La Nature au fil des mois*, Gallimard Jeunesse.

5 ✶✶✶ **Complète les définitions. Tous les noms sont formés à l'aide du suffixe *-age*.**

> *Tu peux t'aider d'un dictionnaire.*

a. Terrain humide, bourbeux, où l'on s'enfonce : un m… .
b. Plantes utilisées pour la nourriture du bétail : le f… .
c. Terrain où le bétail peut paître : un p… .
d. Paysage composé de champs entourés de haies et de petits bois : le b… .

Décrire la vie à la campagne

6 ✶ **Associe les animaux de la ferme et l'endroit où ils vivent.**

a. unc poulc
b. un cochon
c. un lapin
d. une vache
e. un cheval

1. un clapier
2. une écurie
3. un poulailler
4. une porcherie
5. une étable

7 ✶✶ **Remplace les verbes par un nom de la même famille.**

récolter des pommes de terre
> *la récolte des pommes de terre*

a. élever du bétail
b. moissonner du blé
c. traire des vaches
d. cultiver du maïs

8 ✶✶ **Complète le texte avec les mots proposés.**

moisson ◆ paysanne ◆ agriculteurs ◆ ferme ◆ tourisme vert ◆ hameaux

De nos jours, de nombreux … accueillent des vacanciers qui veulent séjourner dans leur … ; cela s'appelle le … . On peut ainsi découvrir de jolis … et partager la vie … : assister à la …, par exemple, ou observer les soins donnés aux animaux.

À toi d'écrire !

9 ✶ **Décris ce que tu vois sur cette reproduction d'un tableau de Marc Chagall.**

Marc Chagall, *Le poète allongé*.

RÉPERTOIRE

une colline	un pré	champêtre	cultiver
un vallon	un verger	rural	produire
un hameau	la moisson	agricole	moissonner
le bocage	l'élevage	paysan	paître

La ville

Tous les week-ends, de nombreux citadins quittent la ville pour profiter de l'air pur. On observe parfois de longs **bouchons** de voitures au départ de la ville. Les « urbains » rêvent de campagne alors que les habitants des petits villages se rapprochent des villes. Aujourd'hui, près de la moitié des personnes dans le monde et environ les trois quarts en Europe, comme en France, sont « urbaines ». Mais nombreux sont ceux qui, pour trouver un peu plus de calme et de nature, choisissent de vivre aux limites de la ville ou dans des banlieues, en maisons individuelles, lesquelles représentent 60 % des constructions neuves.

Michel Da Costa Goncalves, *La Ville et la Nature*, Éditions Autrement Jeunesse.

▶ Relevez le nom qui signifie *habitants des villes*.
▶ Le mot en violet est-il employé au sens propre ou au sens figuré ? Cherchez un synonyme.
▶ Trouvez dans le texte deux mots pour compléter la famille suivante : *un urbaniste*, *l'urbanisation*.
▶ Trouvez le mot du texte qui désigne un ensemble de communes qui entourent une grande ville.

Décrire la ville

1 ✳ Associe les groupes de mots ayant la même signification.

a. une ruelle
b. une rue commerçante
c. une rue piétonnière
d. une impasse
e. une piste cyclable

1. une rue réservée aux piétons
2. une rue sans issue
3. une petite rue étroite
4. une voie réservée aux cyclistes
5. une rue avec de nombreux magasins

2 ✳ Recopie le groupe de mots qui désigne un paysage de ville.

un paysage marin • un paysage montagnard • un paysage urbain • un paysage rural

3 ✳✳ Recopie les mots du poème qui correspondent aux définitions.

L'école

Dans notre ville, il y a
Des tours, des maisons par milliers,
Du béton, des blocs, des quartiers,
Et puis mon cœur, mon cœur qui bat
Tout bas.

Dans mon quartier, il y a
Des boulevards, des avenues,
Des places, des ronds-points, des rues
Et puis mon cœur, mon cœur qui bat
Tout bas. […]

Jacques Charpentreau, *La Ville enchantée*,
© Jacques Charpentreau.

a. Place en forme de cercle d'où partent plusieurs voies de circulation.

b. Immeubles modernes très élevés.

c. Voies de circulation. *(3 mots)*

d. Mélange de sable, de gravier, de ciment et d'eau servant à construire des bâtiments.

Décrire la vie en ville

4 ✳ **Associe chaque type d'habitat au dessin correspondant.**

a. un habitat individuel où vit une seule famille

b. un lotissement composé de maisons qui se ressemblent

c. un habitat collectif où vivent plusieurs familles

1.

2.

3.

5 ✳✳ **Associe le nom des habitants à la ville qui correspond, puis souligne les suffixes.**

a. les Marseillais   **1.** Douarnenez

b. les Douarnenistes   **2.** Mulhouse

c. les Brestois   **3.** Marseille

d. les Mulhousiens   **4.** Brest

6 ✳✳ **Complète les phrases avec les mots ou les groupes de mots proposés.**

chaussée ◆ embouteillées ◆ heures de pointe ◆ nuisances ◆ trottoirs ◆ urbaine

a. La pollution de l'air provoque des … pour la population … .

b. Les voitures circulent sur la … tandis que les piétons marchent sur les … .

c. Aux …, c'est-à-dire au moment où les gens quittent leur travail et rentrent chez eux, les rues sont très … .

7 ✳✳✳ **Trouve la réponse à ces devinettes.**

a. Je suis un habitant de la ville : un c _ _ _ _ _ _.

b. Je suis un quartier au cœur de la ville : le c _ _ _ _ _ -v _ _ _ _.

c. Je suis un synonyme de mairie : un h _ _ _ _ de v _ _ _ _.

d. Je suis une voie de circulation rapide qui entoure une grande ville : un boulevard p _ _ _ _ _ _ _ _ _ _ _.

e. Je suis noir et je recouvre les rues et les trottoirs : le b _ _ _ _ _.

À toi d'écrire !

8 ✳ **Trouve trois avantages et trois inconvénients de la vie dans une grande ville.**

N'oublie pas de faire des phrases !

9 ✳✳ **À la manière de Jacques Charpentreau dans l'exercice 3 , écris un poème sur la ville dans laquelle tu habites ou sur ta ville idéale.**

Vocabulaire

RÉPERTOIRE

un citadin	une ruelle	la chaussée	urbain
un piéton	une impasse	une piste cyclable	périphérique
le centre-ville	un boulevard	un lotissement	embouteillé
la banlieue	un rond-point	des nuisances	circuler

Les moyens de transport

Manee, qui a dix ans, explique comment il se déplace dans la capitale de la Thaïlande.
Krung Thep, c'est le nom de Bangkok, en thaï. Ça signifie la « Cité des Anges ». C'est une ville que j'aime et où je vis avec mes parents, mon frère et mes deux sœurs. Aux quatre coins de Bangkok, j'ai aussi de nombreux oncles et tantes à qui je rends visite. Pour nous déplacer dans cette ville très peuplée et souvent encombrée de voitures et de bus, nous pouvons prendre le bateau ou le métro (le « skytrain »). Pour les petits trajets, mon père et moi empruntons parfois les taxis-motos, sur lesquels on monte à plusieurs. C'est assez pratique car ils se faufilent entre les voitures.

Bruno Goldman, *Ça chauffe pour la Terre*, Éditions Hatier Jeunesse.

▶ Relevez tous les moyens de transport évoqués dans le texte.
▶ *Sky* est un mot anglais qui signifie « ciel ». Que pouvez-vous dire du métro de Bangkok ? Est-ce un métro aérien ou souterrain ?
▶ Expliquez ce qu'est un taxi-moto en vous aidant du texte et de l'image.

Connaître des moyens de transport

1 ✳ **Dans chaque liste, un moyen de transport n'appartient pas à la même catégorie que les autres. Recopie les listes sans l'intrus.**

a. une montgolfière ◆ un hélicoptère ◆ une péniche ◆ un planeur

b. un cargo ◆ un cyclomoteur ◆ un pétrolier ◆ un voilier

c. une moto ◆ un taxi ◆ un TGV ◆ une barque

2 ✳ **Complète les définitions avec l'adjectif qualificatif qui convient.**

aérien ◆ maritime ◆ terrestre ◆ fluvial

a. Je me déplace sur ou sous la terre : je suis un moyen de transport … .

b. Je me déplace sur ou sous la mer : je suis un moyen de transport … .

c. Je me déplace dans l'air : je suis un moyen de transport … .

d. Je me déplace sur un fleuve, une rivière ou un canal : je suis un moyen de transport … .

3 ✳✳ **Classe les moyens de transport dans le tableau.**

transport maritime et fluvial	transport terrestre	transport aérien

un canot ◆ un vaisseau ◆ un aéroplane ◆ un hydravion ◆ un pousse-pousse ◆ un scooter ◆ un poids lourd ◆ un yacht ◆ un chasseur ◆ un ferry ◆ un autobus ◆ un hydroglisseur ◆ une bicyclette

Décrire le fonctionnement et les utilisateurs des moyens de transport

4 ✳ **Regroupe les mots de la même famille.**

un transporteur ◆ le pilotage ◆ naviguer ◆ un conducteur ◆ piloter ◆ un transport ◆ la navigation ◆ la conduite ◆ un pilote ◆ un navigateur ◆ transporter ◆ conduire

5 ✳ **Associe chaque moyen de transport à son lieu de stationnement.**

a. une voiture
b. un avion
c. un autocar
d. un train de marchandises
e. un chalutier
f. un ferry

1. un embarcadère
2. une gare de triage
3. un port de pêche
4. un parking
5. une gare routière
6. un aérodrome

6 ✳ **Recopie les mots du poème qui correspondent aux définitions.**

Puce

Une puce
dans un bus
rata le contrôleur
qui la pria
d'acquitter
son ticket
D'accord
fit la puce
mais aujourd'hui
c'est moi qui poinçonne…

Joël Sadeler, *Ménagerimes*, Éditions Corps Puce.

a. Un synonyme de *trouer* conjugué à la 1re personne du singulier.

b. Personne qui vérifie que les passagers ont un titre de transport.
c. Petit carton qui permet de circuler dans un moyen de transport.

7 ✳✳ **Complète les phrases avec les mots proposés. Conjugue les verbes au présent.**

trafic ferroviaire ◆ survoler ◆ régler ◆ décollage ◆ pollution ◆ circulation automobile ◆ aéroport

a. Peu après son … de l'…, l'avion … la mer.
b. Moins de voitures veut dire moins de … .
c. Au moment des vacances d'hiver, le … est intense en direction des stations de ski.
d. Un agent de police … la … près du carrefour.

8 ✳✳✳ **Recopie uniquement les moyens de transport en commun. Puis écris une définition pour cette expression.**

un train ◆ une voiture ◆ un bus ◆ le tramway ◆ une bicyclette ◆ le métro ◆ un car ◆ une moto ◆ un hélicoptère

À toi d'écrire !

9 ✳ **Cherche la définition du covoiturage puis explique les avantages et les inconvénients de ce moyen de transport.**

10 ✳✳ **Observe la photographie de la voiture volante (le PAL-V). Imagine un nouveau moyen de locomotion et décris-le en quelques lignes.**

Vocabulaire

L'environnement

Comment transformer un tas de bouteilles en plastique en veste polaire ? Et des flacons de shampoing en cartes téléphoniques ? Une bouteille de vin en bocal de confiture ? Et quelques canettes de boisson en bicyclette ? Pas en un tour de magie… mais grâce au recyclage !

Mais pour recycler, il faut d'abord trier ses **déchets**. Le plastique, le verre, l'aluminium, l'acier, le carton : chacun sa voie ! Trier ce n'est pas vraiment jeter. C'est juste une étape dans la vie d'un matériau qui va bientôt resservir à autre chose au lieu d'être gaspillé.

Anne Jankéliowitch, Philippe Bourseiller, 50 gestes pour la Terre, © La Martinière Jeunesse.

▶ Relevez dans le texte le mot qui correspond à la définition suivante : *transformation du carton, du verre, des objets usagés… pour fabriquer de nouveaux objets.*

▶ Cherchez dans un dictionnaire un synonyme du mot en violet.

▶ Citez trois matériaux que l'on peut recycler.

▶ Trouvez le nom de la même famille que les verbes *trier*, *gaspiller* et *transformer*.

Connaître des mots pour décrire des problèmes environnementaux

❶ ✳ Complète les phrases avec les mots proposés.

polluants ◆ polluent ◆ pollution

a. Les cheminées des usines et les pots d'échappement des voitures rejettent des gaz qui … l'atmosphère.

b. Pour protéger la Terre, chacun peut agir pour lutter contre la … en triant ses déchets ou en consommant moins d'énergie.

c. Les engrais chimiques utilisés dans l'agriculture, les insecticides et les désherbants sont des produits très … .

❷ ✳ Associe chaque groupe de mots à sa définition.

a. le réchauffement climatique

b. la déforestation

c. une marée noire

d. une espèce animale en voie de disparition

1. Très grande nappe de pétrole répandue à la surface de la mer et polluant les côtes.

2. Ensemble d'animaux dont la vie est gravement menacée.

3. Augmentation de la température moyenne de l'air et des océans.

4. Destruction de la forêt par l'homme.

❸ ✳✳ Lis le texte et réponds aux questions.

L'eau est une ressource indispensable. Pourtant, une personne sur cinq n'a pas accès à l'eau potable et, dans certaines régions du monde, l'eau douce commence à manquer. En outre, les déchets sont souvent rejetés dans la mer ou dans les fleuves et les lacs par facilité et par souci d'économie. Cette pollution menace non seulement l'homme, mais tous les autres organismes vivants.

David Burnie, Notre planète en danger,
trad. F. Fauchet, Éditions Rouge et Or.

a. Recopie la phrase qui indique que l'eau est nécessaire pour tous.

b. Associe chaque groupe nominal à son contraire.

l'eau salée de la mer •   • l'eau douce

l'eau potable •   • l'eau imbuvable

c. Recopie le nom des organismes vivants qui peuvent être menacés par la pollution de l'eau.

les algues ◆ les coquillages ◆ les pandas ◆ les poissons ◆ les éléphants ◆ les nénuphars ◆ les grenouilles ◆ les roseaux ◆ les coquelicots

---

Décrire des activités pour protéger l'environnement

4 ＊ **Recopie en bleu les synonymes de l'expression *protéger l'environnement* et en rouge ses contraires.**

préserver l'environnement ◆ abîmer l'environnement ◆ détériorer l'environnement ◆ sauvegarder l'environnement

5 ＊ **Complète le texte avec les mots ou les groupes de mots proposés.**

l'agriculture biologique ◆ labels ◆ biodiversité ◆ bio

Les consommateurs achètent de plus en plus des produits issus de … . Ce type d'agriculture est respectueux de l'environnement, du bien-être des animaux et de la … . Les produits alimentaires « … » se reconnaissent grâce à des … sur les emballages.

6 ＊＊ **Complète les définitions avec le nom de métier qui correspond.**

météorologiste ◆ agent de propreté urbaine ◆ analyste de l'air ◆ recycleur

a. Il analyse les différents polluants contenus dans l'air : un … .

b. Il étudie les changements climatiques et établit des prévisions : un … .

c. Il s'occupe du bon déroulement des opérations de recyclage des déchets : un … .

d. Il s'occupe d'enlever les ordures : un … .

7 ＊＊ **Lis le texte puis classe les groupes de mots dans le tableau.**

Il existe deux types de sources d'énergie :
– les énergies fossiles : elles sont épuisables et polluent l'atmosphère ;
– les énergies renouvelables : elles sont inépuisables et ne polluent pas l'atmosphère.

les énergies fossiles	les énergies renouvelables

le pétrole ◆ l'eau ◆ le gaz naturel ◆ le vent ◆ le soleil ◆ le charbon ◆ la chaleur de la Terre

À toi d'écrire !

8 ＊ **Explique en quelques lignes ce que font les personnages et pourquoi ils font cela.**

9 ＊＊ **Tu dois créer une affiche pour convaincre les élèves de mieux protéger l'environnement à l'intérieur de ton école. Écris le texte de ton affiche.**

Vocabulaire

RÉPERTOIRE

le recyclage	l'eau potable	la déforestation	préserver
le tri	l'eau douce	une espèce en voie de disparition	sauvegarder
les déchets	la pollution		détériorer
une énergie renouvelable	le réchauffement climatique	biologique	recycler
		polluant	trier

Le portrait

Mon ami Thomas, dont il sera souvent question au cours de cette histoire, est le garçon le plus remarquable que j'ai jamais connu. Il a le même âge que moi : treize ans. Comme il est grand et élancé, on ne devine pas à première vue qu'il est extrêmement robuste, mais c'est un sportif accompli, et il lui est même arrivé de battre, dans des compétitions de lutte ou de boxe, des garçons bien plus âgés que lui. Pourtant, ce n'est pas un bagarreur, loin de là ! Il est aimable, bienveillant et, s'il se montre parfois d'une folle gaieté, il est dans l'ensemble d'un tempérament plutôt sérieux.

Henry Winterfeld, *Les Enfants de Timpelbach*, trad. O. Séchan, © Le Livre de Poche.

▶ **De quel personnage fait-on le portrait dans le texte ?**

▶ **Que pouvez-vous dire de son physique ? Relevez les mots du texte pour justifier votre réponse.**

▶ **Que pouvez-vous dire de son caractère ? Relevez les mots du texte pour justifier votre réponse.**

▶ **Ce portrait est-il sympathique ?**

Décrire l'aspect physique

Tu peux t'aider d'un dictionnaire pour les exercices de cette leçon.

1 ✳ **Classe les mots selon qu'ils indiquent une silhouette fine ou forte.**

mince ◆ potelé ◆ grassouillet ◆ filiforme ◆ chétif ◆ robuste ◆ trapu ◆ frêle ◆ svelte ◆ massif ◆ fluet ◆ corpulent ◆ rondouillard

2 ✳ **Dessine les visages correspondant à ces descriptions.**

a. Jules a un visage joufflu piqueté de taches de rousseur ; ses yeux sont malicieux et vifs, ses cheveux ébouriffés.

b. Ma tante Adélaïde a des cheveux gris et bouclés, un menton en galoche et un nez crochu.

c. Ma copine Margot a des cheveux blonds comme les blés, un visage ovale au teint bronzé, des yeux verts, un nez fin et des lèvres épaisses.

3 ✳✳ **Classe les adjectifs en fonction de la partie du visage qu'ils décrivent : les lèvres, la bouche ou le nez.**

droit ◆ charnues ◆ crochu ◆ fines ◆ pincée ◆ serrées ◆ souriante ◆ aquilin ◆ busqué ◆ boudeuse ◆ épaté ◆ cruelle ◆ retroussé ◆ entrouverte ◆ pâles ◆ fin

4 ✳✳ **Classe les adjectifs en fonction de la partie du visage qu'ils décrivent : les yeux, les joues ou les cheveux.**

joufflues ◆ crépus ◆ plissés ◆ rapprochés ◆ bouclés ◆ creuses ◆ écartés ◆ globuleux ◆ malicieux ◆ rondes ◆ roses ◆ raides ◆ ébouriffés ◆ hérissés ◆ rebondies ◆ songeurs ◆ ondulés

5 ✳✳ **Lis le texte puis complète le tableau.**

Harry ne ressemblait en rien au reste de la famille. L'oncle Vernon était grand avec une énorme moustache noire et quasiment pas de cou. La tante Pétunia avait un visage chevalin et une silhouette osseuse. Dudley était blond, rose et gras comme un porc. Harry, au contraire, était petit et maigre, avec de grands yeux verts étincelants et des cheveux d'un noir de jais qu'il n'arrivait jamais à coiffer. Il portait des lunettes rondes et une mince cicatrice en forme d'éclair marquait son front.

J. K. Rowling, *Harry Potter et la chambre des secrets*,
© J. K. Rowling, trad. J.-F. Ménard, © Gallimard Jeunesse.

	silhouette	visage, yeux, cheveux
Harry		
Dudley		
Vernon		
Pétunia		

6 ✳✳✳ **Transforme les phrases comme dans l'exemple pour éviter de répéter le verbe *avoir*.**

Il a une petite barbe taillée en pointe.
> Une petite barbe taillée en pointe orne son menton.

a. Elle a des yeux noirs et brillants.

b. Il a un chapeau haut de forme.

c. Elle a plusieurs bagues à la main gauche.

d. Il a un foulard en soie autour du cou.

e. Elle a un grand châle à fleurs sur les épaules.

Décrire le caractère

7 ✳ **Classe les adjectifs dans le tableau.**

sympathique	antipathique

enjoué ◆ jovial ◆ maussade ◆ rayonnant ◆ souriant ◆ revêche ◆ grognon ◆ radieux ◆ chaleureux ◆ renfrogné ◆ sournois ◆ hypocrite ◆ franc ◆ arrogant ◆ courtois

8 ✳✳ **Complète les phrases par une proposition relative pour ajouter un trait de caractère au personnage.**

a. Joffrey était un garçon svelte qui … .

b. Miranda, qui …, avait une figure osseuse et renfrognée.

c. Oncle Joe, qui …, est pourtant très âgé.

d. Ako est une fillette de huit ans qui … .

À toi d'écrire !

9 ✳ **Relis le texte de la page 198, puis fais la description d'un garçon qui serait tout le contraire de Thomas.**

10 ✳✳ **Choisis un personnage célèbre que tu aimes bien (ou que tu n'aimes pas du tout) et rédige son portrait.**

Pense à décrire son aspect physique et son caractère.

Vocabulaire

RÉPERTOIRE

le corps	le visage	le caractère	
svelte	des yeux malicieux	sympathique	rayonnant
filiforme	des yeux globuleux	antipathique	franc
frêle	des lèvres charnues	chaleureux	revêche
fluet	des cheveux ébouriffés	enjoué	renfrogné
corpulent	des cheveux crépus	jovial	sournois
trapu	un visage joufflu	courtois	maussade
potelé	un visage ovale		

Des sensations, des sentiments et des jugements

CHERCHONS

Hergé, *Les Bijoux de la Castafiore*, © Hergé / Moulinsart 2013.

▶ À votre avis, que ressent le capitaine Haddock ? Choisissez trois sentiments parmi les mots suivants : la colère, l'exaspération, l'ennui, la tristesse, l'irritation, la honte.

▶ Quelle sensation peut éprouver la dame qui est au téléphone avec lui : est-elle joyeuse, vexée, triste ou satisfaite ?

Connaître des mots qui décrivent des sensations, des sentiments et des jugements

1 ✳ Associe les noms des sensations à leur définition.

Exemple : a – 2

a. le dépit

b. la honte

c. la satisfaction

d. la frayeur

e. la jalousie

1. Être content de ce que l'on a fait.
2. Être très triste et très déçu.
3. Éprouver une peur vive et soudaine.
4. Ne pas être fier de ce que l'on a fait.
5. Être envieux.

2 ✳ Écris le nom de la sensation ressentie par chaque personnage.

la colère ◆ l'effroi ◆ l'étonnement ◆ la joie

a.    c.

b.   d.

3 ✳✳ Recopie les verbes qui expriment un jugement positif.

reprocher ◆ encourager ◆ blâmer ◆ féliciter ◆ congratuler ◆ désapprouver ◆ complimenter ◆ approuver ◆ rejeter

4 ✳✳ Reconstitue les paires de synonymes.

Tu peux t'aider d'un dictionnaire.

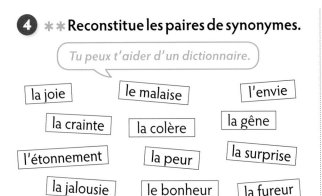

la joie • le malaise • l'envie • la crainte • la colère • la gêne • l'étonnement • la peur • la surprise • la jalousie • le bonheur • la fureur

5 ✳✳✳ Trouve le sentiment qui correspond à chaque description en t'aidant des mots proposés.

la colère ◆ la terreur ◆ la stupeur ◆ la gratitude

a. Florian sauta au cou de son père pour le remercier. → …

b. Jules sursaute et reste bouche bée. → …

c. Le petit garçon pleure, trépigne et se jette à terre. → …

d. Le visage de Leïla se figea, elle se mit à claquer des dents et sentit la sueur sur son corps. → …

Utiliser des mots et des expressions pour décrire des sensations et des sentiments

6 ✳ Complète les phrases avec les adjectifs qualificatifs proposés.

soulagé ◆ honteux ◆ effrayé ◆ impatient

a. …, Nathan poussa un hurlement.

b. …, Noa se remet à respirer et son visage s'éclaire.

c. …, Nacer baissa la tête ; il avait envie de rentrer sous terre.

d. …, Pierre tape du pied et regarde sa montre.

---

7 ✳✳ Explique les expressions suivantes.

Tu peux t'aider d'un dictionnaire.

a. *Être comme un poisson dans l'eau* signifie … .

b. *Être gai comme un pinson* signifie … .

c. *En avoir gros sur le cœur* signifie … .

d. *Avoir le cœur léger* signifie … .

e. *Broyer du noir* signifie … .

8 ✳✳ Les phrases suivantes appartiennent au langage familier. Réécris-les en langage courant.

a. J'en ai ras le bol de manger la même chose tous les jours !

b. Il a eu la trouille de sa vie !

c. Il a encore pris mon stylo : je suis furax.

d. Ma mère m'appelle parfois « mon chou », elle me met la honte.

À toi d'écrire !

9 ✳ Raconte ce qu'a pu faire et ressentir l'enfant pour que son père réagisse ainsi. Utilise les mots proposés.

angoissé ◆ soulagé ◆ fier ◆ encourager

10 ✳✳ T'es-tu déjà mis en colère contre ton frère, ta sœur ou un camarade ? Raconte ce qui s'est passé et ce que tu as ressenti.

RÉPERTOIRE

la satisfaction	la crainte	vexé	trépigner
l'exaspération	l'effroi	honteux	sursauter
l'irritation	le malaise	envieux	reprocher
la gêne	le dépit	soulagé	blâmer
l'envie	la stupeur	impatient	désapprouver

Tableaux de conjugaison

avoir

INDICATIF

PRÉSENT

j'ai
tu as
il, elle, on a
nous avons
vous avez
ils, elles ont

FUTUR

j'aurai
tu auras
il, elle, on aura
nous aurons
vous aurez
ils, elles auront

IMPARFAIT

j'avais
tu avais
il, elle, on avait
nous avions
vous aviez
ils, elles avaient

PASSÉ COMPOSÉ

j'ai eu
tu as eu
il, elle, on a eu
nous avons eu
vous avez eu
ils, elles ont eu

PASSÉ SIMPLE

j'eus
tu eus
il, elle, on eut
nous eûmes
vous eûtes
ils, elles eurent

IMPÉRATIF

PRÉSENT

aie
ayons
ayez

PARTICIPE

PASSÉ

eu

être

INDICATIF

PRÉSENT

je suis
tu es
il, elle, on est
nous sommes
vous êtes
ils, elles sont

FUTUR

je serai
tu seras
il, elle, on sera
nous serons
vous serez
ils, elles seront

IMPARFAIT

j'étais
tu étais
il, elle, on était
nous étions
vous étiez
ils, elles étaient

PASSÉ COMPOSÉ

j'ai été
tu as été
il, elle, on a été
nous avons été
vous avez été
ils, elles ont été

PASSÉ SIMPLE

je fus
tu fus
il, elle, on fut
nous fûmes
vous fûtes
ils, elles furent

IMPÉRATIF

PRÉSENT

sois
soyons
soyez

PARTICIPE

PASSÉ

été

chanter — 1er groupe

INDICATIF

PRÉSENT

je chante
tu chantes
il, elle, on chante
nous chantons
vous chantez
ils, elles chantent

FUTUR

je chanterai
tu chanteras
il, elle, on chantera
nous chanterons
vous chanterez
ils, elles chanteront

IMPARFAIT

je chantais
tu chantais
il, elle, on chantait
nous chantions
vous chantiez
ils, elles chantaient

PASSÉ COMPOSÉ

j'ai chanté
tu as chanté
il, elle, on a chanté
nous avons chanté
vous avez chanté
ils, elles ont chanté

PASSÉ SIMPLE

je chantai
tu chantas
il, elle, on chanta
nous chantâmes
vous chantâtes
ils, elles chantèrent

IMPÉRATIF

PRÉSENT

chante
chantons
chantez

PARTICIPE

PASSÉ

chanté

finir — 2e groupe

INDICATIF

PRÉSENT

je finis
tu finis
il, elle, on finit
nous finissons
vous finissez
ils, elles finissent

FUTUR

je finirai
tu finiras
il, elle, on finira
nous finirons
vous finirez
ils, elles finiront

IMPARFAIT

je finissais
tu finissais
il, elle, on finissait
nous finissions
vous finissiez
ils, elles finissaient

PASSÉ COMPOSÉ

j'ai fini
tu as fini
il, elle, on a fini
nous avons fini
vous avez fini
ils, elles ont fini

PASSÉ SIMPLE

je finis
tu finis
il, elle, on finit
nous finîmes
vous finîtes
ils, elles finirent

IMPÉRATIF

PRÉSENT

finis
finissons
finissez

PARTICIPE

PASSÉ

fini

aller

3e groupe

INDICATIF

PRÉSENT

je vais
tu vas
il, elle, on va
nous allons
vous allez
ils, elles vont

FUTUR

j'irai
tu iras
il, elle, on ira
nous irons
vous irez
ils, elles iront

IMPARFAIT

j'allais
tu allais
il, elle, on allait
nous allions
vous alliez
ils, elles allaient

PASSÉ COMPOSÉ

je suis allé(e)
tu es allé(e)
il, elle, on est allé(e)
nous sommes allé(e)s
vous êtes allé(e)s
ils, elles sont allé(e)s

PASSÉ SIMPLE

j'allai
tu allas
il, elle, on alla
nous allâmes
vous allâtes
ils, elles allèrent

IMPÉRATIF

PRÉSENT

va
allons
allez

PARTICIPE

PASSÉ

allé

faire

3e groupe

INDICATIF

PRÉSENT

je fais
tu fais
il, elle, on fait
nous faisons
vous faites
ils, elles font

FUTUR

je ferai
tu feras
il, elle, on fera
nous ferons
vous ferez
ils, elles feront

IMPARFAIT

je faisais
tu faisais
il, elle, on faisait
nous faisions
vous faisiez
ils, elles faisaient

PASSÉ COMPOSÉ

j'ai fait
tu as fait
il, elle, on a fait
nous avons fait
vous avez fait
ils, elles ont fait

PASSÉ SIMPLE

je fis
tu fis
il, elle, on fit
nous fîmes
vous fîtes
ils, elles firent

IMPÉRATIF

PRÉSENT

fais
faisons
faites

PARTICIPE

PASSÉ

fait

venir

INDICATIF

PRÉSENT

je viens
tu viens
il, elle, on vient
nous venons
vous venez
ils, elles viennent

FUTUR

je viendrai
tu viendras
il, elle, on viendra
nous viendrons
vous viendrez
ils, elles viendront

IMPARFAIT

je venais
tu venais
il, elle, on venait
nous venions
vous veniez
ils, elles venaient

PASSÉ COMPOSÉ

je suis venu(e)
tu es venu(e)
il, elle, on est venu(e)
nous sommes venu(e)s
vous êtes venu(e)s
ils, elles sont venu(e)s

PASSÉ SIMPLE

je vins
tu vins
il, elle, on vint
nous vînmes
vous vîntes
ils, elles vinrent

IMPÉRATIF

PRÉSENT

viens
venons
venez

PARTICIPE

PASSÉ

venu

voir

INDICATIF

PRÉSENT

je vois
tu vois
il, elle, on voit
nous voyons
vous voyez
ils, elles voient

FUTUR

je verrai
tu verras
il, elle, on verra
nous verrons
vous verrez
ils, elles verront

IMPARFAIT

je voyais
tu voyais
il, elle, on voyait
nous voyions
vous voyiez
ils, elles voyaient

PASSÉ COMPOSÉ

j'ai vu
tu as vu
il, elle, on a vu
nous avons vu
vous avez vu
ils, elles ont vu

PASSÉ SIMPLE

je vis
tu vis
il, elle, on vit
nous vîmes
vous vîtes
ils, elles virent

IMPÉRATIF

PRÉSENT

vois
voyons
voyez

PARTICIPE

PASSÉ

vu

dire 3e groupe

INDICATIF

PRÉSENT

je dis
tu dis
il, elle, on dit
nous disons
vous dites
ils, elles disent

FUTUR

je dirai
tu diras
il, elle, on dira
nous dirons
vous direz
ils, elles diront

IMPARFAIT

je disais
tu disais
il, elle, on disait
nous disions
vous disiez
ils, elles disaient

PASSÉ COMPOSÉ

j'ai dit
tu as dit
il, elle, on a dit
nous avons dit
vous avez dit
ils, elles ont dit

PASSÉ SIMPLE

je dis
tu dis
il, elle, on dit
nous dîmes
vous dîtes
ils, elles dirent

IMPÉRATIF

PRÉSENT

dis
disons
dites

PARTICIPE

PASSÉ

dit

partir 3e groupe

INDICATIF

PRÉSENT

je pars
tu pars
il, elle, on part
nous partons
vous partez
ils, elles partent

FUTUR

je partirai
tu partiras
il, elle, on partira
nous partirons
vous partirez
ils, elles partiront

IMPARFAIT

je partais
tu partais
il, elle, on partait
nous partions
vous partiez
ils, elles partaient

PASSÉ COMPOSÉ

je suis parti(e)
tu es parti(e)
il, elle, on est parti(e)
nous sommes parti(e)s
vous êtes parti(e)s
ils, elles sont parti(e)s

PASSÉ SIMPLE

je partis
tu partis
il, elle, on partit
nous partîmes
vous partîtes
ils, elles partirent

IMPÉRATIF

PRÉSENT

pars
partons
partez

PARTICIPE

PASSÉ

parti

pouvoir 3e groupe

INDICATIF

PRÉSENT

je peux
tu peux
il, elle, on peut
nous pouvons
vous pouvez
ils, elles peuvent

FUTUR

je pourrai
tu pourras
il, elle, on pourra
nous pourrons
vous pourrez
ils, elles pourront

IMPARFAIT

je pouvais
tu pouvais
il, elle, on pouvait
nous pouvions
vous pouviez
ils, elles pouvaient

PASSÉ COMPOSÉ

j'ai pu
tu as pu
il, elle, on a pu
nous avons pu
vous avez pu
ils, elles ont pu

PASSÉ SIMPLE

je pus
tu pus
il, elle, on put
nous pûmes
vous pûtes
ils, elles purent

PARTICIPE

PASSÉ

pu

vouloir 3e groupe

INDICATIF

PRÉSENT

je veux
tu veux
il, elle, on veut
nous voulons
vous voulez
ils, elles veulent

FUTUR

je voudrai
tu voudras
il, elle, on voudra
nous voudrons
vous voudrez
ils, elles voudront

IMPARFAIT

je voulais
tu voulais
il, elle, on voulait
nous voulions
vous vouliez
ils, elles voulaient

PASSÉ COMPOSÉ

j'ai voulu
tu as voulu
il, elle, on a voulu
nous avons voulu
vous avez voulu
ils, elles ont voulu

PASSÉ SIMPLE

je voulus
tu voulus
il, elle, on voulut
nous voulûmes
vous voulûtes
ils, elles voulurent

PARTICIPE

PASSÉ

voulu

prendre

INDICATIF

PRÉSENT

je prends
tu prends
il, elle, on prend
nous prenons
vous prenez
ils, elles prennent

FUTUR

je prendrai
tu prendras
il, elle, on prendra
nous prendrons
vous prendrez
ils, elles prendront

PASSÉ COMPOSÉ

j'ai pris
tu as pris
il, elle, on a pris
nous avons pris
vous avez pris
ils, elles ont pris

IMPARFAIT

je prenais
tu prenais
il, elle, on prenait
nous prenions
vous preniez
ils, elles prenaient

PASSÉ SIMPLE

je pris
tu pris
il, elle, on prit
nous prîmes
vous prîtes
ils, elles prirent

IMPÉRATIF

PRÉSENT

prends
prenons
prenez

PARTICIPE

PASSÉ

pris

Conception de couverture et maquette intérieure : studio Favre et Lhaik

Mise en page : Cicero ▪ *Relecture :* Lucie Martinet ▪ *Droits textes :* Sophie Delauney

Iconographie : Valérie Dereux ▪ *Édition :* Virginie Chartrel

Achevé d'imprimer en janvier 2015 par N.I.I.A.G. (Italie)
Dépôt légal : février 2013 – N° d'éditeur : 2015_0647